U0944331

浙江省哲学社会科学规划课题成果［07CGFX013YBG］

光华法学·法学博士文丛

A Study on National Foundation of Criminal Justice

刑事司法的国民基础研究

胡 铭 /著

ZHEJIANG UNIVERSITY PRESS
浙江大学出版社

总　序

中国正处于社会巨变和法制转型的关键期，对置身其中的法律人来说，其面临的机遇和挑战是前所未有的。一方面，转型中国以众多本土问题的形式，提供了学术和制度创新的各种契机；另一方面，现有法律秩序和法律理论作为西方的学习者和追随者，却无力解释和解决一些必须面对的中国式问题。就此观之，我们实处于一个"最好和最糟的时代"。

当下以法律移植为特征的大规模形式法制建设，需要理论研究在理念、制度和技术等诸方面及时跟进、适度超前。既要研究现代法律体系的构成和运作，也要研究诸多"之所以然"的问题，以求在固有传统与舶来品之间探询一种妥当的嫁接，获取一种合理的平衡，乃至实现适度的超越，避免落入"只有制度皮囊，而无价值骨血"的陷阱。这既是国家各级研究院、学术社团的任务，也是研究型大学要面对的课题；既是老一代法律理论工作者的学术使命，更是新一代法律学人的时代担当。

梁任公曾言，少年智则国智，少年富则国富，少年强则国强，少年独立则国独立，少年自由则国自由，少年进步则国进步，少年胜于欧洲则国胜于欧洲，少年雄于地球则国雄于地球。秉持"求是厚德，明法致公"的院训，追求"专业典范，社会公义"的教育理想，守候"返回法的形而下"的学术旨趣，浙江大学光华法学院特推出了一套由法学新锐创作的作品，冠名为"光华法学博士文丛"，以扶持学术，奖掖新人。历史表明法学的盛衰与政治的治乱息息相关：法学兴盛，政治才有可能兴盛；法学衰败，则政治必然衰败。我们希望本丛书能持续成为高层次学术新著的展示窗口和成长园地，直至迎来法学的真正繁荣和法治的全面昌盛。

编　者

戊子年新春于钱江畔月轮山

目　　录

引子：两个故事

看看穆勒给我们讲的一个恐怖法官的故事。[①]

1933 年 2 月 27 日晚，正值德国国会选举进入高潮之际，国会大厦突然燃起了熊熊大火。一名叫做马里努斯·范·德·虏伯的荷兰失业建筑工人在现场附近被捕。纳粹领导人匆忙赶到纵火案现场，在没有任何证据的情况下很快便得出结论，即纵火乃想以此作为暴动信号的共产党人所为。不久，包括季米特洛夫在内的一批共产党人被捕。这便是著名的德国国会大厦纵火案。

该案从一开始就是单方面的。调查法官施罗·沃格勒非常谨慎地遵循不得将任何纳粹分子认定为阴谋分子嫌疑人的戒律。在其授意下，被告在等候审判期间，受到了许多德国法没有规定的折磨，如在整整 6 个月期间被迫带着枷锁。季米特洛夫在多次请求之后才被获准每天解开枷锁半个小时。季米特洛夫的律师威勒因受到极大压力而被迫辞职，许多外国律师为被告辩护的要求也遭到拒绝[②]，最终法庭指派了纳粹——而不是被告——完全信任的律师为被告辩护。不仅如此，调查法官沃格勒还通过关系要求指派"信得过的"法官来审理此案。

9 月，该案开庭审理了。时任德国总理的赫曼·戈林作为证人出庭。辩论中一贯善于自制的戈林在证人席上也失去了冷静。当季米特洛夫质问他单方面的纵火调查是否意在销毁所有可能将嫌疑引向另一方面的证据时，戈林恼怒地反驳道："我认为这是一项政治犯罪。我同样确信真凶就在你们

① 参见[德]英戈·穆勒：《恐怖的法官——纳粹时期的司法》，王勇译，中国政法大学出版社 2000 年版，第 21—31 页。

② 当时的德国法允许外国律师参与刑事辩护。

党内。你们党是个犯罪分子的党，必须予以消灭！如果法庭调查能够向这个方面进行的话，那就是向正确迈进了一步。”戈林甚至指着季米特洛夫叫嚷：“在我眼里，你是个活该立即就被绞死的流氓！”作为证人的戈林当庭侮辱被告至此，身为法院院长、审判委员会主席的宾格博士非但没有阻止戈林，反倒呵斥被告：“季米特洛夫，我已经告诉过你，在法庭上不要作共产主义的宣传。这位证人先生的愤怒是可以理解的。我严正警告你不得再作此类宣传！你只能问与本案有关的问题。”当季米特洛夫听完戈林的解释后面带微笑地回答说“我对总理先生的回答非常满意”时，宾格法官打断他道：“你满不满意我管不着。我现在就剥夺你的发言权。”当季米特洛夫坚持要求“再提一个与本案事实有关的问题”时，宾格法官神经质地大声喝道：“我不许你发言！”而戈林此时也大叫道：“混蛋！滚出去！”对此，法官不仅充耳不闻，而且采取了德国刑事诉讼法中没有规定的措施——将被告驱逐出法庭：“季米特洛夫……不得出庭 3 天！马上带走！”

目睹这一场景，所有公正的旁观者和在场的各国记者都十分清楚纳粹头目们是多么的紧张不安，同样显而易见的是，为了迎合纳粹的期望和在公众面前维护法院残存的一点尊严，法院是怎样无可救药地堕落了！

在庭审中出示的大量证据显示被告共产党人没有参与纵火，到最后，连公诉方也不得不要求判处他们无罪。最终季米特洛夫等人被判无罪，但是法庭仍然在其判决书中不遗余力地将罪责归于共产党：“尽管……无法证明被告托勒格和保加利亚籍被告们为同谋，但本案的罪犯们藏在何处仍是一清二楚……国会纵火案毫无疑问是一个政治事件。罪犯——也就是说其手段——之令人发指，表明了犯罪目的之重要性和暴力性。犯罪目的只可能是攫取政权……该犯罪行为只可能是企图推翻政府和宪法的极端左翼分子所为……共产党将叛国目的作为其计划，这是整个党派的叛国。”与之相反，法庭又极力为有极大纵火嫌疑的纳粹开脱：“正如戈林总理在其证词中正确地阐述的那样，国家社会主义党已经取得了并不断扩大其优势地位，他们在 3 月 5 日之前即将到来的大选中的胜利是唾手可得的①，以犯罪的方式来改善其选举中的地位毫无必要。该党严格的道德纪律使之完全不可能像那些乌合之众的煽动分子所说的那样做出这种犯罪行为。”最后，法庭对马里努斯·范·德·虏伯冠以“叛国罪兼以煽动为目的的纵火罪”的新罪名判处死

---

① 实际上，在 1933 年 3 月 5 日的选举中，尽管德国纳粹党使尽浑身解数破坏左翼党派的选举、严重干预大选，对德国共产党施以残酷的暴力行动加上日夜轮番的宣传攻势，最后也只获得了 43.9% 的选票，没有达到议会的绝对多数席位。

刑。这一判决与德国当时的法律显然是不相符合的,也违背了法无明文规定不为罪的法治国家基本原则。

由于当时该案受到国际社会的极大关注,法庭不敢公然违背国际公认的法律标准,也为了表明所谓的新德国并非如人们所言背离法治之原则,季米特洛夫等人终获无罪。这一审判比起后来纳粹德国法院进行的审判显然还不在一个层次上,但是德国最高法院在国会纵火案的准备和处理中对诽谤共产党者的纵容,判决中对当权者的卑躬屈膝以及公然违背法律对马里努斯·范·德·虏伯处以极刑,都为纳粹德国后来在司法领域中的暴政、独裁大开了先河。

再看看黄仁宇给我们评述的一个受人们爱戴的法官的故事。①

海瑞是一个至今受到国人称颂和怀念的青天大老爷,他刚正不阿、为民申冤的故事不胜枚举。黄仁宇笔下的海瑞却有着与我们惯常所知的海瑞所不同的特质。和很多当时的官僚不同,海瑞不能相信治国的根本大计是在上层悬挂一个抽象的、至美至善的道德标准,而责成下面的人在可能范围内照办,行不通就打折扣。而他尊重法律,乃是按照规定的最高限度执行。如果政府发给官吏的薪给微薄到不够吃饭,那也应该毫无怨言地接受。这种信念有他自己的行动作为证明:他官至二品,死的时候仅仅留下白银 20 两,还不够殓葬之资。

但是,在法律教条文字不及之处,海瑞则主张要忠实地体会法律的精神,不能因为条文的缺陷含糊就加以忽略。例如他在南直隶巡抚任内,就曾经命令把高利贷典当而当死的田产物归原主,因而形成了一个引起全国注意的争端。

海瑞从政 20 多年的生活,充满了各种各样的纠纷。他的信条和个性使得他既被人尊重,也被人遗弃。这就是说,他虽然被人仰慕,但没有人按照他的榜样办事,他的人生体现了一个有教养的读书人服务于公众而牺牲自我的精神,但这种精神的实际作用却至为微弱。他可以和舞台上的英雄人物一样,在情绪上打动大多数的观众;但是,当人们评论他的政治措施,却不仅会意见分歧,而且分歧的程度极大。在各种争执之中最容易找出的一个共同的结论,就是他的所作所为无法被接受为当时全体文官们办事的准则。

海瑞在判案时虽然重视法律,但是作为一个古代官僚系统中的文官,伦理道德在其心目中常常具有更为重要的地位。他在著作中宣称,人类日常

① 参见黄仁宇:《万历十五年》,生活·读书·新知三联书店 1997 年版,第 138—140 页。

行为乃至一举一动，都可以根据直觉归纳于善、恶两个道德范畴之内。他说，他充当地方行政官并兼司法官，所有诉讼，十之六七，其可以立即判定。只有少数的案件，是非需要斟酌，而这种斟酌的标准是："凡讼之可疑者，与其屈兄，宁屈其弟；与其屈叔伯，宁屈其侄；与其屈贫民，宁屈富民；与其屈愚者，宁屈刁顽。事在争产业，与其屈小民，宁屈乡宦，以救弊也。事在争言貌，与其屈乡宦，宁屈小民，以存体也。"

海瑞用这样的精神来执行法律，确实与"四书"的训示相符合。可是他出任文官并在公庭判案，上距"四书"的写作已经两千年，距明朝的开国也已近两百年。与海瑞同时的人所不能清楚的是，上一段有关司法的建议恰恰暴露了我们这个国度在制度上长时期存在的困难：以熟读诗书的文人治理农民，他们不可能改进这个司法制度，更谈不上保障人权。法律的解释和执行离不开传统的伦理，组织上也没有对付复杂的因素和多元关系的能力。海瑞一生的经历，就是这种制度的产物。其结果是，以个人道德之长，仍不能补救组织和技术之短。

两段故事，一个是对纳粹德国恐怖法官审判的回顾，一个是对古老中国深受爱戴的"青天"的评述，虽然相差迥异，却同样地让人不能轻松以对。司法途径作为解决纠纷最终和最彻底的方式，却有着太多的悲欢离合，而刑事审判更是关乎人们的生命和自由。刑事司法的话题向来沉重，要面对如此多的困惑，如此多的问题，自古至今，需要我们深思的问题很多……

第一章　问题的提出：一项基于实证的分析

第一节　思考的起点

一个国家的刑事司法制度能否得到有效的实施和普遍的遵守，很大程度上取决于民众对该制度及其执行机构的信任度。只有建立在民众信任的基础上的自觉服从，才是刑事司法制度生命力的源泉，而不是一味依靠强制力的维护。毕竟，"正如心理学研究现在已经证明的那样，在确保遵从规则方面，其他因素如信任、公正、信实性和归属感等远较强制力为重要"[①]。认真对待刑事司法的国民基础，以民众的信任乃至于信仰来重塑司法的权威性，是当前我们在推进刑事司法改革时必须深入考量的问题。

刑事司法系统作为社会纠纷解决和社会秩序维系的核心部门，民众对其寄予厚望。但是，刑事司法体系究竟能否承载起国家和人民赋予的使命呢？福柯曾犀利地批评他所处时代的司法制度，他指出："人们所批判的不是或不仅是司法特权、司法的专横、年深日久的傲慢及其不受控制的权利（力），而是或更主要的是，司法集软弱和暴虐于一身，既耀武扬威又漏洞百出。"[②]此番话语可以说既是福柯对司法体制官僚化的冷嘲热讽，又反映了当

① ［美］伯尔曼：《法律与宗教》，梁治平译，中国政法大学出版社 2003 年版，第 17 页。

② ［法］米歇尔·福柯：《规训与惩戒》，刘北成等译，生活·读书·新知三联书店 1999 年版，第 89 页。

时民众的百般无奈![1] 那么,我国现行的刑事司法体系能否克服这种种弊病,能否赢得民众的信任,能否树立真正的司法权威呢?恐怕我们也无法过于乐观,毕竟,哪怕仅仅是看一看网络上的一些也许是虚构的刑事司法故事,抑或是听一听民间流行的那些略显粗疏的关于司法的顺口溜,便能直观地感受到民众对刑事司法的那种无奈、不满甚至是愤怒!然而,这些毕竟还只是片面而缺乏确实依据的材料,就如同某些口号式宣讲一样,难以让人真正信服。民众是否真的信任我们的刑事司法体系,或者是否真的对刑事司法很失望?民众究竟是如何看待当前的司法公正与司法腐败问题?民众是否愿意参与刑事司法,或者是否有能力参与刑事司法?民众对刑事诉讼人权保障的认识到了什么样的程度?……于是,疑惑中,笔者针对这些现实问题进行了一番实证调查,以求更为准确地认识刑事司法的国民基础问题,并试图为夯实我国刑事司法的国民基础探寻些许思路。

第二节 基于实证材料的分析:民众对刑事司法的态度与认识

2007年夏,笔者选择了一个中部省会城市和一个南部省会城市进行问卷调查,针对的调查对象是20～50岁的普通民众,共发放了约300份问卷,收回有效答卷217份。考虑到城市人口在当前现实情况下的优势影响力,也考虑到进行调查的便利性要求,笔者在上述局部地区进行了调查。限于财力、人力因素,此次调查的覆盖面是很有限的,而且没能到广大农村进行调查[2],这不能不说是一大遗憾。虽然存有这样那样的不足,但是笔者相信,该调研对于我们认识城市主流人口对刑事司法的认识和态度是有所裨益的。借助于SPSS统计软件,笔者针对下述五个方面的问题进行了统计分析。

---

① 同样,当下,司法体制趋向官僚化已经成为许多国家的通病。如在日本,通过司法考试的少数精英直接被任命为法官。所以,作为法官,他们被认为是与市民的生活感觉相分离的精英阶层,对社会弱者的苦处的理解十分淡薄,容易陷入官僚思想中。也正是鉴于此,日本在近期的改革中确立了吸收民众参与审判的"裁判员制度"。参见[日]松尾浩也:《日本刑事诉讼法修改的动向》,金光旭译,载陈光中主编:《21世纪域外刑事诉讼立法最新发展》,中国政法大学出版社2004年版,第257页。

② 本研究虽然得到了浙江省社科规划项目立项,但是资助的金额非常有限。本调研从问卷设计、发放、采集再到数据统计皆由笔者一人完成。如果条件允许,笔者希望还能再专门针对农村地区进行相关的调查研究。

一、司法信任度

民众对于刑事司法的信任度,是衡量一个国家的刑事司法制度是否有扎实的国民基础的主要指标。这一问题也直接反映了民众与刑事司法体系以及公安司法人员的关系。针对该问题,笔者设计了以下三道问题,并在表1-1中给出相应的统计结果。

题1　你认为老百姓现在信任公安司法机关吗?

A. 非常信任　B. 比较信任　C. 不大信任　D. 非常不信任

题2　你认为公安司法机关中,哪个部门形象较好,比较有威信?

A. 公安机关　B. 检察机关　C. 法院　D. 都不大好

E. 都比较好

题3　你认为在实践中,当事人要想在审判中获胜,最关键的因素是什么?

A. 找关系　B. 给法官送礼　C. 请高水平的律师

D. 客观事实　E. 对法律的掌握　F. 其他

表1-1

题号	选A情况		选B情况		选C情况		选D情况		选E情况		选F情况	
	人数	百分比	人数	百分比	人数	百分比	人数	百分比	人数	百分比	人数	百分比
1	2	0.9	53	24.4	136	62.7	25	11.5				
2	17	7.8	55	25.3	26	12	117	53.9	3	1.4		
3	82	37.8	32	14.7	36	16.6	40	18.4	13	6	8	3.7

从表1-1中,我们对于民众的司法信任度问题,可以看出一些初步的结论:首先,公安司法机关的信任危机并非空穴来风。62.7%的被调查人选择了对公安司法机关"不大信任",也就是说,接近2/3的人认为老百姓不大信任公安司法机关,而选择"非常信任"的只有2人。更需要引起我们警觉的是,有11.5%的人选择了"非常不信任"。可见,公安司法机关与普通民众之间的隔阂已经普遍存在,我们传统上的良好关系也已经严重地被动摇。其次,公安司法机关的整体形象有所下降、威信不高,而检察机关与公安机关和法院相较而言,形象相对好一些。53.9%的被调查人认为公安司法机关的形象"都不大好",这一数据已经超过了半数,而认为公安司法机关的形象"都比较好"的只有3人。公安机关、检察机关、法院三大机关相比较而言,25.3%的被调查人认为检察机关的形象和威信较好,其次是法院,获得了

12%的支持率，而公安机关只得到了7.8%的肯定评价。公检法三机关的肯定率之比较，说明了民众对于刑事司法中三大权力机关的评价是有所差异的。究其原因，笔者认为，检察机关在刑事诉讼中相对权力较小，检察权在行使的过程中直接侵害到普通民众权益的情况也较少，而且检察机关行使反腐败和法律监督职能也在客观上为其形象加了分。相比而言，公安机关和法院的权力较大，公安特权思想和特权行为、法院的司法腐败现象在近年来比较突出，常常会直接侵害到公民的权益，使得公安机关和法院的威信有所下降。笔者采用SPSS相关分析发现，题1中选C(不大信任)与题2选A(公安机关)具有负相关性(－.274 *)①，与题2选C(法院)也具有负相关性(－.188 *)，与题2选B(检察机关)没有相关性，与题2选D具有正相关性(.276 *)。再次，"关系"因素成为民众认为在审判中获胜的最重要因素，而"对法律的掌握"未获得足够的重视。37.8%的被调查人认为"找关系"是能否在审判中获胜的最关键因素，这凸显了我国关系社会的特点；18.4%的被调查人认为"客观事实"很重要，这反映出民众心中的实质真实观念仍很强；16.6%的被调查人选择了"请高水平的律师"，说明民众对律师的作用有所期待；14.7%的被调查人选择了"给法官送礼"，这一比例并不高，也在一定程度上说明民众认为买通法官并非就能赢得审判，而法官以外的关系因素可能发挥特别作用。值得我们注意的是，只有6%的人选了"对法律的掌握"，可见法律的权威和神圣尚未在我国民众心目中真正塑成，而法律以外的因素反而成了民众心目中赢得审判的关键。这不能不说是我们法律人的悲哀！

二、司法公正观

民众对司法公正程度的认识，是影响民众对刑事司法体系信任度的一个重要因素。人民如果对司法公正失去了信心，那么也就很难真正地信任刑事司法体系，也就不会存在真正意义上的司法权威。对此，笔者提出了以下两个非常直接的问题，目的是直接去探知普通民众对于司法公正的最直观认识。相应的统计结果见表1-2。

题4　你认为当前司法公正吗？

A. 公正　　B. 比较公正　　C. 不公正　　D. 非常不公正

题5　你认为当前影响司法公正的最主要因素是什么？

---

① "－.274 *"是SPSS软件作相关性分析时自动生成的，"*"表示有相关性，correlation is significant at the 0.01 level。

A. 司法腐败　　B. 公安司法工作人员素质不高
C. 制度和法律不完善　　D. 社会总体风气不好
E. 其他因素

表 1-2

题号	选 A 情况		选 B 情况		选 C 情况		选 D 情况		选 E 情况	
	人数	百分比	人数	百分比	人数	百分比	人数	百分比	人数	百分比
4	3	1.4	95	43.8	108	49.8	11	5.1		
5	60	27.6	36	16.6	68	31.3	48	22.1	4	1.8

从表 1-2 的统计结果来看,民众对于司法公正的认识可以简单地作二分法的判断,即有近半数的被调查人认为当前的司法是“比较公正”或“公正”的,有略超过一半的被调查人认为司法“不公正”或“非常不公”,其中,对司法公正持完全肯定态度的(1.4%)和完全否定态度的(5.1%)都是少数。也就是说,虽然民众对于司法的信任度并不高,而且公安司法机关的形象和威信滑坡,但是对于司法公正,仍然有近半数的被调查人有信心。对于影响司法公正的最主要因素问题,所得到的统计结果显示,人们的观点是比较多元的,“制度和法律不完善”这一选项获得了相对较多的选择(31.3%),显示了人们对于完善我国现行刑事司法制度和刑事法律有所期待。“司法腐败”也是其中比较多地被关注的因素(27.6%),“公安司法工作人员素质不高”和“社会总体风气不好”也分别有 16.6%和 22.1%的人选择。可见,民众心目中的司法不公的原因是呈现多元化的。

三、司法腐败观

司法腐败是当下的流行话语,成为腐败现象中备受民众关注的问题之一。虽然,我们很难给司法腐败下一个精准的定义,但是,民众心中对于什么是司法腐败显然有一杆秤。通过网络,通过日常交流,我们常常可以感受到民众对司法腐败的痛恨和司法腐败问题的严重性;有所不同的是,主流媒体仍然是以肯定公安司法工作为主,抱着比较乐观的态度。那么普通民众心目中的司法腐败观究竟如何呢?对此,笔者同样设计了两个很直接的问题,并在表 1-3 中给出相应的统计结果。

题 6　你认为当前司法腐败严重吗?

A. 司法比较廉洁　　B. 少数人腐败
C. 司法腐败比较严重　　D. 司法腐败非常严重

题 7　你认为当前存在司法腐败的主要原因是什么？

A. 没有高薪养廉　　B. 司法不独立

C. 司法工作人员素质不高　　D. 社会总体风气不好

E. 对司法腐败惩处不够严厉　　F. 法律和制度不完善

G. 其他

表 1-3

题号	选 A 情况		选 B 情况		选 C 情况		选 D 情况		选 E 情况		选 F 情况		选 G 情况	
	人数	百分比	人数	百分比	人数	百分比	人数	百分比	人数	百分比	人数	百分比	人数	百分比
6	4	1.8	58	26.7	137	63.1	17	7.8						
7	26	12	36	16.6	34	15.7	41	18.9	28	12.9	41	18.9	6	2.8

从表 1-3 中，我们可以看到民众对于司法腐败的大体态度。统计结果显示，情况不容乐观。我们常常所说的“司法腐败只是少数人的腐败”，没有得到多数被调查人的支持，只有 26.7％的人选择了该选项，认为“司法比较廉洁”的更是只有 4 人，而认为“司法腐败比较严重”的人显然占了多数，达到了 63.1％。当然，这一统计，并不能证明司法实践中司法腐败确实比较严重，因为笔者所调查的只是民众心目中的司法腐败观，而非真实的司法腐败情况，笔者也承认多数公安司法工作人员是兢兢业业工作的。这里的数据可能更多地反映出的是一种“短板”效应[①]。但是，这种司法腐败观所反映出的是民众的一种普遍心理，即公安司法机关很腐败，而这种认识抑或是成见将严重影响到公安司法机关的形象和权威性。对此，我们不得不警惕！对于司法腐败的主要原因问题，被调查人的观点差异很大。其中，认为“社会风气总体不好”、“法律和制度不完善”这两个选项的最多，都是 18.9％。这说明不少人认为司法腐败不仅仅是个人问题，更是社会问题和制度问题。有 6 人选择了“其他因素”，在访谈中，有 4 人表示监督不力是司法腐败的主要原因，还有 2 人认为司法腐败是众多原因造成的，很难从中选择最主要因素。

四、民众参与刑事司法观

民众参与司法是司法主权在民的体现，也是民众真正融入司法裁判的过程中来，体现司法民主的主要方式。民众参与刑事司法涉及两个直接相关的问题：其一，民众是否有能力参与刑事司法；其二，民众是否愿意参与刑

① 一个木桶的盛水量不是由最长的木板决定的，而是由最短的木板决定的，这就是“短板”效应。少量的腐败分子实际上影响到了整个公安司法系统的形象，并造成了极为严重的社会影响。

事司法。围绕上述问题,笔者提出了以下四个具体问题,并在表 1-4 中给出相应的统计结果。

题 8　如果由你来审判刑事被告人,你认为下列哪个因素最重要?

A. 定罪量刑符合实体法的规定

B. 刑事诉讼的过程严格遵守法定程序

C. A 和 B 两选项相结合

D. 从重从快严惩罪犯

E. 审判的结果符合领导的要求

题 9　你认为刑事案件的办理过程中,惩罚犯罪与保障人权哪个更重要?

A. 惩罚犯罪　　B. 人权保障

C. 都重要,两者发生冲突时,首先考虑惩罚犯罪

D. 都重要,两者发生冲突时,首先考虑人权保障

题 10　你赞成当案件证据不充分时,对被告人作无罪处理吗?

A. 赞成　　B. 不赞成

C. 可以把案件先放一放,查清了再判

D. 可以实行疑罪从轻

题 11　假设你是普通公民,现在法院通知你去担任陪审员,你愿意参加吗?

A. 很高兴参加　　B. 没办法,只好参加

C. 不愿意,找理由推托　　D. 坚决不参加

附带问题:如果你不愿意参加,简单写一个主要原因。

表 1-4

题号	选 A 情况		选 B 情况		选 C 情况		选 D 情况		选 E 情况	
	人数	百分比	人数	百分比	人数	百分比	人数	百分比	人数	百分比
8	5	2.3	26	12	164	75.6	4	1.8	17	7.8
9	8	3.7	41	18.9	52	24	116	53.5		
10	156	71.9	17	7.8	29	13.4	11	5.1		
11	108	49.8	14	6.5	81	37.3	12	5.5		

上述第 8～10 题,实际上针对的是民众参与刑事司法的能力问题。这三个问题,分别考察了民众对实体公正与程序公正的关系、打击犯罪与人权保障的关系、疑罪从无原则这三个刑事审判中涉及的基本理念的认识。我们

一般认为，我国民众具有“重实体、轻程序”、“重打击犯罪、轻人权保障”、“有罪推定”的倾向。但是，此次调查的结果却显示，这些传统的观念正在淡化，而这些年来一直为刑事诉讼学者所倡导的程序正义、人权保障、无罪推定正在逐步深入人心。第8题表面上是考察被调查人认为的刑事审判中的最重要因素，实质上是调查了对于实体公正与程序公正关系的认识。绝大多数，即75.6%的被调查人选择了“实体公正与程序公正两者并重”，只有4人选了“从重从快严惩犯罪”，而“从重从快严惩犯罪”在很长的一段时间内是一种主流或者说非常重要的意识。但是，有7.8%的人选了“审判的结果符合领导的要求”，即认为领导意志是审判的关键，此种意识下显然很难独立审判，这也说明“官本位”、“等级观念”还在一定程度上存在。第9题涉及打击犯罪与人权保障的关系问题，被调查人中有过半数(53.5%)选择了D选项，即“都重要，两者发生冲突时，首先考虑人权保障”。这一结果与笔者所预计的，普通民众对严惩犯罪的要求要高于人权保障的要求，是出入较大的。第10题调查的是民众对“疑罪从无”原则的认可度，结果发现有71.9%的被调查人赞同实行“疑罪从无”。上述三个问题的调查结果显示，普通民众已经或者正在接受程序正义等刑事司法中的基本理念，而且远远超出了笔者的预期。这也说明，随着我国法治建设的进程，至少是城市居民已经基本具备参与刑事司法的能力①，而并非像有的学者所悲观地认为的那样：“我国民众法律意识还很差，还没有参与刑事审判的能力。”

第11题是针对民众是否愿意作为陪审员参与刑事审判问题。49.8%的被调查人表示“很高兴参加”，这一数字要超过“不愿意参加”和“坚决不参加”的人数。这显示了民众参与刑事司法的热情和意愿并不低。对于该问题，笔者还提了一个附带问题，即如果不愿意参加，主要理由是什么。为了给被调查人更多的发挥空间，该题没有采用选择的方式。结果显示，不愿意参加的理由各种各样②，但最多的理由是“参加陪审只是摆设，没有多少实质作用”。这说明我们的人民陪审员制度近年来虽然进行了改革，但是显然还存在许多问题，陪而不审的现象仍然没有得到根本性改变，这也就无法真正调动普通民众的参与积极性。

---

① 我国城乡差异很大，城市人口受教育水平和法律意识水平显然要超过农村人口。在此次被调查的城市民众中，基本不存在对问卷不理解或者看不懂的现象。而如果在农村，问卷就要更加通俗化，笔者相信，调查的结果也会有所差异，特别是对于刑事司法理念的把握上差异会更大。

② 具体的理由包括：“陪审、陪审，其实只陪不审”、“我的意见也许不重要”、“去了，也只是做样子”、“没兴趣”、“走形式而已，浪费时间”、“我说了也不算”、“与自己关系不大”、“没时间”、“太麻烦”等等。

五、刑事诉讼中的人权保障观

刑事诉讼发展的历史，便是刑事诉讼人权保障不断得到彰显的过程。普通民众对于刑事诉讼中的人权保障的认识，反映了民众对刑事司法本质和刑事司法实践的认识。其中，刑讯逼供问题是刑事诉讼人权保障中的一个突出问题。在此，笔者专门就刑讯逼供设计了下面两个问题，并在表 1-5 中给出相应的统计结果。

题 12　据你所知，公安司法机关有刑讯逼供的现象吗？

A. 没有　　B. 属于个别现象

C. 是普遍现象　　D. 非常严重

题 13　你对刑讯逼供的态度如何？

A. 坚决反对　　B. 无所谓，只要好人不被打就行

C. 不赞成，但认为在特殊情况下可以使用

D. 赞成，是打击犯罪的必须手段

表 1-5

题号	选 A 情况		选 B 情况		选 C 情况		选 D 情况	
	人数	百分比	人数	百分比	人数	百分比	人数	百分比
12	1	0.5	77	35.5	122	56.2	14	6.5
13	149	68.7	10	4.6	57	26.3	1	0.5

关于民众对于刑事诉讼人权保障的态度，实际上前文已经有所涉及，即第 8～10 题便涉及了民众对人权保障的一些基本理解。前文表 1-4 中的统计数据表明，我国普通民众的人权意识在不断增强，这是一个可喜的现象。民众的人权意识的增强对于公安司法机关来说，则带来的是更大的压力。毕竟，现在面对公安司法机关时，低声下气只做“顺民”的人越来越少了，更多的人已经开始用法律武器或者具备法律意识来捍卫自己的基本人权。刑讯逼供问题是刑事诉讼中严重侵犯人权的一项顽症，这一问题在一个侧面反映了我国刑事诉讼人权保障的现况。表 1-5 的数据显示，56.2%的被调查人认为刑讯逼供“是普遍现象”，35.5%的被调查人认为“是个别现象”，而认为实践中“没有刑讯逼供现象”(0.5%)或者刑讯逼供“非常严重”(6.5%)都只是少数。68.7%的被调查人“坚决反对刑讯逼供”，这说明多数人反对刑讯逼供的态度很坚决。但是，也有 26.3%的被调查人虽然反对刑讯逼供，但是认为“在特殊情况下可以使用”，这也说明，部分人仍然认为刑讯逼供具有

一定的现实合理性。

第三节 问题的展开:我国刑事司法面临的困境及其深层原因

上述统计数据,在一定程度上反映了我国普通民众对于刑事司法的认识和态度。调查的结果有喜有悲,有的在笔者意料之中,有的却在意料之外。喜的是我国民众,至少是城市普通民众已经逐步接受程序正义、人权保障、无罪推定等现代刑事诉讼的基本理念,这为我们的刑事司法改革奠定了很好的基础;悲的是普通民众对于刑事司法体系的信任度明显滑坡,不少人对于司法公正信心不足,多数人认为司法腐败很严重,刑讯逼供还普遍存在。需要注意的是,笔者调查的数据只是多多少少揭示了民众对于刑事司法的认识,而非我国刑事司法的现实情况,也许民众是偏激的,或者也许部分民众对某些问题的认识有所偏差,但是,这些却反映出了民众的心理,反映出了当前公安司法机关及其工作人员威信不高的现况。这种信任危机,严重地阻碍了我国刑事司法系统有效地发挥定纷止争的功能,也严重影响了国家法律的有效执行。试想,面对一个你不信任的刑事司法系统,你会积极提供线索、出庭作证吗?你会愿意去担任人民陪审员参与审判吗?你会愿意接受裁判的结果吗?你会愿意捍卫刑事司法系统的权威吗?……失去了民众的信任和支持,我们的刑事司法体系将很难实现其预期目的;失去了民众的信任和支持,我们的刑事司法改革更将举步维艰。

作为一个法律人,笔者不乏从事实务工作的同学、朋友,就我所熟识的公安司法工作人员而言,他们在表面的待遇稳定和享有权力背后,实际上工作非常辛苦,甚至可以说是忘我工作、鞠躬尽瘁。但是,我们又不得不面对现实中民众对公安司法机关及其工作人员的不信任和一定程度的逆反心理。这是一个令人遗憾的现实,公安司法工作人员辛勤劳动,却并没有赢得社会的充分肯定。也许本文所揭示的民众对刑事司法的信任危机过于悲观,但是,我们不得不承认,这种信任危机或多或少确实存在,这只是一个程度的问题。限于调查的广度和深度,对于该问题的严重程度,笔者很难作出一个准确的定量分析,但是,我们却绝对不能无视刑事司法面对的这种窘境。那么,这种尴尬的现实和困境背后的原因究竟是什么呢?

首先,我们要审视的是制度问题,司法体制自身的缺陷使得司法的官僚化在我国尤其显得严重。从我国法院的机构设置及其运行来看,法院似乎成了行政官僚系统中的一分子。四级法院制度,虽然从宪法上来看是监督关系,但由于存在内部请示汇报等潜规则使得实质上存在上下级领导关系,从而形成了以最高人民法院为顶点的金字塔形法院系统。相应的,本来应该是相互对等关系的法官们也形成了上下级关系的"纵型结构",法官分级制度使得这种级别观念更为显著,从而难免侵害到审判制度中不可或缺的法官独立。从法官任职和晋升情况来看,法院的法官与行政机关中的一般官员一样为了职务的晋升而苦苦奋斗,从普通法官一直做到法院院长便是很多中国法官一生奋斗的目标。一般情况下,学生从学校毕业后,几乎没有社会经验就直接当了法官,或者是部队转业干部脱下军装就换上了法官袍,从此,沿着金字塔的楼梯,一步一步往上走。这种情况下,近些年来被许多学者呼吁的法官职业终身制,扭曲地在中国实践着。

司法机关的官僚化又与司法腐败交织在一起,使得法官的威信和名誉并不比一般的行政官员好。短短的几年内,湖南省高级人民法院原院长吴振汉、辽宁省高级人民法院原院长田凤歧、广东省高级人民法院原院长麦崇楷、黑龙江省高级人民法院原院长徐衍东相继东窗事发。[①] 一个又一个因腐败而落马的省级人民法院院长让我们对司法系统的腐败怎能不警觉?!面对一个又一个揭露出来的司法系统的腐败窝案,让民众怎么能对司法公正有信心?!

再让我们换一个角度,刑事司法实践中的一些具体制度,虽然不像宏观体制问题那样复杂,却是引发问题的直接诱因。如限期破案、命案必破、考核指标等具体制度成为公安司法机关的紧箍咒,"只要结果和数据,不要过程和人权"便成为必然的选择。于是,立功、授奖和晋升的背后可能便埋藏着刑讯逼供、冤假错案的导火线。最为典型的便是佘祥林案,佘祥林"杀妻"被定罪量刑11年后,"死者"竟然归来,引起举国震惊!当时的立功者沦为阶下囚。冤错案件绝非偶然,杜培武案、滕兴善案、李化伟案等案例的发生,显然说明我们的刑事司法制度存在着不容忽视的缺陷。结果是媒体网络对典型个案的曝光,频频引发民众的批判与大讨论,对刑事司法的质疑之声不绝于耳。

完备的制度能够让坏人不敢作恶,而有缺陷的制度却会把好人诱向罪恶的深渊。完善我国刑事司法制度并修改有关法律法规,显然是使民众重树对刑事司法的信心的基础,这也印证了前文所揭示的,民众认为司法不公

---

① 相比之下,美国联邦法院系统的法官,历史上被弹劾的人寥寥无几。这种反差值得我们反思。

最主要的原因是"制度和法律不完善"。

其次,作为法律人,我们自身显然也需要反思。纪伯伦曾说过:"就像一片孤叶,不会未经整株大树的默许就枯黄,作恶者胡作非为的背后,并非没有大家隐匿的允诺。"[①]如果说少数的司法腐败分子是害群之马,是"孤叶",那么,我们的广大法律人是否在一定程度上充当了"隐匿的允诺者"呢?

法律职业本身应当是一个值得骄傲的职业,法律人群体也应当是一群享有荣誉并严格自律以捍卫这种骄傲和荣誉的精英。但是,在当下的中国,法律人与其他职业群体之间并无太多的区别,法律对多数法律人来说只是被作为一种谋生的工具。可以说,刑事司法体系中的公安司法工作人员并未形成妥适的职业品格,更不用说是赢得职业荣耀和尊严。在这种现况下,缺乏法律理想并且很少受法律伦理约束的法律人,只是为了生计而反复适用法律这种他们所熟悉的工具,权钱交易也好、徇私舞弊也罢,都成为情理之中的事情。那么,又如何让普通民众来尊重所谓的法律人,尊重被法律人们作为工具的法律?

在很长的时间内,中国没有走上法治之路,也没有形成职业法律人阶层,"主要是中国历来没有把法律当做独立的制度存在和价值存在,使法律丧失某些必要的'形式性要素',进而将法律与道德、伦理、习惯、政令、舆论混为一谈,当法律与它们相矛盾时,就理所当然地认为否定法律就是最合理的。"[②]可以说,在中国古代,并不存在我们现代意义上的法官,包公、海瑞等国人熟知的青天形象实际上还是行政官员。如在黄仁宇的笔下,海瑞是古怪的模范文官,而不是一个真正意义上的称职法官。海瑞充分重视法律的作用并且执法不阿,但是作为一个在圣经贤传培养下成长的文官,他又始终重视伦理道德的指导作用。海瑞斟酌案件时"与其屈贫民,宁屈富民;与其屈愚者,宁屈刁顽"[③]的评判标准显然是与现代法治下的形式理性相背离的,而这种思维方式在今天的许多法律人心中仍然依稀可见。

法律毕竟是要人来执行的,如果只有完美的制度而没有专业训练有素、职业品格高尚的法律人,那么这个制度只会沦为海市蜃楼,而不可能是现实中可操作的鲜活的制度。而公安司法工作人员自身的行为不端或者不妥,恰恰是最直接引发民众反感的因素;所谓的法律人自身法律技能和法律伦理的匮乏,又成为我们的法治进程停滞不前的主要诱因。

---

① 转引自陈长文、罗智强:《法律人,你为什么不争气?》,法律出版社 2007 年版,第 8 页。

② 孙笑侠:《程序的法理》,商务印书馆 2005 年版,第 9 页。

③ 黄仁宇:《万历十五年》,生活·读书·新知三联书店 1997 年版,第 139 页。

第三，我们在刑事司法中未能正确对待民意，对于司法民主的认识也很模糊。在看待作为司法民主的最直接体现的民意与司法的关系问题时，我们常常走两个极端：一是以民意取代司法，搞所谓的群众运动式审判；二是将司法与民意相断裂，夸大司法精英的作用，排斥民意的参与。

曾几何时，民主变成了一个广受赞誉的名词，“进入民主网络的一切结果都有和谐的理想和观念在前，并受它们推动”[①]。由于民主理论享有的美誉，司法民主亦被多数人看作是想当然的美好愿景。但是，这种把民主当作理所当然的理论构想，似乎忘记了民主制度在人类历史上一直有着而且仍然有着失败的经历或趋势：古希腊的民主政体只是昙花一现；在中世纪，民主更是很快就胎死腹中；而在近现代，虽然经历了民主的三波浪潮，却每次都有所反复。[②] 同样，在中国，社会主义民主法治建设经历了无数的坎坷，至今仍然是一项艰巨的任务。“群众运动式”司法审判的惨痛教训又怎能被我们所遗忘？于是，又有人对中国的司法民主进路信心不足，认为传统中国的儒家文化和中央集权的传统对于司法民主是排斥的，搞司法民主只是乌托邦式的幻想。更有甚者，视民主为虎狼，视权力为至宝，将维护司法机关的权威性作为堂而皇之关起门来的理由，殊不知没有了民众的授权、参与和信任，司法权威的正当性基础、合理性依据将何在？

我们知道，民意是社会存在、运行、发展的基础，“在一定意义上说，人类自觉活动构成的文明史，就是‘民意’地位不断被认识和提高的历史。民意之所向，可以建设一切，也可以毁灭一切。如果不能正确地认识和把握民意，必然会在它的力量变化的面前陷于盲目、被动和手足无措的境地。一切社会竞争的事实（包括政治的、经济的、思想文化的等等）都昭示这样的一条基本社会法则：谁能更深刻地了解、掌握和运用民意，谁就能在社会竞争中更多地‘得分’，谁就能成为顺乎民心，合乎潮流，推动社会事业发展的杰出人物。正因为如此，对民意的认识、测度和把握的努力从人类社会诞生那一天起便开始了”[③]。在司法领域，民意便外化为司法民意的问题。司法民意，又可以称为司法民心、司法公意，是社会上大多数成员对司法机关、司法工作人员及其司法行为和司法现象所持的大体接近的意见、情感和行为倾向的总称。我们可以作这样一个不恰当的比拟，司法民意就好比是一种社会

---

① ［美］乔·萨托利：《民主新论》，冯克利等译，东方出版社 1998 年版，第 18 页。

② 参见［美］亨廷顿：《民主的第三波》，载刘军宁编：《民主与民主化》，商务印书馆 1999 年版，第 358 页。

③ 喻国明：《解构民意：一个舆论学者的实证研究》，华夏出版社 2001 年版，第 9 页。

对司法的“口味”，这种社会“口味”需要具有专门技能的“厨师”，即司法工作人员，以其专业化的“厨艺”来满足。随着大众传媒的发展和互联网的普及，案件的审理过程与结果受到社会和公众越来越多的关注，司法民意在现代司法中起着越来越重要的作用。近年来发生的刘涌案、宝马案、佘祥林案等案件无不在社会上掀起轩然大波，司法机关也因此承受了巨大的社会压力。在一定意义上说明，司法裁判与司法民意相脱节已经成为我国当前司法机关民众信任度低、司法公正受到质疑的一个重要原因。

第四节　理性的选择：认真对待刑事司法的国民基础

透过普通民众对刑事司法的质疑和不信任的种种表象，透过司法官僚化和司法腐败问题，我们不得不反思，我们所看到的是刑事司法的国民基础在动摇，而没有了扎实的国民基础，我们的刑事司法体系将成为无本之木。要改变这种司法官僚化和民众信任度滑坡的状况，一方面，我们必须对我国的公安司法机构设置和权力分配、司法官选任、考核和晋升等制度进行改革；另一方面，必须考量的问题是如何推进司法民主，妥当对待司法与民意的关系，通过正当法律程序实现司法民主和社会正义，重塑刑事司法的国民基础。

对于司法制度的完善，我们首先想到的往往是公安司法机关的机构设置和权力分配问题。这是关系司法体制改革的一个大问题，不仅要受到我国现行宪法和刑事诉讼法等法律的约束，而且由于关涉三大机关的切身利益，便很容易陷入各部门的权力之争。也正因此，一些学者们经常呼吁的改革建议，如检警关系的改革，强制措施的司法审查权的确立及其配置，司法机关经济和人事上的独立，以及打破司法机构设置对行政区划的依附关系等，诸如此类涉及体制的问题最终可能只有通过国家政治核心决策部门才能解决。对于这些宏观制度改革问题，已经有不少学者提出了真知灼见，笔者在此不再赘述。

在此，仅谈谈笔者的其他几点想法：

（一）推行法律职业的专业化，塑成法律理想和法律伦理，遏制司法的官僚化趋势

法律职业应当成为一个高尚的、具有魅力的职业，这是我们的司法系统得到民众认可的前提。在短时间内，我们要想对制度性问题进行质的变革

非常困难，但是，我们却可以从“人”入手，从法律教育入手，培养和遴选富有社会公益和专业典范的法律人，逐步实现法律职业的专门化。也就是说，“法律的施行被委托给一群特别的人们，他们或多或少在专职的职业基础上从事活动”①。这种专业化的法律活动，使得法律职业区别于一般的行政工作，从而营造法律人主宰的法律帝国。在这一法律帝国中，法律人有着自己的法律理想和信念，受到法律伦理的约束，从而使得法律职业真正赢得崇尚，法律人真正赢得尊严与尊重。

今天，我们所需要的是专业的法律人，他们应当具有专业化的思维方式，而不是采用中国古代青天式的思维，也不同于普通民众的一般思维。“‘法律人的思维方式’，犹如一束光线，从一个独特的视角，照耀着我们的心灵，影响着我们对各种社会问题的看法，并帮助我们获取了越来越多的新知识和新理论，也使得我们在看待同一个问题时，与一般的‘非法律人’有了更多的不同视角和见解。”②这种思维具有某些形式化的特征，而非遵循传统的实质真实，是通过正当程序加以专门化的解释和适用，而非仅仅是符合逻辑的要求。“经验丰富的法律人不会为了符合逻辑而放弃法律的价值，在他们手中，新的更合时宜的原因会被应用到原先的法律规则上，这些规则也会逐渐获得新的内容，从而最终摆脱原先的枷锁，获得新的形式。”③

为了实现法律职业的专业化，塑成法律理想和法律伦理，必须改革我们的法律教育模式。毕竟，法律人是经过专门训练的职业化的专门人士，他们的语言、技能、思维、理想、伦理都与普通人不同，他们是具备了一定职业资质的人。这需要我们将侧重理论灌输和法条注释的传统法律教育方法进行改革，大力推行专业化的法律教育。也许，韦伯关于“专门的”法教育的两分法理论能为我们提供一些思路。他认为“专门的”法教育应分为两大类：其一是，由实务家来进行的经验式的法教育，全面或主要在实务当中进行，亦即讲求“经验”的“工匠式”训练；其二是，在特别的法律学校进行的理论性的法教育，以理性且系统化的方式来探讨法律，亦即讲求“技术”的“学问式”训练。④

当然，只有法学教育的改革并不足以培养出专业化的法律人，毕竟，司

---

① [美]哈罗德·J·伯尔曼：《法律与革命》，贺卫方等译，中国大百科全书出版社 1993 年版，第 9 页。

② 陈瑞华：《法律人的思维方式》，法律出版社 2007 年版，第 4 页。

③ [美]约翰·莫纳什、劳伦斯·沃克：《法律中的社会科学》（第 6 版），何美欢等译，法律出版社 2007 年版，第 3 页。

④ [德]马克斯·韦伯：《法律社会学》，康乐等译，广西师范大学出版社 2005 年版，第 182 页。

法制度中的资格考试机制、选拔机制、晋升机制、考核机制等都会直接影响到法律人的发展方向，相关改革势在必行。限于篇幅，不再展开讨论。

（二）正确对待司法与民意的“合”与“离”，契合法律职业的专门逻辑与大众逻辑

司法与民意相游离，是司法得不到民众尊重的重要原因。而法律职业的专业化，将进一步使得刑事司法与普通民众渐行渐远。如何克服这一问题，是一个难题。笔者认为在民意与司法的“合”与“离”之间保持一个适度的关系是关键所在，从而使得法律职业的专业话语与大众话语相结合，而绝非两者的决裂。

司法适度反映民意的途径有很多，其中主要可以用两个关键词来反映，即“参与”和“监督”。对于“参与”而言，民众对刑事司法的参与方式主要分为两种：一种是普通民众对于司法的参与。现代刑事司法中，参与的途径主要有治安法官制度、陪审制、参审制等，特别是陪审制被认为是民众有效参与、司法反映民意的最基本方式。公民作为陪审团成员或者陪审员，直接参与司法活动，行使司法裁判权，可以在司法活动中反映人民的声音，担当起维护公民权利的使命，从而防止司法走向专横。日本近期确立的“裁判员制度”便被认为是“让国民参与到司法权的运作中去，从而加强司法的国民性基础”。① 另一种是当事人对于司法的参与。当事人特别是犯罪嫌疑人、被告人、被害人有效地参与到刑事审判的过程中去，被认为是司法公正的基本要求，因为“审判的本质就在于——受判决直接影响的人能够参加判决的制作过程……一种法律制度如果不能保证当事人参加到审判活动中来，就会使审判的内在品质受到破坏”②。对于“监督”而言，“绝对的权力导致绝对的腐败”这一醒世名言让人们足以相信对于权力的监督是人类社会颠扑不破的真理。民众对司法机关和司法过程的监督是最有效的监督方式，能否让老百姓满意与信任也是衡量现代司法公正与否的基本评判标准之一。民众的监督是无时无刻不存在的，形式多样，包括新闻媒体、网络、法学家以及普通民众的监督等方式，而且不像设置特定机关监督那样会出现“谁来监督监

---

① ［日］松尾浩也：《日本刑事诉讼法修改的动向》，金光旭译，载陈光中主编：《21世纪域外刑事诉讼立法最新发展》，中国政法大学出版社2004年版，第257页。

② 陈瑞华：《刑事审判原理论》，北京大学出版社1997年版，第12页。

督者”的难题。我们对于刑事司法的监督过于片面，更多地强调了内部监督[①]，而忽视了外部监督，特别是普通民众对刑事司法的监督。

应注意的是，司法反映民意并不代表司法审判应当由民意来主导，更不代表用民意审判来取代司法审判。就如丹麦学者艾本曾指出的：“如果‘司法机关的民主’被认为是，人民负责司法机关，并能从没有权威的指导或其草率行事中获益，这样的理解是很难讲得通的。……所有的自由的人都可参加解决案子，这使得司法方法在现代复杂的社会是不实用的。”[②]在一定情况下，法治与民主可能会出现冲突。当出现这种冲突时，我们不能简单地以一时一地大多数人的意志为依归，而是应当强调法律程序的重要性。最终，法律可以通过民主程序得以修改，以反映大多数人的意愿。但是在法律尚未修正之前，多数人的意志也不应该改变法律的规定，否则法治将无以复存。换言之，司法与民意并非是截然的决定与被决定关系，而是司法与民意应当保持适度的距离，也即我们不能用民主的原则、方法、民众情绪来取代司法裁判。对于当前中国而言，保持这种距离主要应当考虑的是：(1)司法民主化绝不是群众化、运动化，那种搞群众运动式的司法已经被历史证明是违背司法规律的；(2)法官的独立和中立应当得到切实的保障，法官的产生方式和任职制度应忠于司法自治与司法独立；(3)司法不能简单地被看作是专政的工具，犯罪嫌疑人、被告人不能简单地被看作是专政的对象，犯罪嫌疑人、被告人应当享有受到宪法保护的基本人权；(4)司法过程中，个体的权利保障、人格尊严与社会、国家的利益、群众意愿都应当得到应有的考量；(5)司法的主治和能动主义与司法的受制和克制主义之间应保持适度平衡。

(三)通过程序推进司法民主与社会正义的实现

程序本身就是一个与民主紧密结合在一起的概念，“民主是一种程序，是寻求公众问题解决方法的一种途径”[③]。程序民主化与民主程序化成为一组捆绑在一起而很难分离的概念。“在西方，就刑事实体法而言，大陆法系中资本主义国家的刑法同普通法系国家的刑法几乎没有区别……但是，刑

---

① 检察系统反复强调，“我国检察系统以法律监督职能为核心，特别在刑事诉讼中享有广泛的职权”。这种观点在检察系统中显然居于主导地位。参见陈国庆：《中国宪政框架下的检察制度及改革趋势》，载陈光中主编：《中国司法制度的基础理论专题研究》，北京大学出版社 2005 年版，第 196—218 页。虽然在当下司法腐败还比较严重的情况下，检察监督具有现实合理性；虽然如同笔者问卷调查数据所揭示的检察机关在民众心目中形象相对较好，检察监督比起其他部门的监督可能更具有民众基础，但是与普通民众的监督相较而言，检察监督显然不能替代民众的监督，并且不具有民众监督的许多优点。

② 转引自张建伟：《刑事司法体制原理》，中国人民公安大学出版社 2002 年版，第 305 页。

③ [美]科恩：《论民主》，聂崇信等译，商务印书馆 2005 年版，第 4 页。

事诉讼的具体制度上却存在着重大的区别"[①]。同样，司法是否民主，在现代西方各国的实体法中差别并不显著，区别主要也是体现在程序法方面。因之，刑事诉讼法规定的一系列具体程序是否蕴含和体现现代民主的精神，正是刑事司法民主的主要标杆。

程序的民主需要立法与执法的结合。就如亚里士多德所言，制定良好的法律得到普遍的遵守被认为是法治的基本要求。对于程序本身的民主性之实现同样需要这两个因素的有效结合：一是立法所确立的程序法是具备民主基因的良法。这里实际上涉及立法民主问题，即立法机关，在我国主要就是全国人大及其常委会，是否能够充分地反映民意，通过民主的过程来制定法律。1996 年，我国刑事诉讼法修改时，程序的民主性得到了一定的强调，如程序的公开性加强、庭审引入对抗机制等，但是不可否认还存在这样那样的问题。当前我国正在开展刑事诉讼法的再修改，这为我们的程序民主提供了很好的契机。二是具有民主基因的程序法得到普遍的遵守和有效的执行。法典层面的法律与现实中的法律难免有一定距离，这是世界各国都存在的问题。虽然如此，我们还是必须尽力使执法活动能够有效地规制于法律的强制性规定之内，使司法的自由裁量权与法律的刚性相衔接，在此基础上，法律和司法裁判过程才能真正获得正当性，以及赢得民众的普遍认同和尊重。

程序本身的民主主要通过具体的诉讼程序来彰显。通过完善刑事程序法来推进司法民主的改革，已经成为当前世界各国司法改革的一种共性做法。"虽然改革不像上世纪 60 年代的正当程序革命时期那样剧烈，但是各国和各地区都在致力于推进司法民主化，使公民有更多的机会参加到刑事诉讼中去，确立或完善刑事诉讼参与机制，加大人权保障的力度，特别是加强对犯罪嫌疑人和被告人的人权保障。"[②]各国近期的这种改革主要体现在以下方面：(1)无罪推定原则的刑事诉讼法典化。如法国 2000 年 6 月 15 日的法律将无罪推定原则正式写进刑事诉讼法典的序言部分，载明"每个犯罪嫌疑人或被追诉人在其被确认为有罪之前均推定为无罪。侵害其无罪推定的行为，根据法律规定的条件防止、补救和惩处"。(2)陪审制度的确立或改革。如俄罗斯新刑事诉讼法典引进了陪审团审判制度。(3)扩大民众对司

① [美]约翰·亨利·梅利曼：《大陆法系》(第 2 版)，顾培东等译，法律出版社 2004 年版，第 131 页。

② 陈光中：《21 世纪域外刑事诉讼立法之鸟瞰》，载崔敏主编：《刑事诉讼与证据运用》(第 1 卷)，中国人民公安大学出版社 2005 年版，第 17 页。

法的参与和监督。如日本在刑事司法改革过程中建立了新型的市民参加刑事审判的制度——“裁判员制度”,并完善了原有的检察审查会制度。(4)加强对被追诉人的人权保障和完善司法审查制度。如法国 2000 年 6 月 15 日的法律设立了“自由与羁押法官”,专门负责审前羁押的司法审查。(5)扩大法律援助的范围。如日本的改革将请求“国选辩护人”的权利由公诉提起之后提前到了侦查阶段,等等。这些改革也许能为我们提供一个宏观的思路,那就是通过程序实现司法民主和社会正义。

第五节 小 结

国民的参与、信任乃至信仰是刑事司法的立基之本。普通民众对刑事司法现况的不满,应成为激发刑事司法改革的动力。通过推进司法民主,夯实刑事司法的国民基础,是现代刑事司法的必然要求和发展趋势。这涉及方方面面的改革,诸如陪审制改革等问题都可以大做文章,各项改革又是一个系统工程,牵一发而动全身。这里既需要体制性的改革,也需要具体制度的完善;既需要法律人的培养和自律,也需要民众的参与和监督。众多的改革计划让人大有“乱花渐欲迷人眼”之感。也许,精美的改革方案并不需要我们刻意地去设计,或者说,有了司法民主的理念作为支点,有了对民意、对程序的妥适认识,有了认真对待刑事司法的国民基础之态度,一切相关改革便有了方向感,理性的刑事司法改革路径也许便能水到渠成。

第二章　基本范畴的展开:国民基础、民意与司法民主

与概念相比较,"范畴是内容更为抽象、概括性也更大的概念"①。范畴是理论思维和理性认识的一种形式,思考的起点往往是应当从厘清若干基本范畴开始。我们对刑事司法国民基础的思考便是肇始于对国民、民意与司法民主等几个基本范畴的反思。对于司法民主等我们经常使用的词汇,实际上长期以来我们并没有真正厘清其内涵与外延。正是由于我们对司法民主的内涵和具体标准等基本问题没有深入的思考才会使得司法民主停留在"口号"层面,导致司法民主的盲目性和产生误导,甚至出现"群众运动式"的所谓司法民主。

第一节　国民基础与民意

一、人民与国民

"人民"这一概念表面上很简单,但是,如果我们稍加思考,就会发现有着一系列的问题:"人民"包括哪些人?为民众设想的参与是什么样子的?对于人民统治的范围如何界定,也就是说民主活动应该在什么样的适当范围以内?其范围是否包括法律、经济、秩序、家庭和私人领域?人民的统治必须服从吗?少数人是否也有参与和获得救济的权利?……

① 高清海:《高清海哲学文存》(第2卷),吉林人民出版社1997年版,第2页。

从词源来看,“人民”在拉丁文中为“populus”,这使得我们很容易联想到“popular sovereignty”(即“人民主权”),实际上人民主权一词就是源于拉丁语。在现代西方语言中,英文中的“人民”是“people”,该词是一个复数名词,也就是说,它虽然是个集合名词,却有复数形式,而其他主要欧陆国家的语言中,相应地,意大利语中的“popolo”、法语中的“peuple”和德语中的“Volk”,指的都是一个有机整体,一个“全体”(allbody),它可经由一个不可分割的普遍意志表现出来。[①] 语言是思维的载体,在以德语、法语和意大利语进行思维的国家,谈论“人民”就像是在说“众人做主”,对人民持的是一种整体论解释;而在英语国家中谈论人民,体现的既有整体的一面,也有可分的一面。

对于“人民”的理解,西方民主理论的代表性学者萨托利的解释可谓比较全面,他提出了六种对于人民的不同解释:(1)人民字面上的含义是每一个人;(2)人民意味着一个不确定的大部分人,一个庞大的许多人;(3)人民意味着较低的阶层;(4)人民是一个不可分割的整体,一个有机整体;(5)人民是绝对多数原则所指的大多数人;(6)人民是有限多数原则所指的大多数人。[②] 这些不同的解释为我们开拓了思路,但是其有着共同的特点,就是没有区分不同的阶级,在一定程度上掩盖了“人民”一词的政治属性。毕竟,基于出生、受教育程度、经济地位等不同,平等在任何社会都是相对的,人民的统治要想毫无例外地包括所有人是不切实际的,而不同的阶级,不同的阶层,甚至是不同的社群,在不同的政治体制下,政治参与和控制权力的能力当然是不同。但是,阶级性的存在是否就是要将一定的群体排除出民主的范围呢?在现代法治社会,任何一个“人”作为自然法意义上的人都有着不可剥夺的基本人权和自由。“平等参与”与“自由权利”之间是有一定矛盾的,过于平等就会剥夺一些人的自由,而过于自由又会损害社会的平等,两者之间的平衡构筑了现代民主的基本平台,不同的阶级、阶层、社群乃至个人在维护自身的自由权利和保持社会平等的要求下,持续地构成了当今这个高度分化和多元化社会的主体。可以说,“人民”代表了一个充满差异的集合体。

《中国人权百科全书》中对“人民”作了如下的解释:人民最初是指共同生活的一个或小或大的人群(部落或部落联盟),并没有政治、法律的含义。国家出现后,指具有政治性的人群。在现代国际社会有时泛指全人类。在

---

① 参见[美]乔·萨托利:《民主新论》,冯克利等译,东方出版社1998年版,第24页。

② 参见[美]乔·萨托利:《民主新论》,冯克利等译,东方出版社1998年版,第24—28页。

中国，是帝制被推翻以后人民的概念才与国民、公民的概念一道广泛使用。中华人民共和国成立后，毛泽东提出和论证了人民内部矛盾和敌我矛盾学说，人民成了一个与敌人相对而言的政治概念。在一般情况下，人民也是一个法律观念，不仅在国际法律文件中经常使用，各国宪法和法律中也很常用。[①] 这一解释揭示了“人民”这一概念的内涵的演进过程，即由没有政治含义的人群概念演变为带有浓重政治色彩的政治、法律概念。也就是说，“人民”一词被改造成了一个政治意义上的术语，用来区分不同阶级阵营，特别是与“敌人”划清界限，使得“人民”与“敌人”的矛盾成为不可调和的敌我矛盾。毛泽东在其著名的《论人民民主专政》中曾经解释过：“人民是什么？在中国，在现阶段，是工人阶级，农民阶级，城市小资产阶级和民族资产阶级。”[②]

“国民”是与“人民”极为接近的一个词汇。“国民”的概念与“人民”一词的侧重点稍有所不同。“国民”侧重于组成我们社会的每个成员在国家中的法律地位，具有一个国家公民身份的人便是一国的国民。从国际法层面来看，世界各国对于获得其国家公民身份的途径有所不同，主要有“出生地主义”、“血缘主义”、“混合主义”等具体的做法。根据出生地主义，一个人无论其父母是哪国人，只要其出生在该国领土内，便是该国的公民。根据血缘主义，一个人只要在其出生时，父母双方有一人具有某国公民身份，则无论其出生在哪个国家，都将获得与其父母相同的某国公民身份。混合主义，则是对上述两个原则的综合，只要符合其中一个条件就可以获得某国公民身份。从上述分析中，我们可以看出，实际上，“国民”一词与“公民”更为接近。但是，“国民”、“公民”、“人民”三个概念从理念上来看，还是有所差异的。“国民”侧重的是国家属性，“国民”的概念出自统一的民族国家的理念；“公民”侧重的是社会属性，“公民”的概念产生于人民对政治、法律地位平等的诉求；而“人民”的概念则来源于“人民主权”、“主权在民”等现代立宪主义的理念。[③]

从政治意义上来看，我们一般将“人民”作为与“敌人”相对应的概念，而将“国民”视为与“外国人”相对应的概念。在我国当前的语境中，“人民”包括了爱国统一战线的所有组成人员，即包括全体社会主义劳动者、拥护社会

---

① 参见王家福、刘海年主编：《中国人权百科全书》，中国大百科全书出版社 1998 年版，第 474 页。

② 《毛泽东选集》(第 4 卷)，人民出版社 1991 年版，第 1475 页。

③ 参见肖君拥：《人民主权论》，山东人民出版社 2005 年版，第 23 页。

主义的爱国者和拥护祖国统一的爱国者,是包括台湾同胞、港澳同胞和海外侨胞在内的最广泛的联盟。绝大多数的“人民”与“国民”是重合的,但是,既然存在“敌人”,就意味着“国民”中的一部分人可能被列入“敌人”的行列。如传统理论认为,严重刑事犯罪分子被认定为阶级“敌人”。传统刑法理论在分析犯罪概念时,常常会批判西方的犯罪概念“仅仅从犯罪的法律表现形式上而没有揭示犯罪的社会政治本质来给犯罪下定义,掩盖了资产阶级刑法镇压无产阶级和其他劳动人民的阶级本质,这对于广大人民来说是有一定欺骗性”①。将犯罪与阶级斗争相联系,将某些严重案件的罪犯视为“敌人”,即将他们排除出“人民”的范围,使得“人民”的概念要小于“国民”的概念。而近年来刑法的研究,开始更多地从犯罪的社会原因入手研究犯罪现象,更多地将犯罪看作一种社会的常态。社会对待犯罪的态度越来越理性,刑法不再简单地被看作是惩罚犯罪的工具②,刑法的控权价值也得到日益彰显。改革开放以后,学者们开始认识到,“在本体论意义上,刑法不仅具有促进人民遵守体现社会伦理要求的刑法规范的积极的规范机能,而且具有限制国家刑罚权任意行使的消极的限制机能”③。在近代刑法原则确立以前的专制主义或者所谓国权主义政治中,刑法只有保护极少数统治者利益、维护专制统治秩序的所谓法益保护功能。但是,随着民主主义或者所谓民权主义政治的确立,刑法不再以保护国家利益为出发点、以国民为规制对象,而以保护国民利益为出发点、以国家为规制对象。④ 对于刑事诉讼法的研究而言,程序的独立价值日益受到学者们的关注,人权保障被确立为与控制犯罪同等重要的刑事诉讼的两大价值之一,犯罪嫌疑人、被告人权利保障越来越受到重视,我们渐渐地不再将从重从快惩罚犯罪作为刑事诉讼的第一要务。基于这种认识的变化,笔者在本文的研究中更多地使用“国民”这一概念来替代“人民”这一较多带有政治色彩的概念。但是,我们也要看到,随着“和平与发展”成为当今世界的主旋律,随着阶级斗争观念和法学研究的意识形态色彩的逐渐淡化,“人民”这一概念的阶级色彩也正在淡化。因此,在本文的行文过程中,并不严格区分国民、公民、人民以及民众这些概念。

谈到国民基础,我们还需要简单地分析一下何谓“基础”。《新华字典》

---

① 高铭暄主编:《新编中国刑法学》,中国人民大学出版社 1998 年版,第 60 页。

② 长期以来,受到绝对工具主义法律价值观的束缚,在我国不少的刑法学者和司法实践工作者的观念中,刑法就是“刀把子”或专政机器,就是执行阶级专政职能、镇压阶级敌人反抗、惩罚严重刑事犯罪分子的工具。

③ 甘雨沛、何鹏:《外国刑法学》(上),北京大学出版社 1984 年版,第 201 页。

④ 李海东:《刑法原理入门(犯罪论基础)》,法律出版社 1998 年版,第 4—5 页。

将基础解释为:建筑物的根脚和柱石。[1] 这是对“基础”一词的直接解释。根脚和柱石显然是建筑物得以矗立的根本,根脚或柱石不牢固,则大厦将倾。从这一意义上我们又常常将“基础”引申为事业的根本。我国古代对于“基”非常重视,如《淮南子·原道》曰:“高者必以下为基。”对于刑事司法的国民基础的研究正是对刑事司法的根基的研究。在刑事司法领域中提出和强调国民基础这一概念也许正是本文研究的最大价值。可能本文中有的观点会受到质疑,可能有的想法或改革建议还很不成熟,甚至可能本文还会存在谬误。但是,强调刑事司法的国民基础,关注刑事司法的国民基础,是本研究的最大初衷和立脚点,对此,笔者很有信心。仅求能引起法律学人、立法者、执法者对于刑事司法的国民基础问题的重视或些许思考,吾愿足矣!

二、民意及其复杂性

民意,简单地说,就是国民的心声。

对于民意,卢梭在《社会契约论》中提出的思想无疑是经典。在他看来,国家一切权力的基础在于民众,民意作为公众意见,具有法律一般的巨大力量和不可移易性,或者说民意本身就是法律(文本法律)之外和之上的法律,“它既不是铭刻在大理石上,也不是铭刻在铜表上,而是铭刻在公民们的内心里;它形成了国家的真正宪法;它每天都在获得新的力量;当其他的法律衰老和死亡的时候,它可以复活那些法律和代替那些法律,它可以保持一个民族的创制精神,而且可以不知不觉地以习惯的力量代替权威的力量”[2]。在刑事司法中,这种民意是需要通过具体的程序来体现的,民主的立法程序、民主的司法与执法程序都是民意的具体化和外化过程。正是这种承载着民意的程序民主使得当事人接受裁判结果的可能性大为增强,也能够给社会大众带来司法正当化的感觉与效果。

正确认识民意与司法的关系,首先要准确认识民意。而认识民意的关键在于认识民意的复杂性。对于民意而言,绝非笔者给出的简单概念那样容易讲清楚,就如“民意如流水”这一名谚所说的,民意是很难捕捉和判定的东西。民意的复杂性源于社会生活的复杂性。今天的社会生活与小农经济时代已经大为不同,利益结构复杂化的趋势非常明显,社会形态日趋丰富。如果我们想要在这种复杂的社会生活中寻找到民意的真实意思表示,绝非易事。也许你会说,只要多看看报纸和电视,多看看网络博客或者 BBS,多

---

① 《新华字典》,商务印书馆 1979 年版,第 193 页。

② [法]卢梭:《社会契约论》,何兆武译,商务印书馆 1980 年版,第 73 页。

和身边的人聊聊天,不就什么都知道了吗? 其实,绝非如此简单。了解和捕捉民意是一件相当专业的工作,又是一项系统工程。西方国家已经有很成熟的民意调查机构或者民意调查公司。民意调查的专业化在我国也已经起步,北京、上海等大城市近年来开始出现了民意调查的商业机构,这些机构的专业化运作,为政府决策或企业决策提供了很好的参考。它们的存在从一个侧面证明了民意的复杂性和民意调查的专业化趋势。

民意的复杂性同样源于民众的多样性和多元性。当下的社会,崇尚个性、追求自我价值实现成为一种趋势,民众的差异性在不断增强,人们的生活方式和思想意识呈现多元化,这便使得找寻一种社会"共识"其实相当不易。对于这种所谓的社会"共识"又需要一个较长时间的考验才能够证明其客观真实性。这与高度一致化的集权时代是不同的,与改革开放初期相比较而言,也是差异很大的。今天的事情变得越来越复杂,一个政策出台或者一种发展方向的选择,都会引起民众七嘴八舌的个性化议论,让人觉得非常复杂,难以抉择。如近期关于法定节假日制度的改革,虽然酝酿了这么久,但是改革方案的提出,仍然评价不一,引起了很大的争议。[①] 承认个体的差异,就要承认民意的差异性。同时,民意是会变化的,今天民众一致叫好的事情,可能经过一段时间后大家又觉得不好了。所以,我们在认识民意的复杂性时,要将民意看作一个"变量",而非"常量",也就是说,一时一事的反映民意,不代表永远反映民意。

民意的复杂性还源于民众表达意见的方式的差异性。部分民众可能选择的是保持沉默,但是这不代表其没有意见或观点。他们由于性格、文化等原因可能比较沉默,也可能在社会中的位置未必引人注目而往往会成为意见的"盲点",他们的意见就可能会因为没有宣泄出来而被忽视。例如,前些年一些弱势群体如农民工的声音往往没有得到表达。又如部分老年人的意愿往往由于文化上的温和性而缺少表达。另一方面,部分民众却又由于生活方式或者个性特点而较多、较强烈地表达了自己的意愿。如处于中下等收入阶层的青年"草根"或"愤青"由于在网络上的强烈表达的意愿而变得在"民意"中占据重要地位,这在许多网上调查中更显得突出,而实际上他们在社会中的影响力是有限的。由于他们的情绪比较激烈,通过博客、BBS或者

---

① 我国实行了多年的"黄金周"休假制度近年来引发了越来越多的社会问题。2007年11月,国家公布了法定节假日改革方案,供民众讨论,这是政府注重民意的体现,受到民众的普遍好评。但是,对于具体的法定节假日改革方案却是众说纷纭,如对于取消五一长假的做法,民众的意见就相差很大。

跟帖的表达方式，在匿名效应的鼓励下发表了大量的意见，这便容易使得我们在决策时对于主流民意的理解发生误差。我们还应当看到，比较极端的观点往往更多地得到宣泄，而相对温和的观点可能更多地被忽略。这种表达方式和表达习惯的不同，也使得许多民意的表现往往呈现两极化趋势。

概言之，"民意"是相当复杂的，民意中有理性的民意，也有感性的民意；有激进的民意，也有温和的民意；有传统性的民意，也有更具现代性的民意。有的时候确实是"理直气壮"所以声音大，但有的时候也存在"有理不在声高"的情况。我们需要在其中进行认真的分析和梳理，而不是仅仅看谁的声音大，就认为谁有道理，这样对于社会的发展才能更为有利。如果仅仅根据一部分"民意"的反映，或者仅仅根据最大的声音作出回应，作出的决策也未必能够客观真实地反映真正的民意，反而会被一种新的简单化蒙蔽了自己的视野，未必能够真实地体现社会发展的趋势。这便需要我们更为理性、更为客观地体察民意的走向和民意的丰富性。

第二节　司法民主的内涵与外延

一、民主的真谛

"不管怎么样，在当今的政治话语中，民主'铁定'是我们的流行口号。这是人民为自由和更美好的生活而斗争时，回荡在他们心间并从嘴边迸发出来的一个词；假使我们还想在指导政治分析和实践中派上用场，就必须甄别其意义的一个词。"[①]从民主的概念入手，绝不是搞抽象和没有意义的概念思辨，而是从民主的本质着手，为正确理解司法民主及其标准奠定扎实的基础。

从词源上来看，民主(democracy)一词最初来源于希腊文"demoratia"。在希腊文中，其是由"demos"和"kratos"两个词合成的。其中，"demos"是"人民"和"地区"的意思，"kratos"是"权利"和"统治"的意思。从希腊文的原意来看，"民主"首先就是指人民的权利，或者说指由人民直接地或通过分区来选出的代表来治理和统治。

这与主流词典对于民主的解释具有共性。《布莱克法律词典》言简意赅

① ［美］菲利普·施米特、特丽·林恩·卡尔：《民主是什么，不是什么？》，载刘军宁编：《民主与民主化》，商务印书馆1999年版，第21页。

地指出："民主，指由人民通过直接或通过其代表来统治。"[①]在《元照英美法词典》中，则解释得更为详细："民主，指由人民进行统治。这种政府组织形式区别于君主制（monarchy）、贵族制（aristocracy）或寡头独裁制（oligarchy），国家主权属于全体自由公民并且由他们直接或通过选举间接行使该项权力。……'民主'这一概念被扩大运用于社会、经济各个领域，其宗旨在于减少权力、权利、特权和财产上的不平等。"[②]总的来看，这两本权威法律词典对于民主的理解之核心思想是"由人民来统治"，是一种管理和决策的手段，即意味着一种通过直接或间接的方式掌握权力的民众实现决策合法化的手段。在《现代汉语词典》中，民主被解释为：(1)指人民有权参与国事或对国事有自由发表意见的权利。(2)合于民主原则，如作风民主、民主办厂。[③] 这里的民主更多的是从一种参与权利的角度来着眼，意味着民众从事自我管理和自我规束的一种生活方式。

让我们再看看马克思主义经典理论对于民主的概念性理解。马克思在《哥达纲领批判》一文中非常明确地指出，"民主的"这个词，在德语里意思是"人民当权的"。[④] 在马克思看来，人民主权是与君主主权完全对立的一个概念，"在君主制中是国家制度的人民；在民主制中是人民的国家制度"。并认为，"民主制独有的特点，就是国家制度无论如何只是人民存在的环节"，"……不是国家制度创造人民，而是人民创造国家制度"[⑤]。可见，在马克思看来，真正的民主应当是人民主权、人民意志的体现，就是人民自己创造、自己建立国家制度，以及运用这种国家制度来决定人民自己的事情。概言之，民主的本质应当是人民当家作主，这与人民主权理论是相通相融的。

可见，从词源学上来看，民主的含义是比较明确的，即民主就是由人民来统治。就如安东尼·阿伯拉斯特所言："所有'民主'定义的根基，不管是明确还是复杂的，存在于大众权力的理念，存在于权力，以及可能也包括权威依赖于人民这样一种形势。……'人民'的同意、接受或支持已逐渐成为政府和政体合法性的主要来源，尽管在现实中政府和政体可能是权威的。"[⑥]

为了更好地理解民主的真谛，在此，我们有必要回顾一下林肯在1863年

---

① Black' Law Dictionary(seventh edition), West Group, ST. PAUL, MINN. 1999, p. 444.

② 《元照英美法词典》，法律出版社2003年版，第196页。

③ 《现代汉语词典》(修订本)，商务印书馆1996年版，第884页。

④ 《马克思恩格斯选集》(第2卷)，人民出版社1995年版，第312页。

⑤ 《马克思恩格斯选集》(第1卷)，人民出版社1995年版，第281页。

⑥ [英]安东尼·阿伯拉斯特：《民主》(第3版)，孙荣飞等译，吉林人民出版社2005年版，第13－14页。

葛底斯堡演讲中，对于民主特征所作过的那段经典表述："government of the people, by the people, for the people"。这是一句哪怕是非英语国家的人们都再熟悉不过的英文名言。我们通常将其译为"民有、民治、民享"。这句话的第一个要素"民有"(government of the people)，可以从以下几个方面来看：(1)指自治的人民；(2)人民是统治的对象；(3)统治源于人民，即从统治的正当性来自人民的同意这个意义上来说；(4)统治是经人民选择的；(5)统治受人民指导。第二个要素"民治"(government by the people)，可以理解为人民的统治。第三个要素"民享"(government for the people)，指人民享有政权的好处、利益和福祉。可以说，林肯用这句最简捷的话为民主勾勒出了一个粗线条的轮廓。

综合以上分析，从本质上来看，民主就是人民当家作主，就是人民通过一系列保证其实现自由、平等和其他权利的制度和程序来实现统治。民主的核心问题是人民的政治参与，人民的参与过程是实现民主的主要途径。我们可以从四个不同层面来使用民主的概念：其一，从政治制度层面来看，民主是一种国家形式，即民主政体；其二，从人民权利的层面来看，民主是人民成为国家主人的权利，是最根本的权利；其三，从组织管理层面来看，民主主要指少数服从多数的组织管理制度；其四，从思想观念层面来看，民主观念与民主精神是现代法治国家的基本思想支柱。

虽然，民主作为一个带有浓厚政治色彩的范畴，各个国家对于民主的解读会有所不同。但是，我们在此更多地应当看到的是人类民主发展的历史上形成的共识和对于民主真谛的基本解读。即使是在我国这样一个有着五千年封建传统，民主与法治姗姗来迟的古老国度里，人们对于民主的渴望之情亦在不断膨胀，上到国家领导人，下到平民百姓，对于民主、法治的基本认识越来越走向一致。毛泽东和黄炎培关于跳出"周期率"的对话是被我们无数次引用的经典对白，毛泽东的回答是何等肯定和响亮："我们已经找到新路，我们能跳出这周期率。这条新路，就是民主。只有让人民来监督政府，政府才不敢松懈。只有人人起来负责，才不会人亡政息。"① 邓小平接过了毛泽东未竟的事业，在探索实现人民民主的根本途径时，鲜明地提出"没有民主就没有社会主义，就没有社会主义现代化"，同时还提出了为我们所熟知的著名论断："为了保障人民民主，必须加强法制。必须使民主制度化、法律化，使这种制度和法律不因领导人的改变而改变，不因领导人的看法和注意

① 黄炎培：《延安归来》，载《八十年来》，文史资料出版社 1982 年版，第 148 页。

力的改变而改变。"[①]正是这些著名的论断指引着我国朝着民主和法治的理想不断地迈进，发展民主政治和建设社会主义法治国家已经是人心所向。当下，党中央审时度势，提出了"权为民所用，利为民所谋，情为民所系"的"新三民主义"，要求"执政为民"，构建"和谐社会"，正是这种理想和信念的体现。党中央越来越关注民意，网络、媒体等民意表达渠道的畅通也为民意的反映和反馈提供了极佳的途径。[②] "一言堂"、"防民之口"、"愚民政策"等专治社会的产物在现代社会显然已经越来越没有存在的空间。

但是民主往往很容易沦为一句口号，特别是民主在词意上具有不确定性，含义较为模糊，以研究大众心理著称的法国著名学者勒庞就认为民主一词同平等、自由等词汇一样，即使是用一大堆专著也不足以确定它们所指，然而这样的词汇又是有着神奇威力的，其似乎是解决一切问题的灵丹妙药，"各种极不相同的潜意识中的抱负及其实现的希望，全被它们集中于一身"。[③] 这也就是为什么许多专制独裁者却每每以民主、自由的缔造者与捍卫者自居，如希特勒就曾自诩为"民主斗士"。可见，民主不在于叫得多响，而在于民主是否内化为民众的自觉意识，在于民主是否外化为具体的制度和规则。对于刑事司法亦是如此，司法民主的大旗不应当是空洞的口号，而应当在抽象理念和具体制度两个层面得到具体化。

二、以审判为核心的司法

对于"司法"一词的理解，学术界可谓争议颇大、莫衷一是，实践中对这一概念的使用也比较混乱。在我国，习惯上将法院和检察院并称为司法机关。宪法在"国家机构"部分中并列规定了人民法院和人民检察院，但是并没有"司法机关"这样的明确提法。我国《刑法》第 94 条将"司法工作人员"定义为"有侦查、检察、审判、监管职责的工作人员"。此处的"司法"不仅包括检察、审判活动，还包括侦查活动、监狱等场所执行刑罚的活动，而我国刑事诉讼法未对"司法工作人员"作出明确的界定。

---

① 《邓小平文选》(第 2 卷)，人民出版社 1994 年版，第 146 页。

② 温家宝总理在 2006 年两会期间会见中外记者时，开场便说："两会受到广大群众的关注……单是人民网、新华网、搜狐网、新浪网和央视国际网不完全统计，给政府提出的意见和针对总理本人提出的问题就多达几十万条。我从群众的意见中感受到大家对政府工作的期待和鞭策，也看到了一种信心和力量。"网友点评说："总理的开场白，充分证明了我国高层对网络舆论的重视！这是一个非常好的现象：意味着中南海利用互联网促进民主，下情上达，与民意的互动进入一个新阶段。"

③ [法]古斯塔夫·勒庞：《乌合之众——大众心理研究》，冯克利译，中央编译出版社 2005 年版，第 83 页。

法学界对于司法的界定，大体可以分为狭义说和广义说。狭义的司法制度指审判制度及法院制度；广义的司法制度不仅包括审判制度和检察制度，而且包括侦查制度、监狱制度、律师制度、调解制度、仲裁制度、公证制度等。①

狭义说的典型观点认为，司法是与裁判有关的国家活动，司法权也就是裁判权；司法权存在的目的，一方面是给那些受到损害的个人权利提供一种最终的、权威的救济，另一方面也对那些颇具侵犯性和扩张性的国家权力实施一种中立的审查和控制。相对于行政权而言，司法权在程序上具有其特性及独立性；在组织方面则体现为裁判者的职业化、社会公众的参与、合议制以及上下级司法机构的特殊关系等方面的特征。② 狭义说实际上是与西方国家的主流观点相一致的，体现了审判中心论。在美国，"司法的"(judicial)指的是那些从属于法官职位的东西，如在正式诉讼中作出决定的权力；而"司法部门"(judiciary)一词可以指一般意义上的法院系统，也可以指任职于各种法院的全体法官。③ 也就是说在美国，拥有与行政、立法机关接近或一样强大权力的独立司法部门是实现权力分立与制衡理念的一个基本组成部分，司法权是与行政权、立法权并立的一种国家权力形态。

广义说的一种代表性观点认为，司法是指法院、检察院依照一定程序适用法律处理诉讼案件的活动，与此相对应，司法权既包括检察权，也包括审判权，司法机关既包括审判机关，也包括检察机关。④ 这种观点是在中国现行的政治体制和法律框架下对司法的一种解读。我国实现的是人民代表大会制度下的一府两院制，这与西方国家实行的三权分立制度显然是不一样的，在我国的现行体制中，法院与检察院被视为是并列的两大司法机关。另一种代表性观点则认为，司法的概念可以划分为两个最基本的层次：核心与外围。司法的核心部分是比较确定的，它是指以法院、法官为主体的对各种案件的审判活动。司法的外围则不那么确定，甚至是不确定的。这部分内

---

① 参见熊先觉：《中国司法制度新论》，中国法制出版社 1999 年版，第 1—5 页。熊先觉先生还概括了司法的三个要素：一是它以社会关系上的纠纷为对象，司法是解决纷争的；二是由第三者解决纠纷，即主要由官方的法官来解决；三是解决纠纷的尺度是法律，即以法律、判例、习惯为解决争议的是非标准。

② 参见陈瑞华：《司法权的性质》，《法学研究》2000 年第 5 期，第 30—58 页。

③ [美]彼得·G·伦斯特洛姆编：《美国法律辞典》，贺卫方等译，中国政法大学出版社 1998 年版，第 22 页。

④ 参见吴卫军：《法理与建构：中国司法改革的宏观思考》，中国政法大学图书馆馆藏博士论文，第 8—12 页。另可参见张文显主编：《法理学》，法律出版社 1997 年版，第 365 页。

容可以划分为三个基本类型:其一是基本功能、运行机制和构成要素与法院相类似的“准司法”活动,主要包括行政裁判、仲裁和调解;其二是围绕着审判和准司法而开展的或者以此为最终目的而出现的参与、执行、管理、服务、教育和宣传等“涉司法”活动;其三是主要由国际审判、国际公法仲裁以及国内违宪审查所构成的“超司法”活动。[①] 该观点将司法看作一个开放性的体系,综合起来提出了以法院审判为核心向外呈放射状的具有复合性、开放性的“多元一体化”司法概念体系。

总的来看,狭义的司法概念主要立基于司法与司法权的本质属性,从被动性、消极性、中立性、终局性、判断性等属性来论证司法权与行政权的区别。而广义的司法概念更多的是立基于我们的体制与现行法律规定。两者的视角有所不同,很难说谁对谁错。我们的司法制度研究当然需要研究司法与司法权的属性,同时不能脱离中国现行的法律,应当在对司法本质性认识的基础上推动现行法律的改革与完善。因此,笔者认为:一方面,我们应当肯定司法权从本质上来看是法院的审判权,其核心内容就是法院行使审判权的活动,即法院作为中立的裁判者,以公开的方式主持听审和裁断纠纷的活动。另一方面,司法改革是对司法体制的改革,其内容不应局限于法院的审判,而是应涵盖与审判权公正行使直接相关的各领域,如刑事司法改革不能局限于审判阶段,还应包括侦查、审查起诉阶段的内容,包括辩护制度、证据制度的完善等等。但是,核心是明确的,即刑事审判是刑事司法的核心,其他内容,如检察制度,笔者认为不能归入严格的司法制度范畴。考虑到检察制度却是与审判息息相关的,本文讨论的刑事司法问题并不回避检察制度,如人民监督员制度便是我国当前司法民主涉及的一项重要制度。这并不影响本文研究刑事司法的国民基础的视角是以刑事审判为核心。概言之,本文以审判作为司法的中心枢纽,将司法主要定位为诉讼,以刑事审判为重心展开研究。

三、解读与定位司法民主

如上文所述,民主的核心内涵是人民当家作主,是由人民通过一系列保证其实现自由、平等和其他权利的制度和程序来实现统治,那么我们是否可以得出结论:司法民主就是司法领域应当由人民当家作主?刑事审判应当受到人民的意志和行为主导?这样是否变成了任意化、非法治化的群众审

---

① 参见杨一平、俞静尧:《司法概念的现代诠释》,《中国社会科学院研究生院学报》1997 年第 2 期,第 62 页。

判？……诸如此类的问题比比皆是！我们当然不能望文生义或生搬硬套。为了更好地理解司法与民意的关系，我们需要对司法民主的理念和具体规则作更为深入、全面的认识。

（一）司法民主的解读

现代法治社会，司法民主及其指导下的司法制度建构是与一系列基本理念紧密联系的。如果缺乏对这些基本理念的理解和把握，司法民主很容易沦为空泛的口号或者蜕变为群众运动式的非法治状态。从理念上来看，人民主权论、人本主义论、权利本位论、分权制衡论、法治论构成了现代司法民主的理念支点：[①]

1. 人民主权论意味着国家的一切权力来源于人民，人民的授权构成了国家权力的正当性基础。国家权力应当尊重和保障公民的自由和权利，人民能自主、平等地参与国家权力的运转和公共政策的形成，人民能对国家权力进行有效监督和控制。人民主权论是司法主权在民的理论依据。人民主权论充分肯定了司法权来源于人民和司法为民，要求民众享有充分的参与司法和监督司法之权利。

2. 人本主义，又称以人为本，就是要求一切社会行动皆应有助于提升人的价值，拓展人的自由，推动人的全面发展，谋求人的全面解放。即尊重人的生命和价值，强调人的主体地位，要求以人为中心对社会政治、经济和文化进行全方位的改造，建立起充分肯定人的价值和尊严的新社会秩序。人本主义论要求在刑事诉讼中尊重个人的自由、权利和人格尊严，特别是尊重那些权利最易被抹杀的犯罪嫌疑人、被告人的主体性权利。

3. 权利就是法律所保障的自由，即法律赋予人们享有某种权益，表现为享有权利的人有权作出一定的行为和要求他人作出相应行为（义务）的能力，必要时甚至可以请求国家机关（法院和行政当局）以强制性的协助实现其权益。[②] 权利一词在法律帝国中可谓具有王者之位，保障权利是法律的使命和存在的基本价值。权利本位论强调以公民的权利为本而不是以义务为本、权力为本，以公民权利制约司法权力，而不是权力至上。

4. 分权制衡的基本精神就是彼此相分离的权力应形成制约关系，使得国家各部分权力在运行中保持总体平衡，而且国家各部分权力无例外地要受到人民的制约。分权制衡论要求合理分配国家司法权力，通过权力制衡，

---

① 对于司法民主的理念基础的具体论述参见胡铭：《司法民主的概念与理论支点》，载《诉讼法论丛》第 11 卷，法律出版社 2006 年版。

② 龚祥瑞：《比较宪法与行政法》，法律出版社 2003 年第 2 版，第 52 页。

防止司法权滥用和司法腐败。

5. 法治是和人治相对应的，亚里士多德关于法治的论述被世人视为经典，即"法治应包含两重意义：已成立的法律获得普遍的服从，而大家所服从的法律又应该本身是制订得良好的法律"①。这实质上是从"守法"和"良法"两个角度论述了法治的含义。法治论是民主的前提，没有法治的民主无法避免沦为多数人的暴政，司法民主也很容易蜕变成群众运动式的审判。

（二）司法民主的定位

理念需要转化为具体的制度，司法民主才能成为实实在在的东西。否则，所谓的理念可能会变成想当然式的谬误②，或者是不着边际的空中楼阁。在上述基本理念的指引下，司法民主应当具体化为一系列的具体规则与标准：

1. 司法民主要求民众应当有权充分地参与到刑事司法中去，以民众富有影响力的参与，使得司法裁判适度反映民意。在现代刑事司法中，治安法官制度、陪审制、参审制等民众参与的形式各有其自身的民主价值与特点，其中，又以陪审制为民众有效参与、司法反映民意的最典型方式。民众参与使得司法裁判能够体现社会一般的公正观，有助于摆脱司法官僚化和行政化的倾向，从而使得司法真正赢得民众的信任，司法权威真正得以重塑，并在司法职业化和司法民主化之间形成合理的契合点。

2. 司法民主要求民众应当有权监督司法，以民众的监督防止司法腐败，以程序公开造就阳光司法，以公民权利制约国家权力，从而推进刑事司法权力的良性运转。新闻媒体、法学家以及普通民众的监督是防止司法腐败和权力异化的需要，亦是克服"谁来监督监督者"这一难题的需要。其中，网络正成为承载民意的新型载体并发挥越来越大的影响力，而媒体的日益强大，为监督司法提供了很好的场域。虽然，媒体监督司法的形式还需要规范，实践中也显现出一些流弊，但是，加强媒体监督显然是大势所趋。

3. 司法民主要求审判必须是独立的。司法独立是程序民主的前提和基础，如果司法不能真正独立，法官的意志要受到法律以外的诸如行政机关等因素的制约和干扰，那么司法就无法保持自己的基本品格，只能沦为一种附

---

① ［古希腊］亚里士多德：《政治学》，吴寿彭译，商务印书馆1965年版，第199页。

② 想当然的思维方式让笔者想起一则小故事：一百多年前，一位新闻记者问一位维也纳著名的医生："父亲生活极不检点而患有性病，母亲患晚期肺病，一个孩子早殇，一个孩子残废，还有一个孩子有严重肺炎。可母亲又怀孕了，怎么办？""堕胎。"医生回答道。记者告诉医生："您刚才杀死的是贝多芬。"参见李海东：《刑法原理入门（犯罪论基础）》，法律出版社1998年版，第14页。

庸，程序也就不可能是民主的。其中，审判独立又是司法独立的核心内核。司法独立的绝对性是防止地方保护主义、行政官僚、强权势力等对司法的侵蚀，捍卫司法的尊严，实现社会正义，保护少数人和弱势群体的权利之需要。但是这种独立又不是不受限制的，司法应当受到民意的适当约束，接受媒体和舆论的监督，从而又使得司法独立具有一定的相对性。

4. 司法民主要求程序公开，而程序公开既是民众参与司法和监督司法的前提，其本身也是程序民主的要求。程序公开要求在刑事司法中，正义不仅应当实现，而且应当以看得见的形式实现。其实质是通过公开的机制，保障民众的知情权和维护当事人的合法权益，防止司法腐败和权力滥用，以实现社会正义和诉讼公正。

5. 司法民主要求当事人充分地参与到诉讼中去，使得当事人能直接有效地对裁判结果的作出施加影响。当事人的有效参与是对当事人诉讼主体地位的尊重，是使诉讼人权得到保障的前提。犯罪嫌疑人、被告人作为刑事诉讼中的弱者，其权利最容易受到强大的国家机器的侵害，因此，其权利保障是现代刑事诉讼中人权保障的重点。犯罪嫌疑人和被告人在刑事诉讼中显然属于少数，民主的程序应当保障少数人的应有利益，没有人能保证自己永远都属于多数，没有人能够保证自己不会成为不公正审判的牺牲者，所以对于少数人的特殊保障是现代法治与暴民政治的最大区别。如果没有这种保障，民主将沦为多数人对少数人的暴政和无情压迫，那么也就没有程序民主可言了。国家追诉犯罪的活动绝不是不受限制的，犯罪嫌疑人、被告人的基本权利构成了抵御国家权力无限膨胀的最好武器，这种基本权利应当上升到宪法性权利的高度，从而获取宪政层面的强力支持。这种权利亦应当与国际通行的刑事司法准则相匹配，从而体现人类最基本的共同价值观。

6. 司法民主要求确立程序法定原则。法定程序应当在刑事司法的过程中受到尊重和遵守，违背法定程序所作出的决定应当不具有法律效果，也就是说违反程序的行为没有效力。程序法定原则的确立是使程序的独立价值真正得到彰显的必然要求。如果违反程序没有法律上的后果，程序必然会被漠视，而程序性违法就会如同任何不受法律制裁的违法现象一样，根本上无法得到有效遏制，从而必然导致刑讯逼供等违反程序的行为屡禁不止，那么程序民主也就荡然无存了。这便要求我们建立一套程序性裁判机制，通过对程序违法的制裁，确立程序的权威性，如排除非法取得的证据、宣告诉讼行为无效等。在程序法定原则的保障之下，程序的刚性和尊严得到捍卫，通过构建程序性制裁机制使得程序违法真正受到程序法上的制裁，从而为从根本上阻却刑讯逼供等程序违法行为提供新的契机。

7. 司法民主要求构建刑事诉讼中的司法审查机制。司法审查机制是审判中心论的最直接体现之一。司法机关通过对审前程序中涉及基本人权的行为是否符合宪法和法律进行审查并作出最终的裁判,是对侦查权的有效监督与控制,这种控权精神体现了程序民主的要求。司法审查为被追诉人提供了基本的权利保障和救济途径,通过司法权控制侦查权,规范和限制侦查权的行使,从而更加合理地协调刑事诉讼中控辩裁三方的关系。

上述前两个方面是司法适度反映民意的要求,而后五个方面则体现了程序自身民主性的要求。两者的结合即构成了司法民主的主要内容。当然,以上等等都是司法民主在刑事司法领域最基本的要求,但绝不是全部的要求。司法民主博大精深,我们应当从这些最基本的要求做起,以点带面,以面促点,积极推动司法民主的进程。[①] 同时,切忌以民意取代审判,切忌以多数人之名摧残少数人之利,切忌以群众运动代替现代审判活动,从而使得司法民主真正走上理性之路。

综上所言,笔者对司法民主作出以下初步概括:司法民主是司法权属于人民的体现,是独立的司法机关通过体现民主精神的程序所进行的适度反映民意的审判活动。在刑事审判中,司法民主以审判独立为基础,民众有权通过有效的途径参与司法和有效地监督司法。这一过程强调程序公开、当事人参与、犯罪嫌疑人与被告人的人权保障、程序法定、司法审查等原则和制度,以彰显程序本身的民主性。

四、直接式司法民主与间接式司法民主

从民主制的分类和历史实践来看,人类实现民主的形式可以分为直接民主与间接民主两种形式。一般而言,直接民主,是指公民作为国家的主人直接管理自己的事务,而不是通过中介或代表。直接民主实质上是国家管理事务上统治者和被统治者身份的重合。直接式司法民主则是指普通民众直接参与到司法审判的过程中,代表形式是陪审制,即由随机抽取的民众组成陪审团或担任陪审员直接参与审判。间接民主,又称代议制民主,是指公民通过由自己自愿选举出的代表来负责制定法律和管理国家公共事务。间接式司法民主则是指普通民众不以直接的方式参与司法审判,而是通过本身体现民主属性的程序或富有影响力的间接方式参加司法审判,从而使司法适度反映民意的过程,如司法审查机制、民众监督刑事审判等。

---

① 笔者将在后文中对司法民主的这些具体标准作进一步讨论。

人类社会早期采用的民主制度通常是直接民主，最为典型的代表就是古希腊雅典的民主制。在雅典的城邦民主中，在行政方面，由全体公民在所有公民中选举官职，公民还有抽签参加政治机构的权利，一切职务均不得久任，最高统治权属于公民大会；在司法方面，有公众法庭制度，这种法庭由全体公民或全体公民选出的代表组成，有权审判一切案件或大部分案件。这种直接民主显然是与雅典城邦小国寡民的特点相适应的。现代社会的政治生活中虽然也有全民公决这样的体现直接民主的举措，但是，毕竟将所有的大小事宜都付诸全民决定，其可行性是有疑问的，并且基于直接民主的成本高、风险高、易导致对抗和易情绪化等缺陷，当代已经难以觅见以直接民主为主的民主国家了。尽管如此，我们仍不能忽视直接民主的积极意义，笔者认为，直接民主的传统对民主理论的最大贡献主要在于它所包含的合法性(正当性)观念。[①] 卢梭作为直接民主的极力倡导者，其《社会契约论》尽管受到几代自由主义者的强烈批评，但仍然具有强大的感染力，主要原因在于，“卢梭对政治权威合法性(正当性)的强调引起人们的强烈共鸣，特别是唤醒那些在专制制度下呻吟的人们去探索，去追求，去奋斗，以便建立一个更具‘合法性(正当性)’的制度”。[②]

现代各民主国家一般都是实行间接民主。正是在这一意义上，“在现代社会，若间接民主没有安身之处，民主也就寿终正寝了”。[③] 在间接民主之下，主人与主事是可以分离的。人民作为主人，其可以聘请比自己更能干的仆人。由于人民并不亲自主事，所以间接民主要求有一整套监督机构和监督机制来对人民的代表及由此产生的政府进行监督和防范，以免仆人滥用权力而变成主人。在间接民主之下，公民参与国家的管理受到鼓励，这种参与是旨在巩固和扩大公民的自由，而不是缩小和取消这种自由；是旨在通过参与来加强对国家与政府的监督，而不是为操纵者盗用民意提供管道；旨在让公民行使参政的权利，而不是像“文革”时期的政治运动那样，把参政的权利变成强制性的义务；旨在调和与消弭社会冲突，而不是挑动和加剧这种冲突。

比较而论，直接式司法民主和间接式司法民主各有利弊。

---

① 即“legitimacy”，对于这一概念的分析，将在本文的第三章具体讨论。

② 李强：《论两种类型的民主》，载刘军宁等编：《直接民主间接民主》，生活·读书·新知三联书店 1998 年版，第 13 页。

③ 刘军宁：《直接民主与间接民主：近义，还是反义？》，载刘军宁等编：《直接民主间接民主》，生活·读书·新知三联书店 1998 年版，第 49 页。

直接式司法民主的优点主要在于:(1)直接式司法民主让民众最直接地感受到司法权在民,民众能够亲身参与审判;(2)直接参与审判最能直接体现民意,特别是底层普通老百姓的意志;(3)民众的直接参与使得司法工作人员能够得到有效的监督,有利于遏制司法腐败;(4)民众直接作出的裁判当然更能够被社会和民众接受,有利于维护既判力。直接式司法民主的问题主要在于:(1)民众的直接参与审判是有限的,不可能让所有的人都直接参与,只能是随机抽取或选取,因此,民意的代表性也是有限的;(2)民众的直接参与成本高,会影响到诉讼效率;(3)普通民众容易情绪化,不像职业法官那样理性;(4)普通民众的参与可能被职业法官所诱导或控制,从而使得民主性大打折扣。

间接式司法民主的优点主要在于:(1)间接式司法民主更切实可行,成本低;(2)间接的形式也能反映民意,监督司法审判;(3)民众通过间接的方式参与,使得民意得到一层层、一道道过滤,可以有效克服民意中的非理性情绪;(4)体现民主性的程序与我们在诉讼中强调的正当程序具有较大的包容性,如司法独立等本身也是正当程序的要求。间接式司法民主的缺点主要在于:(1)民众的间接参与、监督等方式体现的司法权在民不如直接式司法民主显著;(2)间接式司法民主主要还是依赖司法精英,普通民众只是起到一个配角作用;(3)程序本身的民主性受到立法制约很大,当程序暴露出不民主因素时,立法不可能立即作出反应。

总体来看,现代司法的主流还是采用间接式司法民主,法官精英化并主导多数案件的审判是当前各国司法审判的主要形式。但是,我们也不能忽视直接式司法民主,特别是陪审制,在现代司法中的地位和作用。以间接式司法民主为主,并辅之以直接式司法民主,应当成为现代司法民主的主要方向。

第三节　司法民主的源头与演进

“历史在照亮昔日的同时也照亮了今天,而在照亮了今天之际又照亮了未来。”[①]同样,刑事司法民主的历史探源在寻觅昔日司法民主演进轨迹的同时,更重要的是为我们今天和未来的刑事司法程序的民主建设寻找正当性的依据和合理化的路径。

---

① [美]本杰明·卡多佐:《司法过程的性质》,苏力译,商务印书馆 1998 年版,第 31 页。

一、西方司法民主探源

发轫于地中海爱琴海域的古希腊文明是西方文化的源脉，它与东方的中华文明同被誉为世界文明史上的两大高峰。民主，这个一代又一代的先进分子为之奋斗的崇高理想，这个随着时代发展不断获得新内容的神圣概念，就起源于古希腊；而雅典，作为希腊诸多城邦中民主政体的典范，也就成为人类民主的发祥地，并成为人类司法民主的摇篮，对后世的司法民主思想和制度产生了深远影响。笔者对于西方司法民主的探源就从古希腊的雅典城邦文明开始。

（一）古雅典的司法民主基因

古雅典城邦民主制中的司法民主基因肇始于公元前 6 世纪初的梭伦改革。在梭伦改革前夕，雅典的政权为氏族贵族所控制，随着社会矛盾的激化，公元前 594 年，贵族被迫同意由倾向于平民的梭伦执政并推行改革。梭伦改革取中庸之道，扶贫抑富，在穷人和富人之间，他说："我拿着一只大盾，保护两方，不让任何一方不公正地占据优势。"[①]梭伦的改革提高了平民的政治地位，也为平民参与司法奠定了基础，特别是其创立的陪审法庭是典型的司法民主形态。梭伦改革是雅典司法民主的第一个阶段。其后，克里斯提尼改革使雅典城邦民主制正式确立，司法民主也得到了巩固，著名的"贝壳放逐法"就是在这一时期创立的。第三个阶段是伯里克利时期，这一时期又进行了若干旨在推进司法民主的改革，民众对司法的参与和监督等得到了进一步的发展。从总的来看，伴随着民主制改革，雅典的民众参与司法、监督司法等司法民主形态蓬勃发展，其司法民主的基因逐渐成形并外化为陪审法庭的建立、民众监督的形成，司法独立与司法审查初见端倪。

1. 古雅典司法民主的基因之一：陪审法庭的建立

陪审法庭，又称民众法庭、公审法庭，最初设立于梭伦改革时期，后来逐步发展成为雅典最高司法机关和监督机关。当时，梭伦设立了每个公民都有权参加的民众法庭，并可推举陪审员，参与案件审理。他还规定，每个公民都有权向公民大会和陪审法庭就自己的切身利益问题提出申诉，而且任何人都有自愿替被害人要求赔偿的自由。值得注意的是，当时任何公民无论财产多少都有权成为陪审法庭的成员，这充分说明了司法民主的广泛性。相比之下，当时其他政治方面的平等是有限的，梭伦按财产的多少将公民划

---

① [古希腊]亚里士多德：《雅典政制》，日知等译，商务印书馆 1978 年版，第 14 页。

分为四个等级：第一级是每年可以从自己的田产中收入500麦斗谷物或油、酒的公民；第二级是收入300麦斗的公民，称“骑士”；第三级是收入200麦斗的公民，称“双牛士”；第四级是收入在200麦斗以下的贫穷公民，称为“佣工”。[①] 第一、二级公民有资格担任如执政官等高级官职，第三级可以担任低级官职，第四级公民不能担任任何官职，但是担任陪审法庭成员却不受等级的限制。

当时，年满30岁的男性公民都有权担任陪审员，任期为1年，不得连选连任。陪审法庭的陪审员的产生通过抽签的方式，时称拈阄复选制。梭伦把审判一切案件的权力交给那些由拈阄复选出来的公民法官所组成的法庭。拈阄复选制使得“平民”无论任何资格，只凭机会，就可以担任陪审员来投票裁决案件，这些案件包括涉及贵族富室利益和军政人员的被控事项。这样一来，就使得资产和才德两项都要向“人数”（即平民）低头。也正是在这一意义上来说，梭伦所设立的陪审法庭代表了大众的意志，亚里士多德认为，虽然梭伦执政时赋予平民的实权是有限的，他所规定的实权仅仅是选举行政人员并检查那些行政人员有无失职之处，这些权力只是区别于非公民的奴隶的基本权力，“但他规定全体公民都有被选为公众法庭陪审员的机会，这确实是引入了民主的精神”。[②]

陪审法庭的管辖范围极为广泛，其是国事罪、渎职罪等重大案件的第一审级，同时也是其他法院判决案件的上诉审级，有权受理公民的“不法申诉”。普鲁塔克所著的《梭伦传》记载了梭伦授予民众的申诉权之内容：“即使梭伦规定的交由高级官吏判决的案件，只要任何人提出要求，也许其得向陪审法庭上诉。”[③]陪审法庭的权力不限于审判，甚至还包括有权监督公职人员、考核政府官员等。

伯里克利时期颁行了给予陪审法庭的陪审员以出席津贴的法令。陪审员津贴制度的建立为贫穷的民众参与审判活动提供了真正的机会。据记载，当时伯里克利和季蒙相互竞争，各自争取平民的拥护。季蒙极为富有，捐输公益，从事社会福利和娱乐都不惜巨资；伯里克利家资不足，无法匹敌，遂听从了渥亚人达蒙尼的计策，以公财施给群众，于是订立陪审员领取津贴的制度。[④] 亚里士多德的这一记载是否准确现在已很难查证，但至少可以反

---

① 应克复等：《西方民主史》，中国社会科学出版社1997年版，第42页。

② ［古希腊］亚里士多德：《政治学》，吴寿彭译，商务印书馆1965年版，第103页。

③ ［古希腊］普鲁塔克：《希腊罗马名人传》（上册），陆永庭等译，商务印书馆1995版，第185页。

④ 参见［古希腊］亚里士多德：《政治学》，吴寿彭译，商务印书馆1965年版，第104页。

映出当时的津贴制的重要性和民众在政治生活中的极高地位。

2. 古雅典司法民主的基因之二:广泛的民众监督

古雅典的司法民主不仅体现在公民直接参与司法的陪审法庭制度,而且体现在民众广泛的监督权。这种民众的监督权主要外化为两种代表性的制度,即不法申诉制度和贝壳放逐法。

(1)不法申诉制度。该制度在阿菲埃尔特时期开始采用,伯里克利执政期间成形。当时,任何雅典公民认为某项法令违反宪法,就可以向陪审法庭提出控诉,即提起"不法申诉",从而要求予以修改或废除。即使是五百人会议或公民大会①作出的决议,如果违反法律或不合立法程序者,普通公民亦可以申诉,陪审法庭有审理之权限。在陪审法庭审理此控诉时,该项法令便暂停实行,如果陪审法庭对该法令作出否定性的裁决,该法令便被撤销。亚里士多德对此曾赞扬:"他们这么做显然是做得对的,因为少数人总比多数人容易受金钱或权势的影响而腐化。"②普通民众的这种监督对于防止少数人的腐败和独裁无疑具有重大意义。

(2)贝壳放逐法,也称陶片放逐法,因以贝壳或陶片为媒介而得名。该法是克里斯提尼立法改革中最富特色也是颇有争议的一项制度。克里斯提尼设计这一制度主要是针对那些滥用权力、危害国家利益、侵犯公民权利的官员和政治野心家。具体而言,通过两轮表决的方式决定是否要放逐某人:每个春季召开一次非常公民大会,先用口头表决的方式提出是否有要被放逐的人;如果有,那么就召开第二次公民大会,每个人在陶片或贝壳上写上他认为应被放逐的人的名字。如果投票数目超过 6000,则该人将被放逐国外为期 10 年,但其财产不被没收,期满返还其财产,以前其他的一切权利也随之得以恢复。贝壳放逐法是一项毁誉参半的制度,当时曾放逐了许多著名的政治家,其中不少是冤假错案,如当时的著名政治家阿里斯提德、西门等被放逐就是明例③。另一方面,在希波战争后,随着党争的加剧,贝壳放逐

---

① 古雅典的五百人会议是克利斯提尼时期确立,其前身是梭伦建立的四百人会议。先由各村社按人口比例选出代表(资格是年满 30 岁的第三级或第三级以上的公民),再按每选区五十人的名额从代表中抽签选出会议代表。五百人会议为公民大会准备议案,并执行大会决议,因而在一定意义上起着雅典政府的作用。公民大会则为雅典的国家最高权力机关。参见应克复等:《西方民主史》,中国社会科学出版社 1997 年版,第 45 页。

② [古希腊]亚里士多德:《雅典政制》,日知等译,商务印书馆 1978 年版,第 46 页。

③ 据记载,阿里斯提德在被迫离开雅典时,"举起双手向天祈祷说:但愿不要有任何危机侵袭雅典人,使他们不能不怀念阿里斯提德"。西门被放逐后,在雅典人需要他时,立刻返回参战,最后病死在战场上。参见[古希腊]普鲁塔克:《希腊罗马名人传》(上册),陆永庭等译,商务印书馆 1995 版,第 320 页。

法也常常成为党争的工具。

3. 古雅典司法民主的基因之三：司法独立与司法审查的萌芽

司法独立与司法审查是现代法治社会典型性的程序民主制度，在古雅典，虽然没有确立现代意义上的司法独立和司法审查制度，但是我们却可以从当时的一些制度和举措中看到司法独立和司法审查的萌芽。

雅典的司法独立萌芽体现在其司法相对独立于行政和立法。从大体来看，雅典的公民大会、五百人会议和陪审法庭是国家最主要的民主机构，它们分别拥有立法权、行政权和司法权，虽然其权力还有部分交叉，更不能说是确立了“三权分立”的制度，并且还有梭伦、克里斯提尼、伯里克利这样著名的执政官，但是从当时的分工中我们还是可以看出一点分权制衡的轮廓。首先，雅典的司法审判并非执政者所能完全掌控。例如伯里克利虽然是雅典鼎盛时代的执政者，但他也没有司法上的特权。他虽然胜利地领导了反对波斯的战争，但当他的老师，著名的自然哲学家阿那克萨戈拉因主张“太阳是块炽热的石头”而被群众指责触犯了神灵而获罪时，他也救不了自己的老师；他的情妇，当时著名的沙龙女主持人阿丝帕希娅以及他的朋友著名的雕塑家费底亚斯成为公民控告和指责的对象时，他也无可奈何。[①] 从这些事例可以看出，在雅典，司法民主是大多数人的民主，当时的司法已经建立起一整套相对独立于执政者的机制。其次，司法审判不受立法权的控制。公民大会作为主要的立法机关虽然也会审理一些案件，但是最终的审判权在陪审法庭手中，对于其裁决，陪审法庭有审查之权。正如亚里士多德所说：“人民使自己成为一切的主人，用命令，用人民当权的陪审法庭来处理任何事情，甚至议事会所审判的案件也落到人民手中了。”[②]

雅典的政治体制中，陪审法庭作为司法机关可以审查立法和行政的合法性。一方面，陪审法庭通过违法法案诉讼和不当立法诉讼案件的审理，对立法行使审查权。这种审查主要通过前文所说的“不法申诉制度”。在违法法案诉讼中，任何公民可以在立誓和正式声明的情况下，基于程序不合法、内容不合现行法律或有损于城邦利益等理由，对议事会通过的议案或公民大会通过的法令及相关的提案人提出控告，要求撤销议案或法令。不当立法诉讼与违法法案诉讼相似，只是控告所针对的是立法团的法律议案或已通过的法律及相关提案人。在这两种诉讼中，陪审法庭有超越于议事会、公民大会和立法团的地位，有权对城邦立法作最后审查。另一方面，为了防止

① ［法］韦尔南：《希腊思想的起源》，秦海鹰译，生活·读书·新知三联书店1996版，第30页。

② ［古希腊］亚里士多德：《雅典政制》，日知等译，商务印书馆1978年版，第46页。

五百人会议权力的扩张，杜绝专权现象，民主派领袖在授权的同时，又注意采取措施对其加以制约。例如，授权后的五百人会议可以审理阴谋颠覆宪法案，但这种审理只是初审，最后裁决权归于陪审法庭。五百人会议还享有判处罚金权，但最高额不得超过500德拉克玛。如超过这一数额，须将案件交由公民大会或陪审法庭审理。五百人会议的处理意见可记录在案，却不具有法律效力，只能对最后的裁决产生一定影响。① 这些措施不仅其本身具有一定的民主意义，对于司法民主的确立也具有重要作用。

（二）古雅典司法民主的基本特点

古雅典司法民主的基因在人类文明史上展现出耀眼的光辉，对后世影响深远。雅典司法民主所倡导的民主原则和平等精神是后来西方国家司法民主的基础与滥觞，现代法治社会体现司法民主的不少制度都可以从那时找到影子或者思想的源头。从总的来看，这些司法民主的基因呈现出司法主权在民、民众的司法主体性意识、权力制约、法律至上等基本特点。

1. 司法主权在民

雅典民主政治的本质是主权在民。正如伯里克利著名的《丧礼演说词》所宣称的："我们的政治制度之所以被称为民主政治是因为政权是在全体公民手中，而不是在少数人手中。"②而亚里士多德指出，在当时，"平民性质的正义不主张按照功勋为准的平等而要求数学（数量）平等"，平民政治的核心本质便是"平民群众必须具有最高权力；政事裁决于大多数人的意志，大多数人的意志就是正义"。③ 正因此，"在从民主理念的发展到它的希腊开端的简单追溯和探索民主理念所涉及的某些问题过程中，如果我们快速地抓住大众权力这个中心原则，那些看起来令人迷惑的大部分事情将变得清楚和可以理解"。④ 在司法领域，这种主权观具体化为司法主权在民。亚里士多德将雅典民主政体中所体现的司法主权在民描述为："在司法方面，有公众法庭制度，这些法庭由全体公民或由全体公民中选出的人们组成，有权审判一切案件，至少大多数案件，包括那些最重大的案件，例如审查政务和财务报告，法制事项以及公私契约。"⑤雅典的法院属于全体公民。陪审法庭总人

---

① Hignett, A History of the Athenian Constitution, pp. 200—202. 转引自顾銮斋：《论雅典奴隶制民主政治的形成》，《历史研究》1996年第4期，第12页。

② ［古希腊］修昔底德：《伯罗奔尼撒战争史》，谢德风译，商务印书馆1960年版，第130页。

③ ［古希腊］亚里士多德：《政治学》，吴寿彭译，商务印书馆1965年版，第312页。

④ ［英］安东尼·阿伯拉斯特：《民主》（第3版），孙荣飞等译，吉林人民出版社2005版，第15页。

⑤ ［古希腊］亚里士多德：《政治学》，吴寿彭译，商务印书馆1965年版，第313页。

数有 6000 人之多，经过宣誓后分配到十个陪审法庭执行公务，另有 1000 人作为后备力量随时候补。每个陪审团最低不少于 201 人（私法案件），通常多达 501 人（公法案件）。遇有重要案件，由两个或三个陪审团合庭审理，人数可达千人以上。[①] 如果仅从陪审法庭的组成来看，我们甚至可以说其是历史上最民主的司法机构，也是最能体现民意和司法主权在民的司法机构。这使得雅典的审判机构在成员构成和权力结构上发生了重大变化，打破了贵族对司法的垄断局面，限制了行政官员的独断专行，是政治上主权在民在司法领域的具体体现。

2. 公民的司法主体性意识

公民是雅典城邦制下一种很特殊的身份，每位公民都是政治共同体中平等的一员。这与古代其他地区的臣民的身份是不同的。[②] 雅典的公民认为，全体公民都天赋有平等的地位，根据公平原则，不论是好事还是坏事，都应该让全体公民有权参与包括司法审判在内的政治活动。这种观念下的公民首先是相对于国家这一抽象概念而言的，而不是首先针对其他某一个人。在雅典公民的意识里，公民理所当然地是“一切事务的决定者”，从而处于一种主体的地位，而不是任人宰割的客体。对于司法领域，由于陪审法庭的建立，使得公民的司法主体性意识尤为膨胀。概括地说，公民人人有权通过担任陪审员进行违法法案诉讼、不当立法诉讼、弹劾案件审理、对官员的上任审查和卸任审核等，不但行使最高司法权，而且干预立法，对城邦政治、军事领导人和各级官员实行监察，从而使得公民处于实际上的国家权力主体地位。公民的主体性意识主要外化为积极地参与司法活动，这种参与被认为是当家作主的体现。在这种广泛参与之下，司法民主不再仅仅是一种理念或制度，而是成了公民的一种生活方式。对于许多雅典人来说，参与司法活动是自身价值的体现，对于司法过程的参与本身就是目的，而非仅是索取自己利益的工具。难怪亚里士多德要说：“平民有了参加城邦重大事件的均等机会，就使大众能够心满意足……一种政体如果要达到长治久安的目的，必须使全邦各部分（各阶级）的人民都能参加而怀抱着让它存在和延续的意愿。”[③]

---

① 参见丛日云：《西方政治文化传统》，黑龙江人民出版社 2002 年版，第 76 页。

② 臣民是置身于君臣共同体中，附属于君主（皇室）私人（私家），君主的“私”往往被解释和定位为“公”，也就是说君主之私为公，臣民（个人）之私才为私。这种情况在中国古代表现得尤为明显。

③ ［古希腊］亚里士多德：《政治学》，吴寿彭译，商务印书馆 1965 年版，第 88 页。

3. 权力制约

在权力分配上，雅典各个权力机关的职权往往有所交叉，其权力制约并不是像近现代西方国家那样主要着力于国家权力机关之间的分权制衡，即立法、行政、司法之间的制约，而是主要通过城邦公民集体对官吏进行监督和制约。公民集体的监督、制约又以司法途径为主，主要的对象是议事会、行政官吏和立法机关。对于议事会，由公民直接广泛参与的法庭，限制了其司法权，即剥夺了议事会判处死刑、监禁和罚金的权力，凡议事会所通过的罪和罚的判决案必须由法官交由陪审法庭，而陪审员的投票结果具有最高的权威。[①] 对于行政官吏，包括执政官在内的官吏在任职前都要经过陪审法庭的审查，如果某候选人不适合于担任公职，就可以提起控诉并由法院取消他的资格；在每个官吏任职结束前，可以责令他向陪审法庭对自己的所作所为做一次检查，还要专门查对他的账目和检查其经手的公款。此外，前文所述的贝壳放逐法也是对高级行政官吏进行控制的重要手段。对于立法机关，陪审法庭有权对包括公民大会在内的有立法权的机构所作出的任何一项立法进行审查，以审查其是否违背宪法，如果违反了宪法、现行法律或者损害了雅典城邦的利益，将被宣布为无效。可见，雅典通过司法途径，主要是公民广泛参与的陪审法庭，宣示了对权力的制约、监督机制。

4. 法律至上

雅典人认为，无视法律的专制政体是最坏的政体。“公民们都应当遵守一邦所定的生活规则，让各人的行为有所约束，法律不应该被看作（和自由相对的）奴役，法律毋宁是拯救。”[②]亚里士多德的传世明言——“法治优于一人之治”便是在这种环境和公民观念的孕育下产生的。雅典公民视宪法为最高法律，神圣不可侵犯。当时的每次改革，往往都是以修改宪法为起点，接着便以执行和捍卫宪法为基本职责。享有巨大权力的法庭的基本任务之一，便是审查法律是否违宪。公民享有的不法申诉权，使得每位公民都可以就某项法令违反宪法而向陪审法庭提起控诉。雅典的法律至上观念对于当时的司法民主实质上既是一种保障，又是一种规制。基本的司法民主制度被写入宪法，而宪法的崇高地位使得司法民主得到强力的支持和保障。同

---

① 雅典的议事会是一个具有立法、行政、司法多重职能的权力机构。《雅典政制》曾记载了一个案件：一次，议事会已经把吕锡马库斯交付公众的行刑吏执行死刑，这时，优美里德斯提出，公民未经陪审法庭判决不得处死；到了陪审法庭审判时，吕锡马库斯却得以免罪，于是他得了“鼓槌下人”（即免于刑杖之人）之称。参见[古希腊]亚里士多德：《雅典政制》，日知等译，商务印书馆 1978 年版，第 49 页。

② [古希腊]亚里士多德：《政治学》，吴寿彭译，商务印书馆 1965 年版，第 276 页。

时，司法民主不是没有限度的，其本身也要受到宪法和法律的制约，哪怕是当时权极一时的陪审法庭也要受到这种约束。“在这种政体中，所谓平等的真实意义是穷人不占富室的便宜，治权不完全操于穷人部分(阶级)，而在数量上均衡地分配于全体公民。”[①]这就为司法民主免于沦为暴民乱政提供了最基本的保障。

(三)古雅典司法民主制的缺陷

古雅典不仅孕育了司法民主的基因，而且创立了历史上最广泛的司法民主制，并在此基础上铸造了辉煌的民众参与、监督司法的文化。但是，雅典的司法民主毕竟是人类司法民主的初创阶段，其本身有着不容忽视的缺陷。

首先，雅典高度发达的司法民主制度可以说是一种非常奢侈的民主，甚至可以说带有一定的“寄生”性。动辄要数百上千的公民参加司法活动，这意味着大量的劳动力将主要精力投入复杂的司法审判和司法审查，这需要雄厚的经济基础。实际上，真正能够参与到司法活动中的公民并不像想象的那么多，一方面，雅典当时的人口不多，而且公民在当时人口总数中仅占少数，妇女、奴隶、农奴、边区居民和外邦人都不是公民[②]，这就使得奢侈的直接式司法民主能够在当时推行；另一方面，经济上的因素也很重要，即使是参加司法活动能得到少量的津贴，能够经常参加的必然主要还是富有者或上层分子，贫困者、下层群众为生活所迫而不能问津，实际上被限制了这方面的权利。

其次，公民直接参与司法做过了头，必然会降低诉讼效率。由数百人组成陪审法庭，且陪审员作为普通民众多数缺乏必要的法律知识，很难想象能够高效、顺利地运转。当时，陪审法庭常常成为辩论的场所，古希腊又是盛产智者和蛊惑家的地方，许多能言善辩者的参与，使得陪审法庭常常争论得不可开交。

然而，最重要的缺陷还是当时的司法公正观过多地尊奉多数人的意见，视多数人的意见即为正义，忽略了对少数人的保护。在雅典，多数人的意见便被认为是司法正义，这便使得多数人在一定的情况下可以超越法律，甚至可以无情地剥夺少数人的权利。据记载，在流放阿里斯提德的会议上，一个不会写字的农民要求正好坐在他身边的阿里斯提德在陶片上写上阿里斯提

① [古希腊]亚里士多德:《政治学》，吴寿彭译，商务印书馆1965年版，第314页。

② 伯里克利时期的法律规定，只有父母都是雅典公民的人才能成为雅典公民。公元前431年，雅典全部居民人数约40万人，而享有公民权的人数只有4.2万人，只占全体居民总数的1/10左右。

德的名字。当后者惊奇地问他因何要流放阿里斯提德时,农民答称:“我甚至还不认识这个人,但是到处都称呼他为‘正义’,我实在听烦了。”[①]看到这样的描写,我们似乎看到贝壳放逐法在某些时候成为某些人发泄自己的嫉妒情绪的途径。著名的苏格拉底案更是典型的一例:公元前 399 年,苏格拉底被以“慢神”罪(他不信仰城邦的神,只信仰自己的神)和“蛊惑”罪(腐蚀或者败坏青年)提起指控。陪审法庭开庭审理该案,出席的陪审员 501 人,最终以 281 票对 220 票判处苏格拉底死刑。虽然苏格拉底死后约 14 年之后,雅典人重新审理此案,认定系冤案并为其平反,但是这一历史大错终成了雅典司法民主制的一大耻辱。此案说明,民众的审判未必就是公正的,司法民主不应当是随意性的多数原则,否则就会出现致命的司法错误甚至是沦为多数人的暴政。因之,司法民主应当受到一定的限制,正如威格莫尔所指出,陪审法庭的这种随意性削弱了社会对既有法律的尊重,不可避免地阻碍了真正和持久的法律制度的发展。他列举了古希腊法无法传世的三点原因:“(1)缺乏职业的法官团体;(2)陪审团规模大体和立法团体一样;(3)缺少另一独立团体,维护既定法律,对陪审团或立法者予以钳制。”[②]

当然,瑕不掩瑜,在古雅典司法民主制的缺陷给我们以警示的同时,古雅典司法民主思想和具体制度给我们更多的是启发,现代法治社会的陪审制、司法独立、司法审查等制度都与其有着剪不断的联系,从而,它为现代司法民主制度提供了宝贵的思想源流和制度基因。

二、西方司法民主的确立

司法民主发端于古雅典,但是,雅典在经历伯罗奔尼撒战争的惨败,马其顿的入侵和罗马的征服之后,其司法民主制也随之衰落。在罗马时代,虽然民主制得到了一定的承继,但并没有形成民众广泛参与司法和程序民主化的态势,当时的司法权主要操之于元老院。[③] 欧洲大陆的司法民主制度逐渐没落的同时,陪审制等代表性制度却在英国发芽生根,并在美国成长壮大。欧陆纠问式诉讼模式在经历变革和走向混合模式的过程中,吸收普通法的司法民主制并呈现出其自身的特点。

(一)普通法中的司法民主之形成:英国的陪审制和司法令状

考察普通法中的司法民主之形成,必须溯源到英国的陪审制和令状制

① [古希腊]普鲁塔克:《希腊罗马名人传》(上册),陆永庭等译,商务印书馆 1995 版,第 320 页。

② 转引自梁治平:《法辨》,中国政法大学出版社 2002 年版,第 176 页。

③ 参见应克复等:《西方民主史》,中国社会科学出版社 1997 年版,第 70—77 页。

的历史。在1066年法国诺曼底公爵威廉征服英国并登上英国王位之前,日耳曼诸民族主要采行公众集会(自由民集会)审理和解决纠纷,处理涉及本民族的重大事项。当时的主要司法审判组织包括贤人会议、郡法院和百户邑法庭、领主法庭和庄园法院等都是采取集会的形式审判案件,而且大多是在露天集会。如果我们用现代意义上的审判来理解当时的法庭与审判,显然是不合时宜的。当时既没有专业的律师,也没有现代意义上的法官,主要由领主、贵族、地方绅士、牧师、教士和修道士主持,证明主要采用决斗、考验和共誓涤罪等原始模式。这种私人的、独立的封建法庭的广泛存在意味着国家司法权的分散与弱化,再加上教会法庭的出现,当时英国的司法制度可以说是极为凌乱的。"缺少正规、永久和专门的王室司法机构与缺少国王作为一个正规立法机构的概念相关联。"[①]当时,英国的国王只是偶尔发布法令,通常还需要主教、贵族和其他显要人物的同意。

1. 陪审制的确立

在威廉征服之前,英国的诉讼制度中并没有陪审制。随着威廉征服,诺曼人带来了起源于法兰克王国的"讯问陪审团"(Inquest Jury)程序。据梅特兰考证,讯问陪审团原是法兰克王国用于保证自己利益的一种工具。当王室土地出现争议时,国王可以不用古代大众集会法庭的习惯方法,而是任命一名王室官员从当地居民中选择数人组成陪审团,由陪审团决定案件的是非曲直。[②]

亨利二世登位之后,于1164年开始革新,颁布了《克拉伦登宪章》。该宪章第9条规定了皇家法院对特定土地是否属于教会财产的争议的管辖权和陪审权。两年之后,亨利二世又颁布了著名的《克拉伦登法令》,加强了陪审团的设置,并设计了一系列程序改革。国王命令巡回法官对于告发到他们面前的任何严重的刑事案件或重罪案件行使管辖权,并由具有广泛代表性的陪审团在宣誓的基础上进行审讯。[③] 该法令规定,在巡回法官到场时,宣誓的陪审员应当对涉嫌谋杀、盗窃、抢劫罪的犯罪嫌疑人或窝藏犯有上述罪行的人以及涉嫌伪造货币和纵火罪的所有嫌疑人提出控告,然后对所有这

---

① [美]哈罗德·J·伯尔曼:《法律与革命》,贺卫方等译,中国大百科全书出版社1993年版,第541页。

② F. Pollock & F. W. Maitland, The History of English Law, Vol. 1, Cambridge University Press, 1923, pp. 121-124.

③ 易延友:《陪审团审判与对抗式诉讼》,台湾三民书局2004年版,第34页。

些嫌疑人立即通过冷水裁判法予以审判。[①] 这时的刑事陪审团实际上还仅仅是后来案件中负责起诉的大陪审团之前身。值得注意的是，与采用陪审团起诉相比，亨利二世没有把陪审团审判扩展到刑事案件，只是后来即在1215年第四次拉兰特宗教会议废除了神明裁判之后它才扩展到刑事案件中去。[②] 神明裁判的废除使得被告人无法通过传统方式来证明自己无罪，这时，定罪陪审团应运而生，陪审团的裁判具有终局性，制定法甚至规定"如果被告人不同意接受陪审团终局裁决，那就拷打以让他同意"。[③]

陪审团审判的出现，代替了神明裁判，对于司法民主而言其意义是划时代的。当时的陪审员是当事人的邻居，并且事先知道法官将会对他们提出什么问题，因而有可能使得数量很少的法官（普通诉讼法院的法官和巡回法官加起来总共才25人）得以处理全国所有的司法事务。可见，当时的民众参与对于解决纠纷的重要意义。用道森的话讲，采用陪审团的方法"是极其有效的——一项伟大的创举"。[④] 在王室法官的指导下，当地民众陪审团作出的裁判比地方和封建会议裁决案件在政治上更受欢迎，有利于避免引起大多数麻烦的封建关系内部的各种权力纠纷，并使得地方特权几乎不受保障。

2. 司法令状的采用

令状（writ）是一个古老的概念，源自拉丁语"breve"[⑤]，简短的书面命令和通知叫作令状，它曾由教皇、国王和其他统治者发布达数个世纪之久。在征服者威廉和他的后继统治者统治期间，王室行政管理的主要手段之一就是颁发王室令状，命令伯爵、男爵、主教、修道院长、郡长和其他人制止引起国王注意的不法行为。可见，当时的令状从性质上看属于行政令状，这些令状通常并不导致一项审判。

亨利二世时期，旧的行政令状被"司法化"，即亨利二世把"如何如何做"之类的命令式王室令状转变成以下形式，"传唤到我的法官面前审问以决定争议的问题——那里有此令状"。[⑥] 换言之，令状是设计用来（除非被告服

---

① 冷水裁判法又称冷水审，是一种神明裁判的方法，即在冷水中，如果嫌疑者的身体漂在水面上，那么就说明水不接受他，他就被判决有罪；反之，则无罪。因为人们相信纯洁的水不接受有罪之人。

② [美]哈罗德·J·伯尔曼：《法律与革命》，贺卫方等译，中国大百科全书出版社1993年版，第554页。

③ 易延友：《陪审团审判与对抗式诉讼》，台湾三民书局2004年版，第46页。

④ [美]哈罗德·J·伯尔曼：《法律与革命》，贺卫方等译，中国大百科全书出版社1993年版，第553页。

⑤ "breve"一词的原意是"简短之物"，后引申为"信件"。

⑥ [美]哈罗德·J·伯尔曼：《法律与革命》，贺卫方等译，中国大百科全书出版社1993年版，第548页。

从)引起一个司法诉讼程序的。原告须到威斯敏斯特的国王御前大臣处陈述他的诉讼请求;御前大臣对应负责该审判的当地郡长颁布一项令状,命令郡长提起某一类诉讼程序,以便在国王所属法官主持的法院解决争议。

让我们来看一个当时的司法令状的节选(格兰威尔 1087－1189 年撰写):“国王向郡长问候。甲向我控告乙自我上次航行去诺曼底期间,不公正地和未经判决地抢占了他在某某村庄的自由持有地。因此,我命令你,如果甲保证他提起的权利请求真实可靠,你务使被从该土地上占有的动产得以返还,并以和平的方式将该土地和动产保持到复活节之后的星期天。同时你务使 12 名自由的和守法的邻人查看该地产,并将他们的名字签于此令状之上。由合适的传唤人将他们于复活节后的星期天传唤到我或我的法官面前,做好确认的准备。以抵押品和可靠的担保人作保证将乙或他所在小区的行政官(如果不能找到他)传唤到那里,然后开始审理,确认事实。并应有传唤人、本令状和担保人的姓名,证人等等。”①这便说明,当时的司法令状主要有三个贡献:(1)它提出了一种严密的事实检验标准,以解决较为复杂的纠纷,并保证了被告人的出庭;(2)它把事实问题提交给一个邻人宣誓调查团,即陪审团来决定;(3)它确立了王室对颁发令状和对陪审诉讼的管辖权。

司法令状的采用是普通法中的司法民主确立的一个显著标志。通过司法令状,扩大了王室法院的权威,限制了封建领主的权力,向司法独立迈出了最初的一步,甚至“普通法的令状在某种意义上,几乎像‘十戒’或‘十二铜表法’那样,逐渐被视为法律本身赖以产生的基本渊源”。② 司法化的令状制度与陪审团的使用结合起来,由此全体公民可以在王室管辖范围内有效参与某些类型的民事或刑事案件,从而使得司法民主在普通法中由理念转变为具体制度并得以运用。

(二)普通法中的司法民主之巩固:美国宪政体制下的司法民主

随着英国在北美大陆的殖民,肇始于英国的普通法在这里生根成长,甚至比本土更为茁壮。早期的英国殖民者将普通法带到北美的同时,也带去了传统的司法民主观念。如英国大陪审团起诉的普通法实践和享有陪审团审判的权利被北美殖民地几乎没有什么改变地采纳。来自英国的早期殖民地开拓者们,实际上最清楚地知道政府专断性权力滥用的可怕,因为他们中

---

① [美]哈罗德·J·伯尔曼:《法律与革命》,贺卫方等译,中国大百科全书出版社 1993 年版,第 549 页。

② [英]S·F·C·密尔松:《普通法的历史基础》,李显冬等译,中国大百科全书出版社 1999 年版,第 27 页。

的多数人都是为了逃避政治和宗教压迫才来到北美大陆的，在英国的经历使得殖民地开拓者们极其向往保护自由、权利的民主程序。

到18世纪中叶，英国殖民地政府为了控制愈演愈烈的走私和逃税，采用了高压的刑事政策。具有军事法院性质的附属海事法院被用来追究走私和逃税案件，并且在这些军事法庭，殖民地开拓者不享有普通法保护的大陪审团起诉、陪审团审判和律师辩护的权利。英国人镇压叛乱的残酷司法经历重新唤起了殖民地开拓者对不受限制的政府权力和镇压不同政见者的潜在司法程序感到害怕。① 这些害怕更加强化了殖民地开拓者个人权利和司法民主的观念。

1776年革命胜利后，司法民主的步伐在北美大陆大步迈开，而宪法在这一过程中发挥了举足轻重的作用。首先是弗吉尼亚在1776年6月17日通过了宪法性文件——《权利宣言》，之后，其他州按照弗吉尼亚的样例，规定了本州公民的权利。但是，当时12个州的规定差异还是比较大的，如9个州没有规定大陪审团诉讼，4个州忽略了反对自我归罪特权和一般搜查证，而各州宪法保证的唯一一项共同的权利是在刑事案件中陪审团审判的权利。② 最初，美国联邦宪法没有为人权提供全面之保障，亦没有涉及司法民主问题。在1789年的第一届国会上，通过了麦迪逊起草的《权利法案》，这便是著名的美国宪法前10条修正案。该修正案的大部分条款都与司法民主有着密切的联系，如第1修正案涉及言论自由的保障；第4修正案规定公民住宅不受无理侵犯，搜查和扣押必须经法院的授权与审查；第5修正案保障对刑事犯罪的大陪审团审判，不经正当法律程序，不得被剥夺生命、自由或财产，并禁止双重危险和自我归罪；第6修正案规定了被告人反驳不利证据、获得律师帮助等权利；第7修正案保障争议金额超过20美元的普通法诉讼，获得陪审团审判的权利，等等。可见，美国宪法修正案对直接体现民众参与司法的大陪审团和陪审制作出了明确规定，而且对限制公权力和保障被告人人权等体现程序民主的规则作出了强调。他们将体现司法民主的程序性规定上升为宪法性原则，这既是对传统的普通法司法民主制的承继和发展，也是对孟德斯鸠、洛克等启蒙思想家民主政体思想在司法领域的确认和实践。

我们可以看到，《权利法案》中列举的基本权利实际上来源于英国普通

---

① [美]爱伦·豪切斯泰勒·斯黛丽、南希·弗兰克：《美国刑事法院诉讼程序》，陈卫东、徐美君译，中国人民大学出版社2002年版，第120页。

② [美]爱伦·豪切斯泰勒·斯黛丽、南希·弗兰克：《美国刑事法院诉讼程序》，陈卫东、徐美君译，中国人民大学出版社2002年版，第120—121页。

法和殖民地时期权利观念的积累,许多具体的权利保障都与刑事诉讼有关。但是,在美国的联邦体制下,州是完全的自治体,也就是说《权利法案》只约束联邦中央政府的权力,而不能约束州政府。根据上述规则,州政府可以对被告人拒绝陪审团审判,可以实施没有司法令状的搜查和扣押,可以拒绝被告人在审判中聘请律师,等等。因此,在美国内战之前,宪法针对各州政府的司法民主与人权保障所能做的寥寥无几。这种背景催生了宪法第 14 修正案,该修正案共有 5 款,其中正当法律程序原则规定在第 1 款。该款明确指出:“所有在合众国出生并受其管辖的人,都是合众国的和他们居住州的公民。任何一州,都不得制定或实施限制合众国公民的特权或豁免权的任何法律;不经正当法律程序,不得剥夺任何人的生命、自由和财产;在州管辖范围内,也不得拒绝给予任何人以平等法律保护。”第 14 修正案的重大意义不仅在于重申了第 5 修正案涉及的正当法律程序原则,更重要的是将各州的人权保障纳入了宪法保护的范围。如果说原来的《权利法案》主要是为了防止联邦政府侵犯人民的基本权利而设立的,那么第 14 条修正案便是为了防范州政府对公民权利的侵犯。从而为体现司法民主的若干制度能够在各州贯彻实施奠定了宪法性基础。①

美国宪法第 14 修正案所确立的正当法律程序原则推动各州的司法民主进程中,特别值得一提的是 1968 年“刑事陪审案”②。在该案中,由于路易斯安那州宪法③规定只对涉及死刑和劳役监禁的案件才准许陪审团审判,被告人邓肯未经陪审团审判就被判罚两个月教区监禁和 150 美元罚款,他向联邦法院宣称:州的判决违反了联邦宪法第 6 和第 14 修正案,因为它们保障在州的刑事起诉中获得陪审团审判的权利。美国联邦最高法院的判决推翻了路易斯安那州的法律,多数意见认为:“由于我们相信,在刑事案件中的陪审团审判对美国司法体制是基本的,我们判决:就像第 6 修正案保障在联邦法院的刑事审判一样,第 14 修正案保障在所有刑事案件中的陪审团审判。因此,当上诉人对陪审团审判的要求遭到拒绝时,路州的法律就违反了联邦宪法。联邦和各州宪法对陪审团审讯的保障,体现了要求以适当方式执行法律和

---

① 对于第 14 修正案的实质的理解经历了一个过程,在美国内战后初期阶段,对于 14 修正案的理解相当狭隘,联邦最高法院拒绝赋予其任何实质意义,也就是说第 14 修正案的通过并不表明宪法的其他修正案就能被用来限制各州政府。进入 20 世纪之后,联邦最高法院才通过一系列的判例逐步扩展了第 14 修正案的保护范围,如 1932 年的鲍威尔诉阿拉巴马(Powell v. Alabama)案,1936 年的布朗诉密西西比(Brown v. Mississippi)案等。

② Duncan v. Louisiana, 391 U. S. 145.

③ 路易斯安那州是美国唯一的一个采纳法国民法体制的州。

管理司法的深远决定。为了防止政府压制，刑事被告被授予陪审团审讯的权利……在刑事案件中的陪审团审讯，乃是防止任意执法的保护；国家对这项权利的深切承诺，使之处于第14修正案正当程序条款的保护之下，因此必须受到各州尊重。"[①]

概言之，美国的宪政制度，特别是宪法修正案对推动和保障司法民主发挥了重要的作用，使得美国的司法民主模式在宪法的强力支持下呈现出强劲的生命力，并成为普通法司法民主的一大典范。

（三）大陆法中的司法民主之确立：以法国为例

18世纪的欧洲大陆，随着罗马法的复兴和受教会审判程序法的影响，欧陆的诉讼程序强调采用纠问式的审判方法。这种纠问式模式被认为是与当时的集权制国家的兴起紧密联系在一起的，国王作为国家的化身有权实行惩罚和赦免，刑讯和酷刑普遍存在。用贝卡利亚的话说，当时的刑讯造成了一种奇怪的后果："无辜者处于比罪犯更坏的境地"；而酷刑的结果则是，"人的心灵就像液体一样，总是顺应着它周围的事物，随着刑场变得日益残酷，这些心灵也变得麻木不仁了"。[②] 于是，许多人将目光投向了英国，认为普通法实行的审判公开、陪审团的存在以及对法官权力的限制、诉讼活动采用言词对辩方式等正体现了人民渴望的正义和民主。当时的改革家指出，刑事诉讼制度应当以英国那种正义、民主的制度为榜样，并且号召按照普通法系的做法改革本国的刑事诉讼制度。这些革命主张的主要内容是：(1)建立陪审制度；(2)用口头的和公开的程序取代书面的、秘密的程序；(3)确立被告人延请律师的权利；(4)限制法官的纠问权；(5)废除对被告人的誓证要求；(6)废除君主通过惩罚和赦免，蛮横干涉刑事诉讼的特权。[③] 这些改革主张正是与司法民主相契合的。

法国成为当时欧陆刑事司法改革的桥头堡。1789年8月26日，法国《人权宣言》[④]的通过，使人们高举"人权"的旗帜，给封建特权阶级与封建专制制度以沉重的打击，促进了大革命的深入发展，也为刑事司法领域的相关改革奠定了基础。《人权宣言》明确宣布了自由、平等、财产和安全是天赋的

---

① 张千帆：《西方宪政体系》(上册·美国宪法，第2版)，中国政法大学出版社2004年版，第258－259页。

② [意]贝卡利亚：《论犯罪与刑罚》，黄风译，中国大百科全书出版社1993年版，第33、43页。

③ 参见[美]约翰·亨利·梅利曼：《大陆法系》(第2版)，顾培东等译，法律出版社2004年版，第135页。

④ 法国《人权宣言》的全称为《人权和公民权利宣言》，共17条，该宣言后来被用作法国1791年宪法的前言。

神圣不可侵犯的人权;宣布了“主权在民”的原则;宣布了法律面前人人平等原则;宣布了一系列基本的民主权利。《人权宣言》的发表,打碎了君权神授的神话,否定了封建等级制度,倡导了民主与人权,在人类社会的民主法治进程中具有极其重要的地位。就刑事司法民主而言,《人权宣言》的两项规定,具有非常重要的意义:其一,确立了无罪推定原则,即该宣言第9条规定,“任何人在其未被宣告为罪犯以前应被推定为无罪”;其二,体现了程序法定的精神,即该宣言第7条规定,“除非在法律规定的情况下,并按照法律所规定的程序,不得控告、逮捕和拘留任何人”。

在大革命的浪潮中,法国人尝试彻底废除封建统治时期的刑事诉讼程序,而代之以一套以英国普通法为模版的新的诉讼制度。其中,具体制度改革的焦点就是陪审团制度的引进。如前文所述,普通法的陪审制最初源自法兰克王国。但是,陪审制在英国成为普通法中司法民主的基础性制度的同时,在欧洲大陆却销声匿迹了。革命的热情和对民主的渴望,让法国人重新审视陪审团制度。1791年,法国新刑事诉讼法从英国引回了陪审团:一方面,确立了大陪审团侦查制度,但是人数不同于英国,法国的大陪审团由8人组成[①];另一方面,在重罪案件中引入了小陪审团审判制度,该制度适用于重罪法院,法庭由3名法官和12名陪审员组成,对陪审团的裁决不得上诉。[②]

对于陪审团制度,在当时的法国国内一直争议很大。在该制度实施后的17年中,遭到了猛烈的抨击。这些批评包括:“陪审团制度不适合法国,新的试验将是危险的”;“经验已经证明陪审团程序为犯罪分子提供了太多的有利机会”;“起初看上去如此美好和诱人的制度在实践中除了最坏的结果一无所获”…… 同时,实践中的资料显示,“从1828年起,重罪法院审理的案件,陪审团将被告人无罪释放的比例高达40%,对于暴力犯罪案件,这一比例高达50%”。[③] 支持保留陪审团的人则认为,陪审团对公共权力机关具有绝对的独立性,陪审团的成员有自己的良心和谨慎的态度,特别是陪审团代表了公正舆论和民众的良心,可以防止刑法和民众舆论之间发生脱节和分离。[④] 经过反复争论,结果是1808年拿破仑主持制定刑事诉讼法典时,最终

---

① 英国的大陪审团一般由16~23人组成。

② 如果法庭一致认为陪审团的裁判是错误的,那么,可以在原来12名陪审员的基础上增加3名陪审员,以便得到一个5∶4的投票结果。参见易延友:《陪审团审判与对抗式诉讼》,台湾三民书局2004年版,第127页。

③ 转引自易延友:《陪审团审判与对抗式诉讼》,台湾三民书局2004年版,第127—128页。

④ [法]卡斯特·斯特法尼等:《法国刑事诉讼法精义》(上),罗结珍译,中国政法大学出版社1999年版,第409页。

废除了大陪审团，只规定了小陪审团，而且新闻和政治案件不再由陪审团审理。法庭的组成也发生了变化，即由原来的3名法官增加到了5名，对一切事项的表决，也只需绝对多数通过即可。此后，关于该问题的争论仍然持续不断，法国最终于1941年废除了普通法意义上的陪审团审判，并在1943年设立了由3名职业法官和9名外行法官组成的混合法庭，也即开始实行我们通常所说的参审制。

从当时的情况来看，陪审团制度在法国的际遇和挫折原因很多，笔者认为，关键的原因在于陪审团制度与当时法国的专制集权统治和纠问式诉讼发生了剧烈的冲突，而统治者和普通民众都未能真正接受普通法式的陪审团审判。从统治者来看，就如托克维尔所云，凡是曾想以自己作为统治力量的源泉来领导社会，并以此取代社会和民众对他的领导的统治者，都破坏或削弱过陪审制度。比如，都铎王朝曾把不想做有罪判决的陪审员投入监狱，拿破仑曾令自己的亲信挑选陪审员。[①] 对职业法官而言，职业法官习惯于排斥陪审团，他们已经习惯了握有较大的权力，普通民众作为陪审员的参与对职业法官必然是一种分权和制衡力量，其将很大一部分的审判权从法官手里夺走，而法国后来实行的混合法庭式的参审制，陪审员显然更容易被法官左右和控制。对普通民众来说，当时的法国民众刚刚从纠问式诉讼中走出来，习惯了纠问式诉讼发现犯罪、打击犯罪的高效率，对于陪审团的功能尚认识不清，当理想和现实出现差距，民众对陪审团的热情也即随之降低。因之，如梅利曼所言："这种以外国制度来代替本国传统的努力很快就归于失败，法国刑事诉讼中开始出现了旧制度的复辟。其结果是，革命前的封建成分和革命后的改革因素互相糅和，形成了一个混合的刑事诉讼模式。"[②]

法国陪审团制度的争议和起伏，值得我们深思。这是不是说明司法民主的代表性制度——陪审团制度在法国失败了呢？笔者认为，不能这样简单地看问题。法国引进陪审团制度对于其纠问式诉讼模式的影响和改造是不容忽视的。这体现在：直接言词原则得到了坚持；审判公开制度获得了肯定；律师辩护的原则也随着陪审团的引进而得到确立；甚至在侦查阶段，由于引进大陪审团的影响，其诉讼程序也逐渐由秘密侦查转变为公开程序。这些诉讼原则和具体程序都体现了程序民主，从而为法国现代的司法民主奠定了基础。陪审团的影响是那么的显著，以至于就如法国学者所说：

---

① [法]托克维尔：《论美国的民主》(上卷)，董果良译，商务印书馆1997年版，第314页。

② [美]约翰·亨利·梅利曼：《大陆法系》(第2版)，顾培东等译，法律出版社2004年版，第135页。

"不管怎么样，陪审团制度已经深深扎根于我们的习俗之中，很难将它消除。"①

总的来看，法国是大陆法系从专制走向西方式民主的典型代表，从封建纠问制走向审问制(混合式)，是司法民主的另一种类型。在此种类型中，除了上文重点分析的参审制以外，其司法民主因素主要体现在以下几个方面：(1)无罪推定。虽然，法国一直到2000年才将无罪推定原则写入刑事诉讼法典，但是由于无罪推定原则早已写入《人权宣言》，使得实际上法国刑事诉讼实行无罪推定由来已久。(2)自由心证。在法国大革命之前，实行的是法定证据制度，证据的价值由法律预先确定，法官没有自由评判的权力。法定证据的机械性和形式主义等缺陷让人们忍无可忍，最终在大革命时期被废止，改革之后，法官认定案件事实依据证据，而证据的效力由法官根据其内心确信独立判断。(3)直接言词。这包括两方面的内容，即直接审理原则和言词原则，前者要求只能以在法庭上直接调查过的证据作为裁判的基础，后者要求所有法庭审理中的事项，都需要以言词的形式表达之。(4)实体真实。注重查明真相，将刑事诉讼的目标定位为："即使不能始终做到迅速地实行制裁，至少也要保证制裁的准确性"②。(5)程序法定。将程序法定与罪刑法定视为法定原则的两大表现，强调法定程序的效力和价值。(6)被害人权利保障。相对于普通法将被追诉人权利保障作为刑事诉讼的核心目的，以法国为代表的大陆法系混合式诉讼在注重被追诉人权利的同时，比普通法更强调被害人权利保障。

法国在经历了一系列的变革之后，选择了一条适合于自己的混合式诉讼模式，其刑事司法民主制度也随着时代的发展逐渐完善。欧洲大陆其他国家刑事司法民主的历程与法国接近或是直接学习法国的模式，大体历程都是经历了资产阶级革命浪潮中学习借鉴英国的司法民主模式，而后，最终又都如法国一样转到了混合式模式。需要注意的是，德国的刑事司法民主制度在学习法国的基础，形成了自己的一定特色，如德国的参审制、司法审查等具体制度都与法国模式有所不同，在此不再展开讨论。总之，经过一个多世纪的发展演变，大陆法系形成了以法德为代表的现代职权主义下的刑事司法民主。

---

① ［法］卡斯特·斯特法尼等：《法国刑事诉讼法精义》(上)，罗结珍译，中国政法大学出版社1999年版，第409页。

② ［法］卡斯特·斯特法尼等：《法国刑事诉讼法精义》(上)，罗结珍译，中国政法大学出版社1999年版，第3页。

第四节 无讼、克己、司法民主与正当程序

传统中国并没有太多的司法民主的基因，但是，传统中国对和谐社会的向往和追求，为我们构建民主、法治社会，提供了本土资源。中国传统法文化的和谐观中，“无讼”与“克己”构成了其核心特征，这是我们今天推进司法和谐的重要资源。然而“无讼”与“克己”与现代司法文明有着许多格格不入之处，为了实现司法的有序与和谐乃至和谐社会之理想，我们应当在传统法文化的基础上推进司法民主并以此改造传统中国“无讼”的和谐观，构建正当法律程序并以此完善传统中国“克己”的和谐观。

一、“无讼”的传统和谐观

对于和谐社会的向往，几千年来一直是中华法文明的一大显性表征。春秋以降，人们一直憧憬着这样的理想社会：“大道之行也，天下为公，选贤与能，讲信修睦。故人不独亲其亲，不独子其子。使老有所终，壮有所用，幼有所长，鳏寡孤独废疾者，皆有所养。男有分，女有归。货恶其弃于地也，不必藏于己；力恶其不出于身也，不必为己。是故谋闭而不兴，盗窃乱贼而不作，故外户而不闭。是为大同。”[①]在这种大同社会观的指引下，中国历代的法律几乎都在为“讲信修睦”、“盗窃乱贼而不作”的和谐、有序、安全的社会而求索。传统中国法文化对于和谐的认识是与自然之道紧密契合在一起的，自然之道被认为是最和谐的，“其和谐表现为天地万物一切都是那么有秩序、有规则、自然而然。…… 和谐成了传统中国特有的‘自然观’或者说‘宇宙观’，也即古人常谈的‘天理’、‘天道’、‘性命’、‘天志’等。”[②]这种自然之道是排斥诉讼的，因为诉讼在传统中国被公认为是对自然之道的背离。这使得中国传统法律中，冲突的解决重在和解与和谐关系的恢复，通过协调者的排解，争执者相互间作出妥协，一方补偿另一方，只有在自行解决未遂时才诉诸诉讼救济。法律的执行者往往是协调者而不是法官，纠纷的解决重在妥协，是一种给一点是一点的功利主义哲学，而不是中立的裁判者判定谁是谁非的胜负解决模式。

于是，“无讼”成了中国传统法文化中的一项核心价值。孔子说过“听

---

① 《礼记·礼运》。

② 张中秋：《比较视野中的法律文化》，法律出版社 2003 年版，第 229—230 页。

讼,吾犹人也,必也使无讼”[①]。老百姓传统上有着很强的厌讼心理,不到万不得已都不愿意诉诸司法途径。律师在古代被称为“讼棍”,意思就是帮坏人讲话的人。国人也往往以被涉入诉讼为耻,甚至于至今仍然有这样的观念:要是听说谁进了公安局或是法院,即使他最后被证明无罪或者仅仅是去作证,人们也常常认为他的道德品行大概是出了些问题。当前,虽然人们的法观念有了很大的转变,但大多数人还是不愿参与到诉讼中去,证人出庭作证难便与这种意识脱不了干系。

传统中国在追求和谐的过程中对于无讼的崇尚,促成人们更多地适用和解与调解,这对于及时、有效地解决纠纷是有益的,体现了对冲突各方主体性之尊重,有利于被害方得到及时、充分的补偿,对于纠纷解决的结果当事人自然比较容易接受,还能够避免对簿公堂的痛苦和减少费用的开支。因之,调解被西方学者视为“东方经验”,现在风靡美国的 ADR 解决纠纷模式据说与这种经验就有一定的渊源。在国内,我们今天也倡导在诉讼中扩大调解等非诉讼解决机制的适用。但是,如果将对无讼的崇尚转变为对于诉讼的简单排斥或是惧怕,则是无益的。以申诉、上访为例,无讼的和谐观能在一定程度上抑止申诉,但是,“一味求和的情况下,往往只促成表面的和谐,一旦积压的怨怒爆发,后果有时反而更难收拾”。[②] 这种和谐还可能使得弱者的权益得不到有效的保障。申诉上访者多数属于社会的弱势群体,他们在走投无路的情况下才选择申诉上访来鸣冤平反,而群体的秩序又常常掌握在强者手中。这时,如果强者假借群体和谐、社会和谐之名压制申诉上访的弱者,这就是逼着弱者无处申冤而只能诉诸非常规的、非理性的,甚至是非法的方式来求得出路,这便很容易引发越级申诉上访、反复申诉上访、进京申诉上访,甚至是绝食、静坐、自焚、卧轨和极端的暴力反抗。实践中,政府、法院被群情激昂的申诉上访者包围的事件已经不稀罕,司法不公引发局部骚乱的发生也已非什么特别的新闻。

总的来看,以无讼为主要特征的司法和谐是我们传统价值与理想的体现,这种无讼的和谐观对于减少讼争、维护社会秩序起了重要作用。但是,我们又不得不承认这种司法和谐模式渗透出某种乌托邦式的意味。毕竟,随着社会的发展,初民社会的纠纷解决机制已经不能适应社会发展的需要,我们不可能回避诉讼,也不应该仇视诉讼。通过诉讼解决纠纷已成为人类

---

① 《论语·颜渊》。

② 林端:《儒家伦理与法律文化——社会学观点的探索》,中国政法大学出版社 2002 年版,第 26 页。

法治文明发展的一大标志，社会冲突不再仅仅被看成是当事人之间的纠纷，而是涉及国家、社会利益与统治秩序的问题，这也就使得社会冲突具有“公”的性质。诉讼从本质上看，是由国家公权力而不是冲突的主体或其他第三方来解决纠纷。“评价诉讼存在的意义的最好角度是：如果没有诉讼，将会出现何种状况？实践表明，相当一部分社会冲突，特别是存在暴力侵害的社会冲突，唯有通过国家暴力强制，从而唯有通过诉讼才能得到真正解决。”①

以无讼为主要特征的司法和谐观过分强调秩序、安全与稳定，抑制了传统中国对于公正、自由与权利的追求。“现代科学研究表明，一个片面强调秩序、过分稳定的系统必然具有相应的封闭性。”②这种封闭性是与我们传统的自然经济相适应的，但是却无法适应当代全球一体化的现实，也是与改革开放相矛盾的。正如博登海默所说：“在个人生活和社会生活中，一味强调安全，只会导致停滞，最终还会导致衰败。从反论的立场来看也是这样，即有时只有经由变革才能维续安全，而拒绝推进变革和发展则会导致不安全和社会分裂。”③

二、“克己”的传统和谐观

“克己”是中国传统法文化中追求社会和谐的另一主要价值观。儒家思想认为，只要个人是有道德的，能够自我约束，社会冲突就会自然消弭，社会也就自然和谐了，所以孔子极力宣扬“克己复礼”。“尽其心者，知其性也。知其性，则知天矣。存其心，养其性，所以事天。”④传统中国的基本价值理念中，每一个正人君子都应当以成为圣贤作为人生的最高目标，也即“人皆可为尧舜”几乎成为传统中国主流文化中最核心的追求，而克己正是达到这种境界的唯一途径。

克己实际上就是强调修身，“心正而后身修，身修而后家齐，家齐而后国治，国治而后天下平。自天子以至于庶人，一是皆以修身为本。”⑤于是，“修身、齐家、治国、平天下”成为传统中国人几千年来的宿愿。克己的主要工具就是“礼”、“德”和“情”。在礼法结合、德主刑辅的指导思想下，传统中国是将“礼”和“德”放在优先位置而不是“法”，同时，情、理、法三者的位序中，最

---

① 顾培东：《社会冲突与诉讼机制》，法律出版社 2004 年修订版，第 41 页。

② 张中秋：《比较视野中的法律文化》，法律出版社 2003 年版，第 244 页。

③ [美]E·博登海默：《法理学——法律哲学与法律方法》，邓正来译，中国政法大学出版社 1999 年版，第 296 页。

④ 《孟子·尽心上》。

⑤ 《礼记·大学》。

可能一视同仁地处理纠纷的“法”被列在最后的位置。因之,在传统理念中,不是凸显法的作用,而是强调道德自律的作用,希望每个人都能够通过提高自身的修养、每日而三省,然后力求避免冲突与纠纷,以此求得社会之和谐。

克己是前提,然后推己及人,这是儒家的美德,虽然要放之四海而及他人乃至天下,但是摆在首位的还是自己,强调的还是提高自身修养,约束自己的言行。这里表现出的实质上是一种“自我主义”,传达出的精神主要不是“公”而是“私”。费孝通先生在形容中国传统社会中私的问题时曾指出:“我常常觉得‘中国传统社会里一个人为了自己可以牺牲家,为了家可以牺牲党,为了党可以牺牲国,为了国可以牺牲天下’。”[①]虽然中国传统上一直倡导集体利益,强调“天下为公”,但是天下是模糊不清的概念,而国是皇帝之家,集体也是一个界限不甚清楚的概念,所以“具体的只是己,克己也就成了社会生活中最重要的德性,他们不会去克群,使群不致侵略个人的权利”[②]。费孝通先生将中国传统社会的这一特点称为差序格局,社会关系是从一个一个人推出去的,是私人联系的增加,社会范围是一根根私人联系所构成的网络,因之,我们传统社会里所有的社会道德也只是在私人联系中发生意义。在西方社会里争的是权利,所以有了耶林“为权利而斗争”的激情呐喊,也有了德沃金“认真对待权利”的理性表白;而在我们却主要是攀关系、讲交情,并美名为谋取“社会资源”。西方社会讲个人主义,强调的是保障个人的基本权利,用个人权利制约国家公权力,以使得天然有无限膨胀并腐败趋势的公权力能够得到有效的规制。我们讲自我主义,无论是涉及道德还是法律都要看对象以及与自己的关系来作出可圈可点的裁量。比如说,当下几乎人人在谈及司法腐败时都表现出无比痛恨之态,但是当人们真的遇上官司马上想到的还是去找门路、找关系;对于法学院的学生,在校期间每每对司法腐败笔伐口诛,但是当其真的成了执法者却又常常说一套做一套,甚至很快蜕变为腐败分子。

克己主要把注意力集中在内在约束机制的建构上,特别是集中在官员的利他偏好的塑造上。毋庸置疑,通过克己利他的价值观的培塑,强化内在约束机制,在任何一种社会条件下对于促进和谐都是有积极意义的。然而问题在于传统中国将司法道德化,将注意力集中于塑造具有圣贤人格的司法官,客观上自然会极大地削弱对于建立有效的外部约束机制的关注,以至

---

① 费孝通:《乡土中国 生育制度》,北京大学出版社 1998 年版,第 29 页。

② 费孝通:《乡土中国 生育制度》,北京大学出版社 1998 年版,第 30 页。

于就司法权的监督与制约的有效性而言,传统中国司法制度的变革与创新一直没有取得突破性的成就,对于司法腐败和衙门难进等问题一直只能是麻木地企盼包青天的转世而没有别的良药。实际上,传统中国数千年的历史已经反复证明:以人性可以通过克己而达到完美境界的道德理想主义为出发点,试图把司法官改造成具有圣贤情操并有利他偏好的君子,终究是落空的情形占绝大多数。

三、从"无讼"到民众参与司法

中国传统法文化中"无讼"和"克己"的趋向,对于我们今天的社会仍然影响深远。但是,我们无法否认"现代化是对传统社会的一种历史性的超越,是自工业革命以降人类社会所经历的一场涉及社会生活主要领域的深刻变革过程,因而现代化是人类社会唯一普遍的出路"。[①] 中国在传统法文明的基础上推进司法现代化,构建司法和谐,乃至营造社会主义和谐社会的过程中,要做的很多,牵涉面也很广。但是,笔者认为当前着重需要思考的应当是两个方面:其一是推进司法民主并以此改造传统中国"无讼"的和谐观;其二是构建正当法律程序并以此完善传统中国"克己"的和谐观。

相对于传统中国"无讼"的和谐观,现代司法的和谐必须立基于司法民主,也即必须扩大民众对司法的参与和监督,推进司法民主进程。我们传统的无讼思想中带有的压制诉讼、逃避司法的意味,是与强调民众参与和监督的司法民主的现代趋势迥然不同的。如果世界真的达到了大同之境界,一切诉讼随之成为多余的冗累,当然是好事,但是,毕竟大同社会至今仍只是人类海市蜃楼般的理想。在现今社会,为了有效地解决纠纷、弥合冲突,必须借助诉讼之力,而人们大胆地参与到司法中去,是前提性要件。也许正如德沃金所说:"任何国家部门都不比法院更为重要,也没有一个国家部门会像法院那样受到公民那么彻底的误解。"[②]德沃金的这一结论虽然多少有武断之嫌疑,但却非常深刻地揭示了法院的重要性和易误解性。而正是法院的这种特性要求司法必须是开放的,应当给民众更多的机会参与司法、监督司法,而不是让民众误读、惧怕,甚至是逃避司法。

民众参与司法的价值是不容忽视的,其所展现出的民主价值使得司法裁判的可接受性大为提高,司法机关的权威从而也自然得到提升。"法律参与的扩大不只是增进法律秩序的民主价值,它还能有助于提高法律机构的

---

① [美]列维:《现代化的后来者与幸存者》,吴荫译,知识出版社 1990 年版,第 2 页。

② [美]德沃金:《法律帝国》,李常青译,中国大百科全书出版社 1998 年版,第 10 页。

能力”[①]。陪审制便是一个最好的例子,“陪审制是一项精髓性的民主制度,就如刑事司法机器中外加的嵌齿,而不是使刑事司法被职业人士如警察、律师和法官所支配。”[②]陪审制赋予了普通民众参与司法的机会,在审判中注入了社会普遍的价值观,打破了法律职业者的垄断地位,尤其是对于法官自身素养和办案态度提出了更高的要求。有学者曾以如下比喻来说明陪审制的这种提升作用:司法裁判有如餐厅之厨房,在该处工作的皆为专家,因为每日一起工作,因此对于伙伴何时欲做何事,互相间大致都能知晓,工作环境由此也变得轻松快乐,厨师在掌厨时常常边哼歌曲、边说笑话;但客人一旦进入厨房,情况将完全改变,轻松快乐的气氛将立即消失,由于意识到客人在场观看,厨师的工作态度变得规矩而认真。公民作为陪审员参与司法活动,有与此类似的作用。[③] 这种提升最终会落实在公正这一人类永恒的价值之上,即“法院的做法是通过行使司法权以判决方式保护所有公民的尊严与平等,最终使民主包含了实质正义的内容”[④]。正是在这种意义上,诺内特和塞尔兹尼克认为,法律必须“从一整套指派给不同的国家机关的工作中摆脱出来”,给它们留下“更广泛得多的领域以显示它们在选择方法和手段方面的首创精神”,并强调它们“能动的组织作用”和争取“公众参与法律规范实现”的责任。[⑤] 以上这些原因使得虽然“从陪审制的历史来看,陪审制正经历着风暴欲来之境地”,但是,在普通法系国家陪审制仍然展现出强劲的生命力,另外一些国家,如日本、俄罗斯和西班牙等都已经考虑或正在考虑采用陪审制,“这不仅仅是学术上的兴趣”。[⑥]

民众对于司法的监督是防止司法腐败的必然要求。霍布斯对于人性和权力的认识给我们敲响了警钟:“在我看来人类有一种共同的趋向,他们总在永无止境而不休歇地追求权力,至死方休。这也不仅是在现况之外,一定要找到更高度的愉快,或者中庸之度的权力必不能满足。而是一个人除非抓扯着更多,他不能相信,现有丰衣足食的条件与能力,已确切在自己掌握

---

① [美]P·诺内特、P·塞尔兹尼克:《转变中的法律与社会:迈向回应型的法》,张志铭译,中国政法大学出版社2004年修订版,第110页。

② James Gobert, Justice, Democracy and the Jury, Ashgate Publishing Limited, 1997, p. 99.

③ 参见熊秋红:《司法公正与公民的参与》,《法学研究》1999年第4期。

④ [美]莫顿·J·霍维茨:《沃伦法院对正义的追求》,信春鹰、张志铭译,中国政法大学出版社2003年版,第142页。

⑤ [美]P·诺内特、P·塞尔兹尼克:《转变中的法律与社会:迈向回应型的法》,张志铭译,中国政法大学出版社2004年修订版,第113页。

⑥ James Gobert, Justice, Democracy and the Jury, Ashgate Publishing Limited, 1997, p. vii.

之中。”[①]因之，权力必须受到监督和制衡，对于司法权同样如此。而民众的监督，包括法学家、媒体、普通老百姓等多方面的监督，是防止司法权无限膨胀乃至被滥用的利器。法学家被认为是最自觉维护法律公正性的主体，通常被推定为最能够把握法律的精神和立法的主旨，且具有比较超脱的地位。因此，法学家对于疑难案件的评论和监督，对于实现正义、纠正错案能够起到积极而又冷静的作用。新闻媒体的监督是对司法行为的监督中影响最大的一种形式。新闻媒体在现代社会的迅速膨胀和传媒手段的不断进步，使得新闻媒体对社会其他成员的影响力日益扩大。前一阵炒得沸沸扬扬的刘涌案、宝马案等等，都显示了这种强劲的影响力。新闻媒体的舆论导向对于司法裁判能否公正，能否及时纠正错误的裁决，甚至对于强化或弱化裁判的效果，都是一种压力或驱动力。普通老百姓的监督是对司法的社会监督的最广泛的来源。民众通过对司法机关和具体案件的评价，会给司法机关形成一种总体印象，并形成对于司法行为的社会情绪，这种印象和情绪构成了对司法机关及其工作人员一种外在的环境因素，从而对案件的处理产生影响。虽然，司法独立是必然的要求，但是司法独立不可能也不应该超越于民众的监督，特别是在当前司法腐败还比较严重、法官素质还有待提高的现况下，民众监督司法的现实合理性更是不容忽视。

有人认为，中国民众法律素养还比较低，无法担负起参与司法、监督司法的重任，因此司法民主应该缓行。但是，笔者认为，这就好比未成年人缺乏文化知识，但是不能因此不让他们去学校，相反更应该鼓励他们去上学，司法民主正为我们的民众提供了最好的法律意识塑成的场域。

当然，司法民主的内涵远不止民众参与司法、监督司法，我们很难穷尽司法民主的内涵，但可以肯定的是民主的司法是理性的司法。也许正如黄仁宇先生所说：“什么是理性？这是一个非常广泛的观念，等于民主与自由。”[②]理性的司法不仅具有民众参与和监督要求，而且应当包括程序本身所具有的民主性，诸如司法独立，保障犯罪嫌疑人、被告人的人权，司法审查等都是其题中应有之义。司法独立是程序民主的前提，没有真正的司法独立，司法民主只能是水中花镜中月；保障当事人的权利，特别是保障作为刑事诉讼中的弱势群体的犯罪嫌疑人、被告人的权利是程序民主的核心内容；司法审查制度的构建是程序民主的基本保障，没有司法审查就无法有效地救济和遏制程序性违法。

---

① 转引自黄仁宇：《地北天南叙古今》，生活·读书·新知三联书店 2001 年版，第 239、240 页。

② 黄仁宇：《地北天南叙古今》，生活·读书·新知三联书店 2001 年版，第 237 页。

四、从“克己”到程序民主

相对于传统中国“克己”的和谐观,现代司法应当立基于正当法律程序的构建,通过程序实现司法的有序与和谐。正当程序与传统中国的克己是不同的两种思路,可谓相去甚远。正当程序讲的是用符合人类理性的程序来约束执法人员,而克己所倡导的是自我道德的约束;正当程序所体现的“公”和“无差别”正可以用来矫正克己所承载的“私”和“差序”。对于正当程序的认识是建立在人类社会历史上失去和谐的无数次惨痛教训之上的。就如哈贝马斯所言:“过去的一个世纪比任何其他世纪都更使我们领教了存在中的非理性的恐怖……现代性,已经意识到自己有种种不确定性的现代性,更加依赖于一种程序性理性观念,换句话说,一种将自己也置于审理程序之下的理性观念。”[①]“文革”时期的砸烂公检法,作为国家主席的刘少奇同志手持宪法却无法保障自己的宪法性权利,这些与法律程序的虚无化显然直接相关。

与克己不同,正当程序体现出的是对人权的尊重和对公权力的制约,而不是对人性和道德的过高期望。布坎南大法官在一次演讲时曾指出:“正当程序审视政府是否公正对待每个人,是否对每个人的尊严予以尊重,是否对每个人的价值予以承认。”[②]这种对人权的尊重是建立在对公权力不信任的理念基础之上的,是公民的权利对政府、对执法人员的权力的制约。我们相信会有克己利他的公安司法人员,但是我们不能寄希望于每一位公安司法人员都是克己利他的典范。因此,不如把约束公安司法人员的重任交给铁面无私的正当程序,让司法在正当程序的规制之下有效地运作,而把克己利他只是作为一种道德层面上的补充。

正当程序能以一种看得见的方式给民众以公平、正义感,通过一视同仁的公正的司法过程赢得包括当事人在内的民众的普遍认同感,而克己是因人而异的。有学者曾做过一个比喻:“正是对相互吵架的孩子以及他们相互矛盾的基本愿望所给予的公正程度,会对家庭的和睦与否产生影响。社会亦是如此,公正会增进合作,而歧视则会侵损合作。”[③]这里体现的是法律面

---

① [德]哈贝马斯:《在事实与规范之间》,童世骏译,生活·读书·新知三联书店 2003 年版,第 4 页。

② [美]莫顿·J·霍维茨:《沃伦法院对正义的追求》,信春鹰、张志铭译,中国政法大学出版社 2003 年版,155 页。

③ [美]E·博登海默:《法理学——法律哲学与法律方法》,邓正来译,中国政法大学出版社 1999 年版,第 289 页。

前人人平等这一最基本的法治理念，没有了这种平等，哪怕是孩子间的吵架之类的小纠纷也难以有效解决，更不用说是刑事犯罪这样的最严重的社会纠纷了。正当程序将司法的过程展现在世人面前，通过程序的公正、公平，让当事人以及民众对司法产生最基本的信任感，而没有这种信任，司法的权威是难以存在的。可想而知，如果人们都将司法认为是暗箱操作的腐败温床，司法裁判的公信力与权威性自然荡然无存，既判力也只能沦为维护司法不公的借口。因之，构建民众信任的和谐司法必须通过正当程序来实现，我们渴望的和谐社会也只有建立在正当程序的基础上才可能可触可及并且持久稳固。

谈到正当程序必然会涉及正当程序的标准是什么，如何构建正当程序等问题。这些都是非常复杂并且见仁见智的问题，然而对此展开论述是一个浩大的工程，也非本文所思考的重点。对此，本文所要提出的仅限于一点，即构建正当程序的重中之重应当是建立程序性裁判机制。“要解决警察、检察官、法官违反法律程序的问题，就必须为这种违法行为设定最基本的程序性法律责任。否则，程序性违法就如同任何不受法律制裁的违法现象一样，将很难得到有效的遏制。”[①]这种程序性制裁的典型范例是非法证据排除规则，该规则要求法院对于警察、检察官违反法律程序的行为，不是首先选择追究其个人责任，而是通过宣告其收集的证据违法并排除出法庭，也就是通过对违法行为设定最基本的程序性法律责任而不是通过追究办案人员的民事责任、行政责任和刑事责任来遏制程序性违法行为。对于程序违法，我们并不是不要民事责任、行政责任和刑事责任，而是不能过于夸大这些责任对于抑制执法人员的违法行为的作用。如错案责任追究制度的实施并没有达到预期的效果，在实践中出现了对再审改判的案件一概追究原审法官责任这样的严厉的追究制度，然而这种不分青红皂白一刀切的做法非但没有减少错案，反而事与愿违，进一步加大了纠正冤假错案的阻力。同样，法院院长检讨制、对于刑讯逼供者的严厉处理、错案的国家赔偿等对于抑制执法人员违法行为的作用也是十分有限的。实质上，从这些责任制度中，我们还是能看到传统中国的克己的和谐观的影子，还是希望通过公安司法人员提高自身的道德和素养来解决问题。相应地，程序性裁判机制之所以与这些责任制度不同，关键就在于从程序上阻断了违法行为的效力从而釜底抽薪式地告诫执法人员如果不依法办案将不会有任何利益。

---

① 陈瑞华:《程序性制裁理论》，中国法制出版社 2005 年版，第 69 页。

程序性裁判机制包括了程序性裁判、程序性辩护、程序性上诉乃至宪法性救济等内容,这些并非是能够一蹴而就的事情。笔者认为,当前我们应当着重考虑的是建立并彰显程序性辩护机制。“随着刑事辩护制度的发展,程序性辩护在刑事诉讼中的重要性日益增强,当然,这并不意味着对实体性辩护的否定。特别是在审判前程序中,程序性辩护尤为重要。”[①]审判前程序中,犯罪嫌疑人的权利最容易受到侵害,律师在审判前程序中的参与能打破审判前程序的封闭性,及时纠正执法人员的违法行为,而中国刑事诉讼法中虽然规定了律师可以介入侦查阶段,但是其并不具有辩护的权利更不用说是程序性辩护了。我们应当扩大律师在审判前程序中的权利与作用,强调实体性辩护与程序性辩护并重,同时,要想真正达到程序性辩护的效果,必须建立司法审查制度,否则程序性辩护根本无从谈起。

当然,虽然我们要用正当程序来矫正过分倡导克己的传统和谐观,但绝不是说提高公安司法人员的自身素养和自律不重要。传统中国缺乏程序理性的观念,过于强调实体真实的重要性,刑讯逼供和藐视法治的行为确实有出于追求案件真实发现的动机者,但为数不少的公安司法人员缺乏依合法程序发现案件真实的职业自律也是一个重要原因。[②]

五、小　结

中国传统法文化中蕴涵了许多对于和谐社会的向往与举措,如无讼所包含的用调解等非诉讼方式解决纠纷,克己所包含的提高司法官自身素养的要求与加强自律等,对于构建和谐的司法是大有裨益的。同时,我们也应该看到以无讼与克己为主要价值趋向的传统和谐观具有自身的缺陷,而源自西方文明的司法民主与正当程序能给我们一种不同的思考路径。无讼与司法民主,克己与正当程序虽然差异迥然但却并非截然矛盾的范畴,如果能够相得益彰自是最为理想。毕竟,我们要实现法治现代化,不能是全盘西化,否则“一个民族吸收外来文化,如果不能使之与本土文化相融合,难免陷入尴尬境地:旧的业遭破坏,新的却无以产生”[③]。相反,两种或是多种文明的犬牙交错并融合在一起往往会迸发出让人意想不到的能量,这几乎是所有善于学习的民族之共同经验。

---

① 熊秋红:《审前程序中的律师辩护权》,《法律科学》2004年第4期。

② 参见张建伟:《认识相对主义与诉讼的竞技化》,《法学研究》2004年第4期。

③ 梁治平:《法辨》,中国政法大学出版社2002年版,第250页。

第三章　刑事司法的正当性基础

刑事司法作为解决纠纷最终的、最彻底的途径，在现代生活中有着举足轻重的地位。然而，刑事司法为什么是具有权威性的？高高在上的法官为何能够一锤定音？为什么当事人要服判、罪犯要受刑？为什么民众要尊重和维护裁判的既判力？难道就是因为这是法官作出的裁决吗？就是因为有国家强制力作后盾吗？要回答这些问题，我们必须思考刑事司法的正当性基础问题。

第一节　正当性基础的提出

韦伯首先将"legitimacy"一词作为政治领域的核心概念。国内学者一般将韦伯所说的"legitimacy"一词译为"合法性"，从该词的英文本意来看，该词既有合法性的意思，也可以译为正统性、正当性、正确性、合理性。实际上，笔者认为，我们将韦伯所说的权力的合法性理解为权力的正当性更为合适，毕竟，从中文的习惯来看，合法即为"合乎法律性"，这与韦伯所说的"legitimacy"显然是有差异的。① 从政体理论来看，一般认为政体是靠着它们的"正当性"（合法性）的支持，"正当性"危机即使未使得它最终崩溃，也足以使它发生动摇。② 也就是说，国家权力作为一种最强大的权力，要想良性运转和合理适用必须具备正当性基础。"不是一切强权都可以被称为主权，只有合

---

① 鉴于国内在翻译"legitimacy"一词，已经有了习惯性的译法，即译为"合法性"，笔者在此引用译文时也沿用。为避免误读，笔者在括号内加以说明。

② 参见[美]乔·萨托利：《民主新论》，冯克利等译，东方出版社 1998 年版，第 211 页。

法(正当)的最高强制权力才是主权”[①]。

韦伯将“正当性”(合法性)一词作为分析政治权威的工具,他运用社会学的分析思路,提出权威不同于权力,权威是具有正当性(合法性)的权力。以往,人们在解释服从的动机时,常常都是用物质利益或利害考虑为基础,而韦伯更多的是从宗教、文化的角度,认为人之所以区别于动物的基本特征在于人有对正当性的追求。无论凡夫俗子还是圣人君子,都会不断地问自己这样的问题:我为什么这么行为?我为什么服从于某种权威、某种规则?虽然,物质利益的驱动是存在的,但对于人们的服从却不是每时每刻都起决定性作用。在人们服从权威的深层动机中,还有一个最基本的精神因素,即相信支配者有某种正当性。[②] 韦伯提出存在三种类型的支配:理性及法律的支配,传统式支配,卡理斯玛式支配[③]。在第一类支配中,支配的基础是“确信法令、规章必须合于法律,以及行使支配者在这些法律规定之下有发号施令之权力”;在第二类支配中,支配的基础是“确信渊源悠久的传统之神圣性,及根据传统行使支配者的合法性(正当性)”;在第三种支配中,支配合法性(正当性)的基础是“对个人、及他所启示或制定的道德规范或社会秩序之超凡、神圣性、英雄气概或非凡特质的献身和效忠”。[④] 从人类社会的历史来看,这三种支配力量往往是交织在一起,可谓犬牙交错,而在现代法治社会中,第一种支配类型又处于优势地位。

对于刑事司法的正当性而言,传统和英雄主义的力量也会有所体现,但是更多的是体现理性和法律的力量。人民主权论及其衍生出的司法主权在民原则在本质上体现了理性及法律的支配力,从根源上为国家权力的正当性提供了理论依据,显然,“在缺乏大众基础的地方,这些法律如果要完全施加于群众的话,只会带来巨大困难”[⑤]。同时,确认人民原初的至高性从传统上奠定了国家权力的基础。社会正义原则从本质上支撑了刑事司法的正当性,使得司法过程体现人类理性,使得法律及其实施符合自然正义的要求。

---

① 龚祥瑞:《比较宪法与行政法》,法律出版社 2003 年第 2 版,第 52 页。

② See Max Weber, Economy and Society, University of California Press, 1978, pp. 212-246.

③ “卡理斯玛”是一个音译术语,英义为 Charisma,直接翻译则意为具有超凡魅力,感召力,教皇般的指导力。

④ 康乐编:《韦伯选集 III:支配的类型》,台湾远东出版事业股份有限公司 1989 年版,第 1 页。

⑤ [英]安东尼·阿伯拉斯特:《民主》(第 3 版),孙荣飞等译,吉林人民出版社 2005 版,第 14 页。

第二节 司法主权在民原则

一、人民主权论与权力的正当性

“权力是某些人对他人产生预期效果的能力。”[①]人民主权意味着国家的一切权力来源于人民的授予，国家权力尊重和保障公民的权利和自由，人民能自主、平等地参与国家权力的运转和公共政策的形成，人民能对国家权力进行有效监督和控制，人民是一切国家权力的最终拥护者。这种国家权力显然包括司法主权。司法主权在民作为人民主权论的下位概念，意味着国家司法权来源于人民的授予，人民有权平等地参与到司法过程中去，监督司法机关的运转和司法工作人员的活动。

人民主权思想源远流长，如早在古罗马时代就有“罗马人民就是国家”(Populus ist der Staat)[②]的观念。但是，真正使得人民主权论成为一种强势思想的是西方资产阶级的启蒙思想运动。其中，尤其是洛克、卢梭等启蒙思想家所倡导的社会契约论奠定了人民主权论的基础。洛克认为，人民的自由、平等来源于自然法，人的生命、自由和财产权利是人作为人不可剥夺、让与的自然权利；政府的权力“起源于契约和协议，以及构成社会的人们的同意”，政府成立的目的就是保障人民的生命、自由和财产权利的实现，如果政府背离人民委托而滥用权力，则人民拥有反抗权和革命权，因为“人人都享有自卫和抵抗侵略者的权利”[③]。在卢梭看来，社会契约是国家权力和社会存在的基石，他认为：“它是合法（正当）的约定，因为它是以社会契约为基础的；它是公平的约定，因为它对一切人都是共同的；它是有益的约定，因为它除了公共的幸福而外就不能再有任何别的目的；它是稳固的约定，因为它有着公共的力量和最高权力作为保障。”[④]以社会契约论为基础的人民主权论思想，具体表现为政府权力的确立、运用、监督直至更换中人民的地位和作用。在这种理念下，只有人民委托、认可的政府才是具有正当性（合法性）的

---

① [美]丹尼斯·朗：《权力论》，陆震纶等译，中国社会科学出版社2001年版，第3页。

② [意]皮兰杰罗·卡塔兰诺：《分权与人民的权利》，方新军译，《河南政法管理干部学院学报》2005年第1期，第138页。

③ [英]洛克：《政府论》（下篇），叶启芳等译，商务印书馆1964年版，第105、140页。

④ [法]卢梭：《社会契约论》，何兆武译，商务印书馆1980年版，第44页。

政府。政府的权力必须按人民意志行使，保卫社会成员的生命和财产的安全。如果政府滥用权力，侵害人民的权利，人民便可收回政府权力，重新建立代表他们意志的新政府。这与马克思主义经典论述是基本相一致的，如马克思曾言："人民的主权不是从国王的主权中派生出来的，相反，国王的主权倒是以人民的主权为基础的。"①

究竟是否有一个原初的约定，究竟是否存在过一个原初状态，我们今天已经无从考证也无需深究。关键在于，社会契约论传达了这样一种观念：权威应当建立在同意的基础之上——即使是枷锁，也应当是我们自己选定的枷锁而非强加于我们的金丝笼。② 也就是说，虽然我们很难证明这个社会契约是客观存在的，国家起源于社会契约也许只是一种先验的纯粹观念和理论预设，但是，这种观念和预设要求立法者的意志与广大民众的意志相符合，使得执政者在行使权力时必须充分考量广大民众的利益和意愿才能具备正当性（合法性）的根基。权力虽然意味着控制和服从，但是现代宪政体制下的控制绝非封建时代的暴力镇压，服从也绝非强迫下的良民或愚民的盲从，而是根源于权力来源和权力行使的正当性。就如迪维尔热所说："权力的合法性（正当性）只不过是由于本集体的成员或至少是多数成员承认它为权力……不合法（正当）的权力则不再是一种权力，而只是一种力量。"③这种力量虽然一时间可能显得很强大，但是从长远来看这是一种缺乏基础的力量，迟早会被削弱直至灭亡。

从宪政的角度来看，人们制定宪法的初衷便是对权力的不信任。权力是维护一个社会有效运转的需要。权力可以说是一种"最好的东西"，丹尼斯·朗曾一针见血地指出："权力是最通用的手段，甚至比金钱还要通用，因为权力可以支配金钱。"④权力又是一匹桀骜不驯的野马，权力的膨胀和滥用的杀伤力已经被人类历史反复证明。就如洛克所断言的："谁认为绝对权力能够纯洁人们的气质和纠正人性的劣根性，只要读一下当代或其他任何时代的历史，就会相信适得其反。"⑤集权统治虽然在一时可能取得高效率，但是，长远而言，一旦这种不受限制的集权被滥用，其破坏力是任何一个社会所难以承受的。国家和权力总是结合在一起的，国家不可能没有强大的权

---

① 《马克思恩格斯全集》（第1卷），人民出版社1965年版，第279页。

② 高鸿钧等：《法治：理念与制度》，中国政法大学出版社2002年版，第214页。

③ ［法］莫里斯·迪维尔热：《政治社会学》，杨祖功等译，华夏出版社1987年版，第117页。

④ ［美］丹尼斯·朗：《权力论》，陆震纶等译，中国社会科学出版社2001年版，第262页。

⑤ ［英］洛克：《政府论》（下篇），叶启芳等译，商务印书馆1964年版，第56页。

力作为推行法律、政策的后盾。然而，我们应当清醒地认识到，“国家尽管是必要的，但却必定是一种始终存在的危险或者（如我斗胆形容的）一种罪恶。因为，如果国家要履行它的职能，那它不管怎样必定拥有比任何个别或公众团体要大的力量；虽然我们可以设计各种制度，以使这些权力被滥用的危险减少到最低限度，但我们绝不可能根绝这种危险。”[①]人们在将权力授予政府时，便应该有着这种警惕，而民主社会的优势就在于能够最大限度地避免剧烈破坏力的侵袭和权力滥用的危险。

可见，就如谷口安平所归纳的：“正当性的根据随时代发展而变化。法制度的正当性在古代是神意，在中世纪是王权，在今天则是通过民主程序而表现出来的民意。”[②]政府权力及其具体制度的正当性源于人民的授权，而刑事司法及其具体制度的正当性同样根源于民意与民主程序。任何国家或时代的刑事司法制度，如果缺乏正当性或失去了正当性的权力或权力行使的制度，就不可能长久维持。人民既然有权将权力授予刑事司法机关及其工作人员，同样应当有权参与和监督刑事司法系统。

二、司法主权在民原则下的刑事司法民主

人民主权论为国家权力的来源和正当性（合法性）基础提供了支点，从而意味着人民应当在国家权力中占据决定性的地位。这最显著的体现便是立法必须反映民意，以民意为基础的法律成为支配性的力量，这正是韦伯所说的理性及法律的支配之基础。在我国，《宪法》第 2 条规定“中华人民共和国的一切权力属于人民”，这便深蕴了人民主权思想。显然，仅仅有反映民意的立法是不够的，柏林就曾担忧：“这些信念包含着一个错误的推论，即从原则上说，一个明智的立法者能够通过适当的教育与立法，在任何时候创建一个完美和谐的社会，因为理性的人在任何时代任何国家对于同样不变的基本需要必然要求同样不同的满足。”[③]刑事司法的过程，正是将立法所确认的民意付诸实施的过程，也是民意得到实现的过程。司法权作为国家权力的重要一环，虽然不像立法一样必须由民众直接掌控，毕竟司法应具备独立

---

① ［英］卡尔·波普尔：《猜想与反驳》，傅季重等译，上海译文出版社 1986 年版，第 500 页。

② ［日］谷口安平：《程序的正义与诉讼》（增补本），王新亚、刘荣军译，中国政法大学出版社 2002 年版，第 9 页。

③ 柏林这里所说的信念是指这样一些信念：人性是静态的；人性的基本特征在任何地方任何时代都是一致的；人性是受不变的自然规律支配的，而不管这些规律是根据神学的词汇还是根据唯物论的词汇来理解。参见［英］以塞亚·柏林：《自由论》（《自由四论》扩充版），胡传胜译，译林出版社 2003 年版，第 213 页。

性、中立性等属性。但是,司法权的行使必须反映主权在民的民主观念,否则司法权和司法机关的正当性(合法性)同样将很成问题。毕竟,“通过诉讼和法庭的实践传递民主与法治的精神,正是诉讼和现代法庭的要意之所在”①。

司法主权在民原则充分肯定了司法权来源于人民。司法权是与立法权、行政权等权力形态并立的一种主要的国家权力,其权力正当性(合法性)的源泉同样应当是来自于人民。司法机关和司法工作人员是受人民的委托行使国家的司法权,并应当向人民负责任。司法要保持权威,但绝不是要脱离人民走向高不可及的神坛。

司法主权在民原则为“司法为民”理念奠定了理论基础。司法作为解决、裁断社会纠纷和冲突的活动,实质上是对社会正义的分配和实现过程。人民作为司法权的源泉和这种裁判活动的受用者,能否真正接受司法裁判的结果,是司法权有效运行的基础。司法为民正是体现了这样的精神。司法机关和司法工作人员应当正确把握“司法”与“为民”的内在联系,正确认识司法权的本质特征,处理好严格执法与文明执法的关系,针对社会普遍关注的群众反映强烈的难点、焦点、热点问题,立足于司法为民,扎扎实实为人民群众办实事。可喜的是,近期,司法为民的理念正开始在我国司法机关中得到倡导,这直接体现在司法机关着力解决申诉上访、超期羁押等群众关注的突出问题②,能否处理好这些问题关乎民心。

司法主权在民原则要求民众享有充分的参与司法和监督司法之权利。既然人民是司法权力的源泉,刑事司法的大门就应当向民众敞开,人民也就应当有权参与司法,有权监督司法机关和司法活动。这种参与和监督是可触可摸的,是人民主权这样一个抽象的概念在刑事司法中的具体化。以陪审制为例,“公民作为陪审团成员或者陪审员,直接参与司法活动,行使司法裁判权,可以在司法活动中反映人民的声音,担当起维护公民权利的使命,从而防止司法走向专横”。③ 甚至,在托克维尔看来:“美国人所同意实行的陪审制度,像普选权一样,同是人民主权学说的直接结果,而且是这种学说的最终结果。陪审制度和普选权,是使多数能够进行统治的两个力量相等

---

① 龙宗智:《上帝怎么审判》,中国法制出版社 2000 年版,第 7 页。

② 2003 年,最高人民法院提出了司法为民的 23 项举措,得到了社会的普遍好评。这种改革的尝试体现了人民主权和司法民主的精神,也是与党的“执政为民”思想相一致的。参见《最高人民法院关于印发〈关于落实 23 项司法为民具体措施的指导意见〉的通知》,载《最高人民法院公告》2003 年第 6 期,第 9—12 页。

③ 熊秋红:《转变中的刑事诉讼法学》,北京大学出版社 2005 年版,第 173 页。

的手段。”[①]

第三节　社会正义原则

司法主权在民原则从权力来源的正当性的角度解读了现代刑事司法权的正当性基础。但是,我们从另一个角度来看,刑事司法权力的正当性不仅来源于民众的授权和民众的监督,而且来源于刑事司法的目的和手段的正当性。如果刑事司法机关及其工作人员在得到合法的授权之后,违背了授权者的目的来行使权力,或者不择手段地行使权力,则最终还是违背了授权者的初衷,而必然会丧失权力的正当性基础。“在现代社会中,诉讼和法庭是一种解决社会冲突的机制,其突出优点是其解决纠纷的公正性。”[②]社会正义原则应当成为正确行使刑事司法权的核心价值趋向。

一、从罗尔斯的两个正义原则看社会正义

当下,人们对于正义的渴望越来越成为社会变革与进步的内在驱动力。诚如罗尔斯在《正义论》一书的开篇所提出的:“正义是社会制度的首要价值,正像真理是思想体系的首要价值一样。一种理论,无论它多么精致和简洁,只要它不真实,就必须加以拒绝或修正;同样某些法律和制度,不管它们如何有效率和有条理,只要它们不正义,就必须加以改造或废除。”[③]正义作为社会的首要价值,维护社会正义是刑事司法赢得正当性基础的根本所在。也正因此,社会正义具有塑造刑事司法品格、规范刑事司法行为、导引刑事司法方向的作用。

对于社会正义的理解,可谓是一个仁者见仁智者见智的问题,难怪博登海默将其形容为“普罗透斯似的正义之面”[④]。笔者无意在这里列举或诠释社会正义的内涵,只想借用罗尔斯的两个正义原则理论,为探讨我国当前的社会正义需求作一点理论铺垫。

在罗尔斯的正义理论中,第一个正义原则是平等的自由原则,即每个人

---

① [法]托克维尔:《论美国的民主》(上卷),董果良译,商务印书馆 1997 年版,第 314 页。

② 龙宗智:《上帝怎么审判》,中国法制出版社 2000 年版,第 7 页。

③ [美]罗尔斯:《正义论》,何怀宏等译,中国社会科学出版社 1988 年版,第 3 页。

④ [美]E·博登海默:《法理学——法律哲学与法律方法》,邓正来译,中国政法大学出版社 1999 年版,第 251 页。

对与其他人所拥有的最广泛的基本自由体系相容的类似自由体系都应有一种平等的权利。第二个正义原则是机会的公平平等原则和差别原则，即社会和经济的不平等应这样安排，使它们满足两个条件：(1)差别原则，在与正义的储存原则一致的情况下，适合于最少受惠者的最大利益；(2)机会的公正平等原则，依系于在机会平等的条件下职务和地位向所有人开放。[①]

从本质上来看，第一个正义原则强调的是公民的政治权利，包括个人的自由和保障个人财产的权利，依法不受任意逮捕和剥夺财产的权利等，其将平等自由作为社会领域的优先规则。因此，自由只能为了自由的缘故而被限制：一种不够广泛的自由必须加强为所有人分享的完整自由体系；一种不够平等的自由必须可以为那些拥有较少自由的公民所接受。“平等的政治自由和思想自由将确保公民们自由而明智地凭借充分有效地实践其正义感，将正义原则应用到社会的基本结构及其社会政策之中。”[②]这种对于平等自由的特别关注，为公民的自由权利得到保障提供了依据，这是刑事司法正当性的一个重要因素。也就是说，即使是对待犯罪嫌疑人和被告人，也不能以社会整体的名义，通过刑事司法系统任意剥夺他们的基本人权。倘若公民的自由可以任意剥夺，基本人权可以以各种理由随意加以限制，那么刑事司法的正当性将荡然无存。

这种平等精神可以在现代刑事诉讼中得到体现。现代刑事诉讼的构造及展开，体现着一种平等的精神、理性的精神和公正的精神：你可以坚决反对对方的主张，但你必须承认和捍卫对方持有这种主张的权利；你可以声讨对方并通过裁决者对其施以某种强制性惩罚，但你必须采用论证说理的方式，同时让对方也有给出说法并提供论证的机会；作为裁判者，你可以作出有利于某一方的裁决，并不是因为你与那一方的特殊关系，而是因为法律站在那一边。[③]

第二个正义原则，实质上主要关注的是社会、经济领域的正义问题，其强调正义优先于效率和福利，机会的公平平等原则优先于差别原则。也就是说机会均等优先于财富和收入的不平等分配。正义的社会首先必须保证公民有公平竞争的机会，这也是公民自由权利的体现。只有在此基础上才能考虑财富和收入的市场机制和不平等分配。这体现了对弱势群体的关注，特别是“合乎最少受惠者的最大利益”的提出，反映了对最少受惠者的偏

① 参见[美]罗尔斯：《正义论》，何怀宏等译，中国社会科学出版社1988年版，第60—65页。

② [美]罗尔斯：《政治自由主义》，万俊人译，译林出版社2000年版，第354页。

③ 龙宗智：《上帝怎么审判》，中国法制出版社2000年版，第8页。

重，反映了一种尽力通过某种补偿或倾斜使一个社会的所有成员处于一种平等地位的良好愿望。最少受惠者作为社会的弱势群体，是最需要社会关心和帮助的群体，也是将社会不公暴露得最清楚的群体，如我国当前社会中的下岗工人、农民工等。他们对于自身的利益缺乏必要的保护能力，不占有足够的社会资源，可能存在反社会的情绪。如果处理不好他们的问题，便很可能引发社会的混乱甚至是犯罪，如当前不少大城市都曾发生因拖欠农民工工资而引发的群体性事件，下岗工人、城市外来人口犯罪也是当前的突出问题，这些都是社会的不和谐之音。

轰动一时的王斌余杀人案便是典型一例。王斌余是一个普普通通的农民工，带着改变贫穷生活的美好憧憬，17 岁开始到城市打工，却在艰辛的生活中不断地痛苦挣扎，备受欺侮。2005 年 5 月，因父亲腿被砸断，家里急需用钱，想要回当年挣的 5000 多元钱，可老板却只给他 50 元，他曾找过劳动部门和法院，却没有得到解决，在数次讨要工钱无果，还被骂“像条狗”，他愤怒之下连杀包工头等 4 人，重伤 1 人，后到当地公安局投案自首并最终被判死刑。这个案件造成了 4 死 1 伤的严重后果，无疑是一起恶性杀人案件。但是，在人们为该案的残酷杀戮而震惊的同时，更多的是对这位悲剧性一生的农民工的同情。①

可见，在我国当前社会机会不平等、贫富差距急剧扩大、弱势群体境况惨淡、三农问题突出等现况下，罗尔斯的正义理论对于我们重新审视社会正义问题，强调刑事司法系统对于弱势群体的保障，具有重要的理论价值和现实意义。也许我们正应当像热尼所呼吁的那样：“一方面，我们应追问理性和良心，从我们最内在的天性中发现正义的根本基础；而另一方面，我们应当关注社会现象，确定它们保持和谐的法律以及它们急需的一些秩序原则。”②通过更加关注民众的平等自由，更加关注社会弱势群体的利益保障，以公平正义作为刑事司法的基本尺度，把社会公平提到更加突出的位置。只有这样才能正确反映和兼顾不同方面民众的利益，妥善协调各方面的利益关系和正确处理社会矛盾，才能切实促进和维护社会正义，使得公平与正义成为刑事司法的核心支柱。

---

① 该案引发了网上的大讨论，虽然，最终王余斌被依法判处死刑，但是，更多的民众却认为在王斌余杀人背后有诸多值得宽恕的因素，其罪不当诛。笔者在翻看了网上数千条评论后发现，与其说这是一场法学问题的讨论，还不如说更是一场对农民工生存现状及社会公正度的大反思和检讨。参见 http://news.163.com/05/0905/10/1SSM06860001122E.html。

② ［美］本杰明·卡多佐：《司法过程的性质》，苏力译，商务印书馆 1998 年版，第 39 页。

二、司法民主与社会正义原则之实现

"社会正义是当代民主政治的一个核心概念。"[①]司法作为社会正义的最后一道防线，司法民主所倡导的民众参与司法、监督司法以及程序本身的民主性，不仅体现了社会正义原则，同时更是社会正义的重要保障。

社会舆论代表了民众的声音，其中往往蕴含着社会正义的朴素观念。正如罗尔斯所说："在一个组织良好的社会中，'公民一般都具有一种有效的正义感'这一公开的认识，是一笔巨大的社会财富，它有助于稳定正义的社会安排。"[②]这种社会正义与司法的有效结合，主要途径便是民众参与司法，而民众参与司法的作用之一，就是将民间关于什么是正义的观念带到司法审判中来，也就是将一般的社会正义运用于司法审判。司法审判的结果如果违背这种朴素的社会正义观，便很难得到民众的认可，司法正义也就很难说是已经实现。

民众对于司法的参与和监督体现了控权思想，民众代表的是社会的良心，他们构成一种民间的力量，对国家权力加以制约。在美国的芝加哥进行的一次审判伊始，联邦地方法官朱利斯·霍夫曼告诫陪审团成员必须遵从他就法律问题作出的指示。辩护律师列纳德·威英拉斯立即对这一陈述提出反对，他说："辩护方认为陪审团是社会道德良心的代表。如果法官的指示与陪审团的良心存在冲突，陪审团应当遵从后者。"[③]列纳德·威英拉斯的这句话清楚地表达了民众所代表的是社会的良心的理念。[④]

民众作为非职业法官参与到司法审判中去，并进行裁判的主要依据之一便是他所在社会一般民众的正义观念，这种观念正是他们评价法官的行为、对案件的是与非作出自己的判断，以及制约法官、防止司法权被滥用的重要依据。当然，除此之外还要以法律作为依据。这里实质上存在大众话语和精英话语的融通与冲突的问题，普通民众所反映的大众话语和法官所代表的法律精英话语是司法审判中两种不同语境下的正义。[⑤] 司法的实质

---

① [英]戴维·米勒：《社会正义原则》，应奇译，江苏人民出版社 2005 年第 2 版，第 1 页。

② [美]罗尔斯：《正义论》，何怀宏等译，中国社会科学出版社 1988 年版，第 336 页。

③ Karl A. Lamb, Democracy, Liberalism, and Revolution, James E. Freel & Associates, 1971, p. 176.

④ 参见张建伟：《社会正义与司法公正》，载陈光中主编：《中国司法制度的基础理论专题研究》，北京大学出版社 2005 年版，第 47 页。

⑤ 关于该问题的专门讨论可以参见刘星：《语境中的法学与法律——民主的一个叙事立场》，法律出版社 2001 年版，第 61—66 页。

本来与社会正义密不可分，普通民众参与司法如果不能将社会上关于什么是正义的观念带到法庭，反而不如单纯由职业法官审理更值得信赖。“非职业法官如果没有社会上普遍的正义观念，则陪审或者参审制度就可能成为灾难性的制度。因为如果是这样，则其与腐败或者专横的职业法官结合就会助纣为虐；与清廉公正的职业法官结合反而会对司法公正构成掣肘的力量，倒需要由职业法官对他们加以约束。”①

民众的正义观念是形成于社会、具有广泛社会基础的观念，是社会对一切事务进行道德评价和具体制度改革的依据。就如庞德所说：“法律进步乃是一种趋向于下述制度的进步，在这些制度中，权利、义务和责任都源出于自愿的行动——亦即源出于人之意志的实施。”②对于民众的意志，必须得到司法的反映和尊重，否则很多具体制度的施行将非常困难。这种观念在普通法国家体现得尤为明显。普通法的精神在于体现普通人的想法。如在美国，选择陪审团成员时的基本精神是排除社会精英，而最受欢迎的是既不读书，又不看报，又不看电视的普通人。也就是说要脑筋空白的人，这些人的思想来自这个社会从小哺育他们的人，包括邻居、师长、兄弟等，所以他们的想法就是一个最简单的社会的缩影。社会公正观当然要由社会普通大众来反映，所以选择普通人作为陪审团成员，而不是社会精英，因为这些人的想法是最能代表社会大众的。一般说来，他们的任何价值判断就是这个社会的判断，在这一意义上，他们被认为比社会精英更“公正”。社会公理在这种情况下便能够得到最大的体现。但是，大陆法系的精神是有所不同的，大陆法系要求法官忠实于真相进行判断，一切依法条行事，体现了对客观真相的追求。而普通法系的陪审团体现的是社会的一般公正观，因此，就可能出现虽然有大量的证据材料，却被无罪释放的情况。

三、程序正义与结果正义的契合

司法民主对于实现社会正义的价值不容忽视。我们一般把社会正义分为程序正义和结果正义，那么司法民主在推进社会正义时主要应立足于程序正义还是结果正义呢？这是对司法民主与社会正义的关系进行深入思考时必然涉及的一个问题。

让我们来看一看司法民主与程序正义的关系。

---

① 张建伟：《社会正义与司法公正》，载陈光中主编：《中国司法制度的基础理论专题研究》，北京大学出版社 2005 年版，第 48 页。

② ［美］罗斯科·庞德：《法理学》（第 1 卷），邓正来译，中国政法大学出版社 2004 年版，第 208 页。

首先，司法民主与程序正义的产生有着密不可分的关系。谷口安平认为程序正义的产生主要有三个原因：陪审裁判以及作为其前提的当事人主义诉讼结构；先例拘束原则；衡平法的发展。其一，陪审裁判就是由一般民众组成陪审团，当事人双方在他们面前以对决的方式互相提出证据、进行辩论，胜负则由陪审团判定，陪审的评决不提示理由只给出结论。在这样的制度下，主要是由程序的正确来间接地支持结果的妥当性。其二，先例拘束原则是关于案件法律适用的法理，其前提在于当事者（主要是其律师）尽量找出有利于己方的先例，并通过辩论说服法院予以适用。因为事实上并不存在完全相同的案件，所以辩论的技术和程序就具有了重要的意义。其三，衡平法发展的背景在于当事者无法掌握能够适用于自己案件的法原理，所以只能提出救济，法官能够考虑一切事实情况，自由裁量并作出可能认为是合适的决定。[①] 无论是陪审裁判及当事人参与，还是遵循先例和法官的衡平与自由裁量，都是与司法民主紧密相连的，这也使得程序正义与司法民主从产生的时候起便是犬牙交错的。

其次，司法民主对于程序正义具有重要的价值。这主要体现在：一方面，司法民主强调民众参与司法和监督司法从而体现民众的司法主权地位，强调当事人特别是犯罪嫌疑人和被告人的人格尊严和主体地位，这些强有力地彰显了平等、公开、参与和人权等程序正义的基本属性。这种民主、公正的程序能使判决容易被社会认可，也容易促成当事人的服判息讼。另一方面，司法民主在一定程度上体现了程序的优越地位，能弥补实体的不足，并为实体的修订、完善积累经验。实践证明，立法对实体法条文的设计不可能具体入微，可能出现滞后性。因此，具体办案时，每一被告人的定罪和刑事责任的确定，还要结合案情决定。以陪审制为代表的民众参与司法，能够将社会正义的普遍观念融入司法审判，在一定意义上弥补了实体法的不足。特别是在普通法国家，判例法的功能最能印证这一点。此外，体现程序民主的无罪推定、程序公开、被追诉人权利保障、司法独立等本身便是程序正义的应有内涵。

可见，司法民主强调程序正义的价值，而强调程序正义价值无疑是现代法治社会的一大突出特征。特别是在我国这样一个缺乏程序正义传统的国度里，将程序正义摆在一个突出的位置上，是我们民主法治建设的重中之重。在批判传统的“重实体轻程序”观念的同时，有的学者提出了程序优先理论，即认为正义根本上来看是程序的一种性质，程序优先于实体结果，程

---

① 参见[日]谷口安平：《程序的正义与诉讼》（增补本），王新亚、刘荣军译，中国政法大学出版社 2002 年版，第 4 页。

序是确定的，而实体结果却是不确定的，程序具有优先于实体的至上性。这一理论对于尊重程序法的独立价值，矫正“重实体轻程序”、“程序虚无主义”等倾向，具有积极的作用，在一定程度上发挥了矫枉过正之效果。但是，如果将程序的价值推向极致，并以此否定实体的价值，容易走向另一个极端。毕竟，人类法治文明的进程一再证明我们只讲程序公正是不够的。一方面，公正的程序是产生公正结果的必要而不是充分条件，也就是说公正的程序不一定产生公正的审判结果。前文所述的苏格拉底之死便是最典型的一例，苏格拉底这样一位伟大的哲学家竟然死于十分公正的程序——雅典人通过真正的民主程序杀死了他：281 票对 220 票宣布他有罪，而绝不是几个强权者处死了苏格拉底。也就是说，在苏格拉底案中，公正的程序并没有导致公正的实体结果，此案也使得我们对民主的程序抱有了一定的警惕，即离开了实体性标准，民主的程序也可能沦为狂热的暴政。另一方面，程序上的正当可能掩盖实体上的违法。一个典型的例子便是法律规避问题。所有的避法行为从表面上看完全符合相关的法律程序，但考察这些行为背后的目的，我们会发现，避税、重婚等非法动机比比皆是。如果过分偏重程序而忽视实体，则这些实体违法行为往往会因程序合法而被忽视，从而直接影响了法律的公正性。

罗尔斯分蛋糕的例子生动地说明了程序的独立价值。但是，罗尔斯是否是程序至上论者呢？在罗尔斯的正义分类理论中，刑事审判被归入“不完善的程序正义”，他认为，不完善的程序正义的基本标志是：“当有一种判断正确结果的独立标准时，却没有可以保证达到它的程序。”这正好与刑事审判的情况相符合，“即便法律被仔细地遵循，过程被公正恰当地引导，还是有可能达到错误的结果。”①相比之下，“纯粹的程序正义”则不同，罗尔斯提出的纯粹的程序正义的基本特征是：“决定正当结果的程序必须实际上被执行，因为在这些情形中没有任何独立的、参照它即可知道一个确定的结果是否正义的标准。”②赌博被认为是纯粹的程序正义的典型例子：如果赌博的规则是公正的，那么结果便被看作是公正的。这里我们可以清楚地看到，不完善的程序正义和纯粹的程序正义是不同的，前者并不能必然导致正义的结果，也就是说在刑事审判中还需要单独考虑结果正义的问题。甚至，罗尔斯认为：“评判任何一种程序的基本标准是程序可能产生的结果的正义性……一切都依赖于结果是否可能正义。”③可见，罗尔斯对结果公正绝不是视而不

---

① [美]罗尔斯：《正义论》，何怀宏等译，中国社会科学出版社 1988 年版，第 86 页。

② [美]罗尔斯：《正义论》，何怀宏等译，中国社会科学出版社 1988 年版，第 87 页。

③ [美]罗尔斯：《正义论》，何怀宏等译，中国社会科学出版社 1988 年版，第 228 页。

见，而是在强调程序正义的重要性的同时很看重结果的正义性，就如其曾尖锐地指出："有人认为：程序的合法性（或正义）可以更少涉及实质性正义或在不能实现实质性正义的情况下独立存在，这一看法是一种很普通的疏忽（我不是说哈贝马斯疏忽了这一点），这是行不通的。"①

戴维·米勒的观点可以和罗尔斯的观点相映证。戴维·米勒认为，的确存在着一种程序正义，它被确定为不依赖于这些程序所导致的结果；一个社会的制度和实践应当遵循这些程序，这是社会正义的一个重要的要求。然而，在绝大多数情况下，人们也能够独立于导致产生这些结果的程序而对结果的正义或不正义作出判断，因此，我们能从程序中发现的一个主要性质恰恰就是程序应当很好地适用于产生正义的结果。因此，"在有些情况中，程序正义和结果正义是冲突的，至于那时会产生什么后果，就是一个判断问题。但并没有什么理由非得在两种公平之间制造出孤注一掷的选择"。② 戴维·米勒提出了公平的程序不能达到理想的结果的三大原因：第一，认知上的虚妄。举例来说，大学录取程序哪怕再公正，也无法避免由于测试者并不总能够正确地理解，而导致通过这一程序获准进入大学的人并不是最有才能的申请人。第二，外在于程序的背景条件会对最终的结果产生影响。例如，假定医生对待他的病人都根据需要开药并采用同样的医疗条件以便每个人都获得康复的类似机会，尽管如此，康复的情况也将受到诸如饮食、照料或病人享受的病房的质量等医生不了解的环境因素的影响。第三，两种或多种的程序相互交叉，从而结果是不同程序的联合后果。例如，两兄弟都失业并享受政府的失业救济金，大哥决定找一份工作，他开始从雇主那儿得到微薄的收入，但是失去了从国家社会保障体系中获得救济金的机会，弟弟宁可失业在家享受救济金。两兄弟比较起来，虽然两种制度（按劳取酬制度和社会保障制度）都使用了公正的程序，但对我们来说，结果似乎存在着不正义或者说是不合理之处。③

对于司法民主同样如此，我们在推进司法民主彰显程序正义的独立价值的同时，不能忽视了结果正义。毕竟，人们在追求正义的时候，不可能忽略对结果正义的要求。"当我们追问人们是否得到了他们该得的东西，或者是否得到了他们需要的东西以及是否具有平等的权利时，我们是在考虑人们有把握

① [美]罗尔斯：《政治自由主义》，万俊人译，译林出版社2000年版，第453页。

② [英]戴维·米勒：《社会正义原则》，应奇译，江苏人民出版社2005年第2版，第139—140页。

③ [英]戴维·米勒：《社会正义原则》，应奇译，江苏人民出版社2005年第2版，第140—141页。

享有某些物质的或非物质的利益这种最终的结果或终极的状态。"①

可见,司法民主对于实现实体正义的价值亦应当被我们所重视。民众参与司法、监督司法在体现和强调程序正义的同时,也是民众对于结果正义的关注和倚重,当事人在程序中的参与和对抗更是不可能忽视最终的审判结果。也就是说,民众和当事人对程序正义和结果正义都有比较强烈的信念,其中没有一方能够显而易见地从另一方推衍出来,而司法民主也绝不是要武断地在程序正义和实质正义之间作出决然的取舍。当然,就如雅科夫的名言所说的:"一个长期被手按在左边的钟摆,一旦松开,必然自然地摆到右边。"我们在过多关注实体正义而忽视程序正义的独立价值的现况下,在司法民主的构建中,突出强调以民主的程序推进程序正义的勃兴,显然更具有现实紧迫性和现实合理性。

第四节　局限与距离:客观认识司法民主

上文中,笔者从司法主权在民和社会正义两大原则入手,讨论了刑事司法的正当性基础问题,并从司法民主与两大原则的关系中,一窥司法民主与刑事司法正当性的关系。但是,需要谨记的是,"承认民主的巨大作用丝毫不等于要把民主奉为神明,容不得对它的缺陷以及功能障碍进行反思、批评。"②对于司法民主同样如此,如果我们将司法民主奉为神明,将社会正义和司法公正都寄托于司法民主,很可能会适得其反。司法和民主本身是两个不同的范畴,我们习惯地将司法民主作为一个集合名词来用,并不是说将两者硬性地捆绑在一起就是万能的,而是说如果能够将司法和民主有机地结合起来并保持一个适度的关系,将对于实现社会和谐与社会正义起到极大的推进作用。这里的有机结合和适度关系建立在一个前提之上,就是应当充分认识司法民主的现实局限性、司法与民主在一定程度上的相排斥性,然后理性地对对待司法民主,这样才是一种科学的态度。③

---

① [英]戴维·米勒:《社会正义原则》,应奇译,江苏人民出版社 2005 年第 2 版,第 138—139 页。

② 季卫东:《秩序的正统性问题——再论法治与民主的关系》,《浙江学刊》2002 年第 5 期,第 59 页。

③ 有学者提出,一项成熟的理论总是应有一个显著的特征,即研究者能够告诉后来者该理论具有哪些局限性,以及该理论在哪些场合下是不适用的。那种在任何场合下都可以用作解释现象的"万金油"式的理论,要么属于被误解的理论,要么根本就不是科学的理论。司法民主理论正急需摆脱这种"万金油"式的状况。参见陈瑞华:《如何研究法律问题》(代序言),载《程序性制裁理论》,中国法制出版社 2005 年版,第 9 页。

一、司法民主的现实局限性

司法民主在现实之中，并非包治百病的神药，司法民主要受到诸如经济因素等的影响。

首先，司法民主需要广泛存在经济上独立的个体。并不是任何社会都能够产生和推行司法民主，我国几千年的封建社会没有形成司法民主制，就是与当时的封建自然经济状态有很大的联系。社会学家S·安德里斯基说过："迄今为止，代议制政府只兴起于存在着大批经济上独立个人的地方。这一'独立'的含义不是可以不劳而获，而是没有上司。一旦民主体制来到财富聚集于少数人手中的国家，便立即成为纸面上的东西。在由一个大地主统治的地区，这个地主可以使不受雇于他的人都失去生计。这里不可能有自由选举。在生产资料受到垄断的工业化国家中，会产生与此相似但更为微妙的情况。"[①]对于司法民主亦是如此，没有一大批经济上独立的个人，就不能产生一个足够的民众群体来参与司法、监督司法，也就很难产生司法民主制。很难想象，没有独立经济地位的奴隶和贫雇农能够独立地参与司法和监督司法。显然，食不果腹的情况下很难有参与陪审的兴致。世界上最初的司法民主形式——古雅典的陪审法庭是由排除了奴隶的具有公民权的雅典人组成，并且担任陪审员还要给予经济上的补助。普通法系中最初担任陪审员的是那些经济独立的贵族、绅士、牧师，之后才慢慢扩展范围。因之，一个社会要想有效地推行司法民主，需要市民社会和政治国家的分野，并保证经济上独立的社会阶层的广泛存在。就如马克思所说的："政治制度本身只有在私人领域达到独立存在的地方才能发展。在商业和地产还不自由、还没有达到独立存在的地方，也就不会有政治制度。"[②]

其次，司法民主的形成需要某种共同的正义观和共同的善为基础。"如果社会的各阶层之间存在着一种合理的信任并分享着一种共同的正义观，纯粹多数的统治就可能会相当不错地获得成功。在缺少某种根本的一致意见的情况下，多数裁判规则较难被证明，因为遵循正义政策的可能性较小。"[③]司法民主的精神是要彰显社会正义，通过广大民众的参与和监督，通过民主的程序，将社会正义贯彻于司法活动之中。这便需要形成一种合理

---

① [加]A·布来顿等:《解读民主——经济的与政治的视角》，毛丹等译，学林出版社2000年版，第90页。

② 《马克思恩格斯全集》(第1卷)，人民出版社1995年版，第283－284页。

③ [美]罗尔斯:《正义论》，何怀宏等译，中国社会科学出版社1988年版，第228页。

的社会正义观，需要一种普遍认可的善良习俗和公共秩序，否则的话，司法民主很容易囿于公民个人的一己私利或是部分人的小团体意识和利益。正如密尔所观察到的，“一个公民学会了权衡各种利益而不仅仅是他自己的利益，学会了受某种正义观和公共善而非他自己的喜好所指导。为了向其他人解释和证明他的观点，他必须诉诸其他人可以接受的原则。”[①]但是，前提是要有这样的正义观和公共善存在。

再次，司法民主需要以宪政为前提。没有宪政的社会便不是民主法治的和谐社会，也不可能真正实现司法民主。罗尔斯认为：“与其（立宪民主）相比较，程序民主是这样一种政体，在这种政体中，不存在任何对立法的宪法限制，从而多数派（或者相对多数）所制定的任何东西都成为法律，只要适当的程序得到了遵守，而这种适当的程序是一套确认法律的规则。”[②]在罗尔斯看来，程序民主无法禁止立法机关剥夺某些群众的平等政治权利，也无法禁止立法机关限制思想自由和言论自由。因之，程序民主是有缺陷的，如果离开了宪政的框架，体现多数意志的民主可能会对限制或剥夺少数人的基本权利推波助澜。

二、司法与民主的相排斥性

司法与民主本身是两个不同的范畴，将司法与民主完全等同齐观，并非理想的状态。也就是说，司法与民主具有一定的相排斥性，司法与民主之不当结合可能产生某些弊病，司法民主的无限扩张甚至可能带来灾难性的后果。

首先，司法是专业化和技术化的过程，以法定程序为保障，而民主更强调民众的普遍参与和民众的一般情感。司法民主的无限扩张并非就是好事，司法民主发展到群众运动式的司法运动，可能将是灾难性的。在我国历史上，曾经搞过很长一段的“公审”[③]。公审的整个过程由法院领导、组织，由法院与有关机关团体联系，通过他们广泛发动群众。公审大会一般针对的是民愤较大的犯罪分子，大会上，群众可以揭发控诉其罪行，当地党政干部要讲话，有的大会后还要游街示众，有的经事前批准，在大会后就地枪决。

---

① 参见［美］罗尔斯：《正义论》，何怀宏等译，中国社会科学出版社1988年版，第332页。

② ［美］罗尔斯：《作为公平的正义——正义新论》，姚大志译，生活·读书·新知三联书店2002年版，第241页。

③ “公审”既不同于公开审判，也不同于公开宣判，它不是一项法定的制度而是过去存在过的一种习惯做法。一般是对某些有重要教育意义的案件，在所谓案情完全清楚、证据十分充足的情况下，才可进行公审。

这种审判实质上可以说已经沦为一种批斗大会，严重违背了无罪推定原则，审判的过程也只是一个形式，完全只是在群众的愤怒和批判中对早就有的“结论”加以确认。更有甚者，中国人民永远不应当忘记，在“文革”时期，林彪、“四人帮”打着群众路线的口号践踏法制的惨痛历史。他们把法定的审判制度和程序污蔑为“资产阶级的假民主”，到处煽动和实行“群众专政”，大搞“群审”、“群判”。当时经常召开几万人，甚至几十万人的公审大会。[①] 这种群众运动式审判的教训是何其惨痛，对于犯罪嫌疑人、被告人的人权是何其蔑视。无疑，群众运动式的司法民主绝不可取。群众的参与应该有一个度，罗尔斯的话对于我们把握这个度很有启示：“我们应该缩小或扩大它（参与原则）的范围，使之达到这样一点：即由于对那些掌权者的边际失控而造成的对自由的威胁正好与通过较广泛地使用宪法手段而形成的对自由的保障之间达到平衡。”[②]

其次，司法强调对少数人的权利保障，而民主更多的是强调少数服从多数。即司法民主容易忽略对少数人的保护。司法民主意味着尊重和体现多数人的意见。人民是由多数加上少数组成的，多数标准如果错误地变成了绝对多数统治，那就不可避免地会使得人民的一部分变为非人民，变为被排除的一部分人。正是在这一意义上，萨托利认为：“当把民主等同于单纯的多数统治时，人民的一部分（往往是很大的一部分）就会因此变成非民（non-demos）。”[③]因之，强调少数人的权利保障是避免司法民主走向极端所必须注意的。如果我们要使司法民主作为一个不断发展的过程存在下去，就必然要求我们保障包括少数在内的全体公民所拥有的权利，牢记少数加上多数才是我们的整个社会，这是司法民主有效运作并避免伤害少数人所必备的要件。也就是说，司法民主中的多数原则应当是一种“有限多数原则”，即受到少数限制、保护少数人意见和利益的多数原则。

再次，效率是司法追求的重要价值，而民主往往效率不高。司法民主在一定程度上会影响到诉讼效率。任何一个社会的资源供给的总量在一定时期内总是有限的，资源稀缺是人类社会永远难以回避的难题。在刑事司法领域同样如此，由于刑事司法活动本身具有高耗能性特点而犯罪又在不断升级，司法资源的稀缺问题显得尤为突出。司法民主所要求的民众参与司法和监督司法，程序的公开化和正当化等必然会占用更多的司法资源。相

---

① 参见陈端洪：《司法与民主：中国司法民主化及其批判》，《中外法学》1998年第4期，第37页。

② [美]罗尔斯：《正义论》，何怀宏等译，中国社会科学出版社1988年版，第228页。

③ [美]乔·萨托利：《民主新论》，冯克利等译，东方出版社1998年版，第36页。

反，纯粹的职业法官裁判，程序的封闭化和秘密化，更为简捷和方便，法官也更能够掌控司法审判的过程。特别是如果采用英美的陪审团制度，需要耗费大量的人力物力，一个案件从陪审员的遴选到反复的交叉询问，如果达不成一致意见或是有效多数意见，还可能要重组陪审团再次审判，这种效率与职权主义下法官主导的审判是没法比拟的。可见，司法民主对诉讼效率会产生直接的影响。也正因此，无限扩大司法民主，将陪审制在所有案件中广泛适用是不现实的。[①] 但是，从另一个角度来看，借用经济学的术语，这种司法资源的有选择的投入存在着一个"机会成本"问题，即任何一种司法资源只能投向一项司法活动，这便丧失了将其投入到另一司法活动获得更大收益的机会。"由于(资源)稀缺性与机会成本的存在，人们才努力追求资源配置的效率，并把它作为行为选择的标准之一。"[②]我们对司法民主的考量还必须看到其机会成本是什么？付出这样的成本是否值得？是否有更优的途径？当然，司法民主通过民众和当事人的广泛参与和监督，通过彰显程序的独立价值，提高了裁判的可接受性，减少了上诉和申诉的发生，这种司法资源的投入在这一意义上来看又是合理和高效的。

---

① 俄罗斯新刑事诉讼法典确立了陪审团审判制度，但是在司法实践中适用还很少，主要就是受到资源因素的影响。现代西方国家对于陪审团的适用呈现出限制的态势，和这也是有一定关系的。现在，陪审团审判一般只被适用于被告人不作认罪答辩的严重刑事案件。

② 谢鹏程：《基本法律价值》，山东人民出版社 2000 年版，第 137 页。

第四章　民众参与刑事司法的价值及其实现方式

从古希腊的民众法庭到现代西方国家的陪审团审判，民众通过各种途径参与刑事司法作为直接式司法民主的代表性形式体现了司法主权在民。正是这种直接性，使得民众参与对于司法民主的象征性意义是不可替代的，同时，民众参与从实质上提升了司法的民主性和正当性。在现代法治国家，民众参与刑事司法有着多种形式，呈现出不同的特点和长短，这些参与有着深刻的价值底蕴。但是，从西方国家民众参与司法的现况来看，这种参与似乎却有着一种衰退的趋势。一系列问题需要我们认真反思：在司法职业化、专业化的旗帜下，普通民众有参与司法的空间吗？即便是职业法官的素质还常常被质疑，那么普通民众具备参与司法裁判的能力吗？在缺乏相应传统和崇尚和谐的我国，民众愿意参与刑事司法吗？在对“陪而不审”的现况百般苛责之下，陪审制的存在还有价值吗？……

第一节　民众参与司法在现代民主法治社会中的定位

随着民主法治化的进程，随着人的主体性的彰显，现代社会，民众不再满足于丰衣足食的基本愿望，而是希望更多地参与社会管理，更好地实现公正、平等、自由等基本价值。民众参与司法正契合了民众的这种需求和心理，在当下日益成为追求司法民主的一个焦点。司法活动直接或间接地受社会公众支配已经成为现代民主法治国家的主要特征之一。从世界各国司法制度的发展轨迹中可以看到，吸收公民直接参与国家司法活动，发挥公民在司法活动中的积极作用，被认为是一个国家司法民主的重要标志。

民众参与被认为是现代民主的核心内容之一。著名哲学教授科恩从民众参与的角度对民主作了颇有见地的阐释："民主是一种社会管理体制，在该体制中社会成员大体上能直接或间接地参与或可以参与影响全体成员的决策。"[①]在此基础上，科恩提出了具体衡量民主程度三大尺度：一是参与的广度，这是数量问题，即受政策影响的社会成员中实际或可能参与决策的比率，通常比率越大越民主；二是参与的深度，这是由参与的性质决定的，即参与者参与时是否充分、有效；三是参与的范围，指参与者能对哪些具体的问题发挥作用，一般来说，范围越广越民主。[②]

司法作为社会管理体制的关键性组成部分，民众参与司法的广度、深度、范围显然是衡量一个社会民主程度的一项重要指标。作为民主形式的民众参与司法，从广度上要求，普通民众都应有权参与司法活动，而不是将参与司法的权利囿于少数的社会精英，从而实现大众话语和精英话语在司法活动中的契合；从深度上要求，这种参与应是富有成效的，民众的参与能够对司法裁判活动产生实质的影响，而不是流于形式；从范围上要求，民众能够在司法的各个阶段和各种具体司法活动中发挥参与、监督等作用。

主权在民一向被认为是民主理论的支点之一。司法主权在民是主权在民这一民主思想的具体体现，司法主权在民又必然要求司法为民。具体到刑事审判领域，便要求民众能够及时有效地参与到刑事司法中去，并因此而对整个审判构造产生影响。对此，棚濑孝雄教授曾指出："如果仅仅把审判理解为在法官头脑里进行的判断作用，那么从严格适用法律模式摆脱出来只能意味着承认法官创制法律的自由，成为恣意的审判，而不能真正回答社会的要求。构建新的模式，应该着眼于一般国民通过审判来贯彻自己意愿的要求。"[③]也就是说，民众广泛地参与司法是司法民主的主要表征。特别是在现代大众化的社会里，原来在很大程度上担负着纠纷解决功能的共同体趋于解体和以民众的参与为契机而发生的对司法功能的新要求等现象，带来了被称为救济要求的泛化或大众化的倾向。司法民主的最直接特征在于司法的最终决定权归于民众。罗尔斯认为："对于谁是决定者的问题，我们的回答是：所有的人都是决定者，即所有能够审慎考虑的人都是决定者。借

---

① [美]科恩：《论民主》，聂崇信等译，商务印书馆 2005 年版，第 10 页。

② 参见[美]科恩：《论民主》，聂崇信等译，商务印书馆 2005 年版，第 12－26 页。

③ [日]棚濑孝雄：《纠纷的解决与审判制度》，王亚新译，中国政法大学出版社 2004 年修订版，第 255 页。

助理性、礼让和幸运，这种决定常常能很好地作出。”在罗尔斯的讨论中有一个基本的假设，即一种在许多人中间理想地进行讨论，要比任何一个人自己的审慎思考更可能得出正确的结论。因为在日常生活中，与其他人的交流意见克服了我们的偏见，拓宽了我们的视野，我们被要求从他人的思想来看问题，我们深深地感到自己眼界的局限。基于这种思想，他又指出：“最高的上诉法庭不是法院，不是执行机关和立法机关，而是全体选民。”①

第二节　民众参与司法的主要形式及其民主性

一、陪审制及其民主价值

陪审团审判是最重要的一种民众参与司法的形式。② “一个陪审团的本质特征很明显在于：一群法律的外行居于追诉人与被追诉人之间，作出对有关事件的常识性判断。”③如前文所述，早在古希腊便已经有了公民陪审的制度。1066 年，随着诺曼底公爵威廉征服英国，这一制度也传入英国并逐步演变成体现司法民主和捍卫公民自由、人权的一项制度。霍兹沃曾写道：“由于它（陪审团）保持了那样的地位，它在 16 世纪极大地限制了星座法院和御前会议引进（欧洲）大陆（纠问式）程序的能力。在后来的几个世纪，它又有力地保证了行政上自由裁量权的行使符合当时人们的一般观念。”④17、18 世纪资产阶级革命时期，资产阶级思想家反对封建专横，正式提出并将陪审团制度作为斗争的利器。可以说，陪审团制度的产生便是民主斗争的胜利。当下，陪审团审判在英格兰和威尔士被看作是民众自治的一种重要方式，参与陪审团审判因此被视为一种公民责任。这也意味着一个合格的、被要求参与陪审工作的人在需要时有义务出席陪审团，如果没有合理理由不出席

---

① ［美］罗尔斯：《正义论》，何怀宏等译，中国社会科学出版社 1988 年版，第 390—391 页。

② 陪审团制度分为大陪审团制度和小陪审团制度。我们这里所说的陪审团审判制度指的是狭义的陪审制，即小陪审团制度。小陪审团主要负责审判，大陪审团的主要职能是对检察官的起诉权进行审查和制约。现在世界上保留大陪审团的国家主要是美国。目前在美国联邦司法系统和大约一半的州适用大陪审团制度，在启用大陪审团的地方，其程序是秘密的，且仅听取检控方的证据。

③ Wayne R. LaFave, Jerold H. Israel, Nancy J. King, Criminal Procedure(Fourth Edition), West Group, 2004, pp. 1038-1039.

④ 转引自易延友：《陪审团审判与对抗式诉讼》，台湾三民书局 2004 年版，第 51 页。

便构成犯罪。[1] 陪审制由英国殖民者带到了美国，并且在美国得到了进一步的发展，特别是美国将获得陪审团审判的权利作为一项基本人权写入宪法从而使其获得了宪政层面的强大支持。[2] 陪审团审判也成为美国式民主和法治的一项重要标志。

陪审制的民主性体现在许多方面。首先来看，陪审团成员的选拔过程便是一个体现民主的过程。陪审员的挑选必须建立在随机的基础之上。陪审团成员的构成要求来自社会的不同阶层，要有广泛的代表性，不能因性别、种族、肤色、职业、信仰不同而受歧视。在英国，所有年龄在 18 岁到 70 岁之间的登记选民并在英国已居住 5 年的人，都有资格在陪审团服务，陪审员名单从选民登记名单中随机选出。召集陪审员以前由大法官办公室负责，由于英国宪法体制改革，大法官办公室被废除，而改由宪法事务部的“陪审员召集中心局”(Juror Central Summon Bureau)来负责召集。[3] 在美国，多数州法院和联邦法院都是以选民登记名单和驾驶执照持有者名单作为陪审团的初始名单，一份初始名单被要求应当尽可能涵盖 80%的地区人口。美国许多州设有由法庭任命的一年一度的陪审团委员会负责对陪审员的选拔，具体做法各州不同。有的地方的陪审团委员会咨询当地的能人谁适合做陪审员；有的地方采用发放问卷的方式，内容包括年龄、公民权、教育情况等；有的地方甚至进行单独的面试，通过测试来了解其文化水平，关于基本法律和程序的知识，以及智力、记忆力、感知能力等。美国联邦最高法院认为这种测试并不违反宪法所规定的代表性要求。[4] 负责召集陪审团的官员完成任务后交给法庭陪审员名簿，上面记载着他们的姓名、地址和职业。陪审团成员将从这一名簿中抽签产生，采用一案一选任。

陪审员的回避程序继续着选拔程序的民主性。由于陪审员总是随机挑选的，因此，需要去除那些对特定案件抱有明显的或可察觉的偏见的人。在英国，1988 年之前，辩方可以行使“无因回避”权排除某个特定的陪审员，1988 年彻底废除了无因回避，而控方则从未有过这种无因回避权。控辩双方都有权对个别陪审员提出“有因回避”。对这一权利理论上是不加限制

---

① 英国《1974 年陪审团法》第 20 条明确规定了这些犯罪。

② 美国宪法第 5 修正案规定，非经大陪审团提起公诉，人民不受死罪或会因重罪而被剥夺部分公权之审判；宪法第 6 修正案规定，在一切刑事诉讼中，被告应有权获得由发生罪案的州及区的公正的陪审团予以迅速及公开之审判。

③ 陈光中、郑旭：《英国〈2003 刑事司法法〉实施情况追踪》，载陈光中主编：《21 世纪域外刑事诉讼立法最新发展》，中国政法大学出版社 2004 年版，第 180 页。

④ 参见易延友：《陪审团审判与对抗式诉讼》，台湾三民书局 2004 年版，第 204 页。

的，而在英国的司法实践中却很少使用。因此，“在大多数案件中，挑选程序不会占用多于半小时的法庭时间”。[①] 提出有因回避通常发生在以下情形：明知或怀疑陪审员没有或丧失陪审员资格；合理地怀疑陪审员由于偏袒而不可能作出诚实的裁决。法官享有解除某人陪审资格的自由裁量权。在美国，这种决定回避的过程有所不同。通常的做法是陪审员必须接受询问，这种询问既可以来自法官，也可以来自当事人。这程序被称为“陪审团照实陈述程序”(voir dire)，其被看作是保障被告人获得公正的陪审团审判的一项关键性制度。这也使得美国的陪审回避程序持续的时间比较长，甚至持续数周。[②] 一般来说，审判陪审团由 12 名陪审员组成，较多的人数本身便体现了民主的精神，有利于使得裁判具有更广泛的民意基础，人数较多也有助于防止对陪审员的收买和威胁。

陪审员与法官的分工体现了分权制衡的理念。司法权与其他国家公权力一样，不受限制将具有无限膨胀和滥用的趋势。在英美法系，一般由陪审团负责事实问题，由法官负责法律问题，这是针对司法权的一种分工。在陪审法庭审理过程中，陪审员制约、监督法官，案件的判断和裁决并非法官一人说了算。同时，为了裁判公正，法官必须最大限度地使陪审团了解案情，理解法律，但法官不能指示陪审团作出有罪判决，不能参加陪审团的秘密评议。反之，法官也制约着陪审团，陪审团对法律的理解、对案情的把握，都受到法官的指导。如在英国，法官拥有监督陪审团的权力，在需要的时候，他可以拒绝接受陪审团的裁决，但是前提是必须保证陪审团的无罪裁决是最终的且不可质疑的。这样一来，就形成了一种审判中的分权制衡机制，既可以各自发挥长处，又可以防止滥用权力和侵犯当事人权利。

陪审团的裁决体现了有限多数原则。传统上，陪审团的裁判要求达成一致，如果没能达成一致意见，法官没有义务让他们回到评议室看能否达成一致裁决，他可以立即接受这一结果并宣布解散陪审团。这种情况下被解散的陪审团称为“悬案陪审团”(hung jury)，将导致重新组成陪审团进行审判。这种要求达成一致而不是少数服从多数的规则，是对多数的一种限制，其符合有限多数的民主原则。一致裁判能够防止多数人对少数人的暴政。

---

① [英]麦高威、杰弗里·威尔逊主编：《英国刑事司法程序》，姚永吉等译，法律出版社 2003 年版，第 356 页。

② 例如发生在达拉斯的对杰克·罗比谋杀李哈维·奥斯瓦尔德的案件中，正式组成的陪审团在宣誓之前有 162 名候选陪审员被询问了 15 天。See W. R. Cornish, The Jury, Allen Lane the Penguin Press, 1968, p. 46.

在多数票表决制的情况下，会出现两种不合理的情况：一方面，真理可能掌握在少数人的手里，多数人的意见可能恰恰是错误的决定。另一方面，多数票表决制意味着一部分人强迫另一部分人接受了自己并不愿意接受的决定。而一致裁决能够克服这两方面的缺陷。也许有人会说，在审判中事实上很难达成一致裁决，因为只要一群人在一起就会有不同的意见，一致裁决的要求岂不是很容易使案件无法解决？但在美国要求一致裁决的情况下，达不成一致裁决而形成所谓悬案而要求重新组成陪审团的只是占了所有案件的2%左右。[①] 那这又是为什么呢？原因在于人都是理性的，当一致裁决成为对审判人员的一种要求时，在评议的时候，陪审员会将彼此的意见进行妥协与折衷，各自放弃一部分己见，而形成一个中间的结果。而这种中间结果往往对被追诉人有利，体现了有利被告原则。在英国，1967年以后情况有了一些变化，即陪审团可以以十比二的多数比例通过判决。[②] 但是，绝不是简单多数可以作出裁决，从而在提高裁判效率与一致裁判之间作了一点妥协。

民主性还体现在陪审员参与陪审法庭审判并中立地作出裁决的权利能得到有效的保障。一方面，陪审员在审判中的免责性为其免除了后顾之忧。"陪审团的活动免受法律追究，以及难以推翻陪审团的事实裁决的程序规定，为陪审团把价值观念注入法律适用中提供了条件。"[③]任何人都不能因为陪审员作出了错误的裁决而惩罚他们。另一方面，陪审团评议的秘密性和连续性保障有效地防止了法官和外界对其的干扰。在古代，陪审团退庭后便被关在一起，不提供食物和水直到作出裁断。这种做法早已经被摒弃。然而作为一般规则，陪审团在作出裁断前要一直待在一起，未经法官允许不得分开。如果陪审员未经批准而分离，将会成为对定罪提出上诉的理由。[④]

当前，陪审团审判在英美法系适用的其实并不多，如在英国，只有5%的案件被送到刑事法院，其中又只有大约60%的案件被告选择了有罪答辩。[⑤] 尽管陪审团审判在实践中的使用相对有限，其重要性却不应低估。显然，采

---

① 高一飞：《论陪审制度与基本政治伦理》，载 http://www.gongfa.com/gaoyfpeishen.htm。

② 这一点被《1974年陪审团法》所确认，该法第17条规定了多数裁决，即陪审员11人以上，有10人同意该裁断，或陪审员有10人，9人同意该裁决。

③ [美]迈克尔·D·贝勒斯：《法律的原则》，张文显等译，中国大百科全书出版社1996年版，第70页。

④ 参见英国《1974年陪审团法》第13条，《1994年刑事审判与公共秩序法》第43条。

⑤ [英]麦高威、杰弗里·威尔逊主编：《英国刑事司法程序》，姚永吉等译，法律出版社2003年版，第346页。

用陪审团审判的案件是最严重的犯罪案件,如故意杀人等直接针对人身的严重犯罪。在这些案件中一旦错误定罪,其结果对被告人来说无疑是最残酷的,而且这类案件常常引起社会的广泛关注。因此,陪审团审判的质量通常不可避免地构成判断刑事司法系统整体效能的基础。"用陪审团作为确定真实并探查、表达公众伦理的场所,英美法系在这方面几乎是独一无二的。在为消灭法律的专业垄断而设立的正式的法律机构中,陪审团是最显著或许也是最有效的。"①

此外,需要注意的是,陪审团审判并非英美法系独有。梅利曼便认为,人们对大陆法系的刑事诉讼程序普遍存在两个误解,其一就是认为被告人没有受陪审团审判的权利。② 他指出,那种认为大陆法系国家中的被告人没有受陪审团审判的权利的一般猜想是与事实完全不符的。自从革命时期进行改革以来,大陆法系各国就将陪审团或者与陪审团职能相当的审判确立为一项固定的制度。当然,这种陪审制度不一定都与普通法系的陪审制相同。比如,对多数犯罪的审判并不采用陪审制(其实,在美国的一些州,轻微的犯罪案件也不采用陪审团审判);陪审团一般不是由十二个人组成。即便是那些外观上与普通法系相似的陪审团,在决定被告人是否有罪的问题上也并不要求一致通过裁决。凡此种种,集中反映了两大法系之间在陪审团概念上的重大差别。但梅利曼认为,事实仍然是:在大陆法系国家,刑事诉讼中仍然有陪审制。例如,1978 年颁布的《西班牙宪法》即规定,刑事案件的审判可以采用陪审制。③

二、参审制及其民主价值

参审制是大陆法系民众参与司法的一种代表性形式,由司法机关挑选普通民众作为非职业法官(陪审员)参与案件的审理。与陪审制相比,参审制是由非职业法官和法官共同组成混合审判庭,就案件的事实问题和法律问题进行审理并作出裁判。大陆法系国家最早采用陪审制的是法国。法国大革命期间,源于对残忍、秘密、血腥的纠问式诉讼的不满,1791 年,法国制定了新的刑事诉讼法,在该法中引进了英国的陪审团制度。但是,陪审团制

---

① [美]博西格诺等:《法律之门》,邓子滨译,华夏出版社 2002 年版,第 492 页。

② [美]约翰·亨利·梅利曼:《大陆法系》(第 2 版),顾培东等译,法律出版社 2004 年版,第 137 页。梅利曼所说的另一个误解是人们认为大陆法系没有无罪推定原则。

③ [美]约翰·亨利·梅利曼:《大陆法系》(第 2 版),顾培东等译,法律出版社 2004 年版,第 138 页。

度在法国的命运却非常曲折，经过多次的变革，最终形成了现在的陪审员与法官共同审理的参审制。[①] 德国、丹麦、意大利等欧陆国家也经历了学习法国建立陪审制到采用改良的参审制的过程。

能否吸收广泛的、有代表性的民众参与审判是司法的民主性的首要问题，参审制蕴含的民主性首先也体现在非职业法官的挑选上。在法国，挑选非职业法官的过程分为三个阶段：首先，制定重罪陪审员总名单。按照法国刑事诉讼法的规定，每一重罪法庭辖区每年度制定一份刑事陪审员名单。年度陪审员名单或者由上诉法院院长或其代表为主席的委员会下达，或者由大审法院院长或其代表为主席的委员会下达。其次，确定本开庭期陪审员名单。在巡回法庭开庭前至少 30 日前，上诉法院院长或其代理，或者大审法院或其代理，在公开场合下，从年度名单中抽签确定本开庭期陪审员 35 名，候补陪审员 6 名。陪审员若无正当理由不得缺席，否则第一次缺席将罚款 100 法郎，第二次缺席将罚款 200 法郎，第三次缺席罚款为 500 法郎。这里的"正当理由"指的是：年龄超过 70 岁；在重罪法庭开庭地没有主要住所；委员会所认可的其他正当重大理由。最后，确定具体案件的陪审员。在每一个具体案件开庭审判前，法官应当在被告人在场的情况下，公开开庭，从本开庭期陪审员名单中抽签产生 9 名正式陪审员以及一名或多名候补陪审员。被告人最多只能申请 5 名陪审员回避；检控方只能申请 4 名陪审员回避。[②]

在德国，对非职业法官的挑选，原则上也是坚持随机性，从而保证民众的民主参与。挑选过程分为两个阶段，首先是提名，也就是组成候选人员名单。各地提名的做法差别很大，一般的做法是通过编制一个随机的居民名单进行提名。然后是遴选，由地方法院成立的遴选委员会从被提名人中挑选非职业法官。遴选委员会由 1 名法官担任主席，除 1 名州政府官员外，还包括在司法管辖区内由地方政府所挑选出的 10 位公民。实际上，这 10 位公民经常是由各政党按照其在地方议会中的比例进行挑选。遴选委员会根据 2/3 多数票作出选择决定。遴选委员会的工作方法在各地也不大相同，某些地方，政党对委员会选举有较大的影响，各政党往往根据其在委员会中代表

① 关于法国引进陪审团后，在实施过程中受到众多的诟病，乃至后来抛弃了英国传统，实行法官与陪审员混合的方式。易延友博士将其原因归纳为五点：(1)理想与现实差距所生的失望；(2)对陪审团功能的误解；(3)对陪审团实践效果的误读；(4)专制主义的因素；(5)职业法官的习惯。参见易延友：《陪审团移植的成败及其启示——以法国为考察重心》，《比较法研究》2005 年第 1 期，第 96—99页。

② 关于法国遴选非职业法官的过程参见法国刑事诉讼法典第 259、262、266、288、258、296、298 条。

的比例选定非职业法官。[①] 通常，遴选委员会成员要考虑候选人的职业状况，在德国这种信息反映在登记簿上。广泛的职业背景是构成非职业法官的重要因素，不过，由于遴选委员会偏爱在教师、文职官员、社会福利工作者、管理人员等群体中选择，这使得德国非职业法官大多数来自文职官员和白领阶层。

参审制对于非职业法官的选择与陪审制对于陪审员的选择，从遴选的过程来看，差异不大，其差异主要在于回避和任期上。参审制下的非职业法官的回避与职业法官的回避适用同样的规则和程序，而陪审制下陪审员的回避如前文所述有不同于法官回避的程序。参审制下的非职业法官一经选任将在一个时期内担任陪审员的职务，如德国的非职业法官任期为 4 年，每一位非职业法官一般每月参加一次审判工作，而陪审制下陪审员一般是一案一选任。此外，参审制下的非职业法官人数要少于陪审团的人数。

另一项体现民众参与效果的因素是非职业法官在审判中的职权，也就是非职业法官与职业法官的分工。参审制下，非职业法官一旦参与审判，就具有职业法官的所有职权，拥有同样的表决权，共同决定定罪和量刑的问题。如在德国，混合法庭分为两种：一种是由 3 位职业法官和 2 位非职业法官组成，负责审理包括杀人在内的特定的极为严重案件，称为“二三”法庭；另一种由 1 位职业法官和 2 位非职业法官组成，负责审理较轻一些的严重案件，称为“二一”法庭。德国刑事诉讼法第 263 条规定，在责任问题和法律对行为的处分问题上所作的每一项对被告人不利的裁判，需要 2/3 的多数票同意。也就是说，在德国的混合法庭中，不是简单多数就可以作出不利被告人的裁判。在“二三”法庭里，这一表决规则要求至少有 5 位法官中的 4 位就一有罪判决达成一致。因此，如果 2 位非职业的法官一致行动就可以产生一个否决权，他们可以反对 3 位职业法官而宣告被告人无罪，同时，没有 2 位以上的职业法官同意，非职业法官不可能宣告被告人有罪。在审理较轻案件的“二一”法庭里，这个 2/3 多数表决规则，允许 2 位非职业法官的一致意见就可以宣告被告人有罪或者反对职业法官宣告被告人无罪。这便在职业法官与非职业法官之间形成了一种较强的制约关系，并且体现了有利被告原则。

从表面上来看，大陆法系非职业法官比英美法系陪审团制度下的陪审员拥有更广泛的权力，但是，实际上由于非职业法官对法律不熟悉，职权的趋同使得他们在职业法官面前说话很难有足够的力量，导致在实践中很大

① 参见李昌道、董茂云：《陪审制度比较研究》，《比较法研究》2003 年第 1 期，第 66 页。

程度上服从于职业法官的意见。如在德国司法实践中，非职业法官一般不能参阅卷宗，他们获得信息的唯一来源是口头听审，并且很容易被职业法官所引导，非职业法官在审判中发挥的作用十分有限。再加上参加庭审的非职业法官的人数要远少于陪审团制度下的人数，限制了非职业法官的力量，以至于德国学者认为："在人数问题和与其相关的价值观念上，假如德国不改变目前的法庭组织的话，两个非职业法官与 6 或 12 个陪审员是难以相提并论的。"[①]因此，参加陪审的非职业法官的影响力是很有限的。有资料表明，陪审员对定罪问题的影响程度仅为 14％，对量刑问题的影响仅为 6.2％。所谓的陪审员参审在德国很大程度上成为一种"陪衬"。[②] 这也是学者们对参审制的民主意义和现实作用提出质疑的最主要原因。如在 2001 年，比较法学者伏尔格发表了反对参审式混合法庭的强力观点。他言辞激烈地提出，混合法庭是世界各地独裁政权选择的法庭，譬如英国的殖民地、苏联的斯大林政权和纳粹德国，非专业裁判者用一种纯粹象征性的方式履行把国家任命的法官所作决定合法化的职责。他宣称，从其他司法管辖区获得的研究证据表明，非专业参审者在混合法庭中的职能作用实际上为零，因为非专业法官不能获得和专业法官一样的审前信息，也极少提问。他认为，没有证据表明非专业法官做了名副其实的刑事裁判，他们不可避免地会被他们的专业同事高人一等的学识所震撼。[③] 虽然，伏尔格全面否定参审制的观点过于偏激，遭到众多批判，也不能全面反映当代参审制的情况，但是，其至少表达了一种值得我们注意的现象，那就是参审制中的非职业法官参与审判所发挥的民众参与的民主性作用显然要弱于陪审团审判制度。

另外，不容忽视的是，尽管，大陆法系参审制受到一些评判，但其无疑为民众参与司法提供了途径，从而成为司法民主的一种代表性制度。同时，其也具有自身的一些优势，如混合式法庭相对于英美法系的陪审团审判，效率显然要高出许多。如德国学者曾自豪地指出，现代德国混合法庭以令人羡慕的速度审理案件。一项研究表明，在"二三"法庭里，审理一个严重刑事案件平均需要一天的时间；"二一"法庭的审判需约两小时。[④]

---

① 宋冰编：《读本：美国与德国的司法制度及司法程序》，中国政法大学出版社 1999 年版，第 182 页。

② 左卫民、周长军：《刑事诉讼的理念》，法律出版社 1999 年版，第 70 页。

③ [英]麦高威、杰弗里·威尔逊主编：《英国刑事司法程序》，姚永吉等译，法律出版社 2003 年版，第 268 页。

④ 宋冰编：《读本：美国与德国的司法制度及司法程序》，中国政法大学出版社 1999 年版，第 172 页。

三、治安法官制度及其民主价值

治安法官制度是非专业法官参与审判的一种代表性制度。在英国，在治安法院从事审判工作的法官称为治安法官(Magistrates)。治安法官分为两种：无薪治安法官和领薪治安法官。到1997年，英格兰和威尔士的领薪治安法官约有100人，而无薪治安法官则有30000余名。无薪治安法官(Lay magistrates Justice of the Peace)必须是非法律专业人士，其构成了英国治安法院的主力，担任无薪治安法官也是民众参与司法的主要途径之一。1327年以前，各郡的若干骑士和绅士被任免为治安监督官，1344年被授予司法权，这就是治安法官的前身。1360年首次命名为治安法官。[①] 此后，国王在每个郡都委派若干名治安法官，他们根据国家法令可以对被指控或被怀疑的人加以逮捕或拘禁。在2003年英国撤销大法官(Lord chancellor)一职之前，[②]治安法官由大法官从109个咨询委员会获取任命建议并代表女王任免。现在，治安法官由独立于政府之外的委员会任命，这样被认为更能够保证任命的公正和公开。治安法官要求是65岁以下的成年人才能被任命，并且必须是英国公民，任职范围是比较宽泛的。他们必须居住在各委员会15英里的范围内，以求更能代表本地区的民意。1966年起规定，新任命的治安法官必须在第一年里利用业余时间接受专门训练，如参加听课、旁听审案和参观监狱等。这种培训要求达到四项基本能力：对治安法官实际工作范围的掌握；执行基本法及程序的能力；像法官一样思维和行为；以及作为团队一员高效的工作。治安法院由治安法院委员会和业余治安法官的书记官实行地方化管理。

在英国，就刑事审判的工作量而言，绝大部分案件(95%)是由治安法院处理的。1997年的统计中，治安法院受理了837000件简易机动车犯罪，531000件简易非机动车犯罪，487000件可诉罪案件，共有1855000位被起诉的被告人，同期刑事法院只有97000位被起诉的被告人。[③] 也就是说，虽然英国刑事审判以法官和陪审团审理为特征，但是陪审团裁决的刑事案件不到1%，只有大约5%的判决是由专业法官作出的。如今，治安法官可以受理

---

① 卞建林、刘玫：《外国刑事诉讼法》，人民法院出版社、中国社会科学出版社2002年版，第342页。

② 2003年，撤销大法官，是多年来英国司法体制发生的最大的一次变化。撤销之前，英国的大法官具有三种职责：既是司法界的领袖，又是内阁部长，还是上议院议长。英格兰和威尔士的各级法官都由大法官来任命。大法官撤销后，政府将成立一个全国性的最高法院。

③ [英]迈克·麦康维尔：《英国刑事诉讼法导言》，载中国政法大学刑事法律研究中心组织编译：《英国刑事诉讼法(选编)》，中国政法大学出版社2001年版，第20—21页。

严重的交通肇事致死、几乎所有最严重的伤害行为、大多数性犯罪、夜盗罪、欺诈罪、伪造罪、纵火罪、所有毒品犯罪、伪证罪、赌博罪以及大多数枪击行为。[①] 所有的青少年犯罪都在青少年法院由治安法官审判。起诉人更喜欢把案件送到治安法院，因为在这里，程序更加简便，定罪率也高得多。这样的结果是一些非常重要的案件被交到治安法官手中，但是治安法官往往倾向于从轻处理。

治安法官制度的主要特点在于吸纳非专业人士作为事实裁判者，其最为明显的好处就是无论在形式上还是实质上他们都代表了社会公众。英国皇家委员会曾清楚地阐明非专业法官相对于领薪法官的价值："正如陪审团审判一样，它给予了公民参与法律执行的机会。它强调这样一个事实，即普通法原则，甚至法规的言语，都应当……可以被任何明智的未经专业训练的人所理解。它的延续阻止了普通公众意识中的疑虑的增长，他们认为法律是神秘的，应当留给专业阶层，与非专业人士理解的正义并没有多大关系。"[②]普遍而言，治安法官被认为比专业法官更能代表地方社会公正，有助于建立法院与地方事务之间的联系。治安法官作为非专业的参与者被认为拥有取自法院当地社会环境的非正式的技术性知识。他们的介入使得判决注入了现实主义的因素和公众的价值观，从而使得法律和司法程序不再那么神秘。此外，治安法官还被认为更易于接近，更灵活，不那么严苛无情。

治安法官制度的民主性在英国也受到一些质疑，主要针对的是治安法官的选任缺乏多样性和代表性。有的学者认为治安法官代表民意的程度被夸大了，因为治安法院中保守党、白人和中产阶级占据绝对优势，来自管理和专业阶层的人占据压倒性的多数，妇女、少数民族、残疾人的代表性严重不足。另一个突出问题是治安法官年龄的老化，2000 年的调查显示，非专业法官只有 4%小于 40 岁，1/3 已年过 60(他们必须在 70 岁退休)，2/5 已经退出全职。[③] 多样性和代表性的缺乏，必然极大地损害反映民意、吸收民众参与司法的效果。近年来，针对这些批评，为了增强治安法官的多样性和代表性，英国政府做了多方努力，如成立了一个公平调查委员会，以寻求鼓励不同社会阶层的人提出申请、消除歧视和创建多样性非专业法官队伍的途径，

---

① [英]麦高威、杰弗里·威尔逊主编：《英国刑事司法程序》，姚永吉等译，法律出版社 2003 年版，第 260 页。

② 《1946—1948 年关于治安法官的皇家委员会报告》，第 55 页。

③ [英]麦高威、杰弗里·威尔逊主编：《英国刑事司法程序》，姚永吉等译，法律出版社 2003 年版，第 270—271 页。

又如废除了盲人不得出任治安法官的禁令，并且有几位盲人已经被选任。

四、其他民众参与司法的形式

“法院之友”(amicus curiae)，又称“法庭之友”，是美国民众参与司法的一种代表性制度。具体而言，是指在法院审理案件的过程中，当事人以外的第三人向法院提供与案件有关的事实或者适用法律方面的意见，以影响法院判决的一项制度。以“法院之友”的身份介入诉讼主要有两种途径：一是递交“法院之友”书状，在书状中详细载明自己的主张及其事实和理由；二是直接参与法庭辩论、质证和交叉询问。其中，又以第一种方式最为常见。在美国，不但绝大多数案件中有“法院之友”介入，而且法院判决中援引“法院之友”书状意见的比率也很高。据统计，1970—1980 年间，联邦最高法院53.4%的案件有“法院之友”提交了书状；1993 年，联邦最高法院 89%的案件有“法院之友”介入；近 50 年来，联邦上诉法院 85%以上的案件有“法院之友”参与。[①] 可见，“法院之友”是美国当代司法制度的重要组成部分，扮演着不可或缺的角色。从美国的审判实践来看，“法院之友”书状被认为有助于法院公正审理案件，因为书状能够提供不被法院所知悉的证据事实和法律意见等信息，而这些信息往往能对法院作出公正判决提供帮助。同时，这种参与使得民主精神贯彻到审判活动中，为裁判提供民意的基础和支持。

“社会法律工作者”制度以德国为代表，由普通民众组成的社会法律工作者在劳工秘书处、妇女权益保护机构、青少年保护中心，或者以其他名目设立的协会或社团为社会提供公益性质的法律咨询等服务，目的在于帮助那些常常不知道自己权利，不懂得如何行使自身拥有的基本权利的穷人。早在 1924 年的德国司法改革中，通过在原则上赋予这类组织对法定的调解程序的管辖权以及强制执行和解的资格能力，确认了这些机构构成德国司法的不可缺少的组成部分。它们的业务活动，为社会提供了一种新型的法律工作者。这种发展的努力方向被认为是，使得法官不断地从争执法官转变为调解法官，从刑事法官转变为救济法官，即社会法律工作者。[②]

此外，各国司法实践中还有许多民众参与司法的具体制度，如我国的人民调解委员会制度，又如在日本，设有调停委员会制度、司法委员制度、检察审查会制度等民众参与司法的制度。

---

① 张泽涛：《美国〈法院之友〉制度研究》，《中国法学》2004 年第 1 期，第 173 页。

② 参见[德]拉德布鲁赫：《法学导论》，米健等译，中国大百科全书出版社 1997 年版，第 116 页。

第三节 从陪审制近期的变化看民众参与司法的发展态势

一、陪审制在英美法系的回落

陪审制发端于英美法系，是最典型的一种民众直接参与司法的形式。但是，近年来，陪审制在英国和美国都受到不少的批评，适用范围呈现不断萎缩之势。这是否说明陪审制已经走向没落，甚至是趋向消亡了呢？

（一）英国陪审制的改革

从19世纪中期开始，基于司法效率等因素的考虑，英国在民事诉讼中适用陪审团越来越少。目前，英国的民事案件已很少由陪审团审判，在英格兰和威尔士，只有大约1%的民事案件使用了陪审团，并且这些案件主要仅限于欺诈和诽谤等类型的案件。

英国2003年出台的刑事司法法对陪审团审判作出重大改革，限制了刑事案件陪审团的适用。这种限制主要体现在两类案件中：其一，如果存在对陪审团进行干扰的现实危险或者已经存在这样的危险，审理可以在没有陪审团的情况下进行；如果由于对陪审团进行干扰而解散了陪审团，则案件可以在没有陪审团的情况下继续审理。根据该法的立法说明第31条的解释，法庭必须确认对陪审团进行干扰的风险是如此的具有实质性（虽然各种可以被用来防止这种干扰措施，包括警察的保护，都不足以阻止干扰），以至于没有陪审团参加进行审判是司法的利益所必需的。对于已经开始审理的、陪审团因被干扰而解散的案件，该案将在没有陪审团的情况下继续进行审理，除非法官认为考虑到司法的利益而有必要终止诉讼。在那种情况下，他可以决定重新审判，并且如果他这样决定，他可以选择决定重新审判时没有陪审团参加。其二，控诉方可以申请严重或者复杂的欺诈案件在没有陪审团的参加下进行审理。如果法官确认该案件的审理时间或者复杂程度（已经考虑到采取能够合理减少其复杂性的措施后）可能使审理对于陪审团来说不堪重负，以至于司法的利益要求严肃地权衡该案应当在没有陪审团的情况下进行审理，法官可以决定该案仅仅由法官进行审理。[①]

---

① 参见英国2003年刑事司法法立法说明第30条、第31条。

对于上述两类案件中陪审团的限制使用，英国刑事司法法规定了救济途径，即控辩双方有权针对下列决定向上诉法院提出上诉：法庭关于申请没有陪审团进行审理的决定；法庭关于没有陪审团继续进行审判的决定；以及由于陪审团受到干扰而决定没有陪审团进行重新审判的决定。此外，当没有陪审团参加而进行审理，或者没有陪审团继续进行审理时，如果被告人被判定有罪，该法要求法庭必须说明其作出有罪判决的理由。[①]

为了提高陪审法庭的效率，有人建议在某些特殊类型的案件中任命具有专业知识的陪审员，如在商业欺诈案件中使用“具有商业专业知识的陪审员”，但是，该建议并不受欢迎。因为英国人的理念认为每个人都享有担任陪审员的权利，这才是民主的，而不应该对陪审员范围作出限制。

可见，在英国，陪审团审判受到了一定的限制，但是这种限制是很有限的。英国学者认为，陪审团审判的质量通常不可避免地构成了判断刑事司法系统整体效能的基础，这也就使得陪审团审判的象征性功能具有无法替代的作用，构成了正当法律程序的基石。“事实上，与其说陪审团审判制度在消亡，不如说其运用正在日益进入这样一个法律领域：主要刑事案件的审判。正是在这一领域，一个公正无偏的、具有代表性的且对国家的自由承担责任的法庭，显得尤为重要。”[②]也正因此，英国学者肖恩·多兰很肯定地认为：“尽管陪审制经常被描述为正在经历信任危机，陪审制仍然是审理最严重案件的最佳方式，这一观点在英国仍得到坚定的支持。”[③]

（二）美国陪审制的回落与动向

在美国，统计数据表明，陪审团审判在刑事案件中适用的比例在下降：在 1971 年的联邦地区法院中，被告人作有罪答辩的案件仅占全部案件的 61.7%，由陪审团审判的案件占全部案件比例的 9.6%；而到 2002 年，被告人作有罪答辩的案件数已经上升为全部案件的 86%，由陪审团审判的案件占全部案件的比例则下降到了 3.4%。[④]

与被告人作有罪答辩的结果相似，被告人对陪审团审判的放弃也降低了陪审团的适用。在 20 世纪 30 年代之前，在美国的司法实践中，对陪审团审判的放弃并不被普遍认可。巴顿诉合众国一案改变了这一情况。在这一

---

① 参见英国 2003 年刑事司法法立法说明第 32 条、第 33 条。

② W. R. Cornish, The Jury, Allen Lane the Penguin Press, 1968, p. 10.

③ [英]麦高伟、杰弗里·威尔逊主编：《英国刑事司法程序》，姚永吉等译，法律出版社 2003 年版，第 347 页。

④ 易延友：《陪审团审判与对抗式诉讼》，台湾三民书局 2004 年版，第 261 页。

由联邦法院审理的刑事案件中，被告人放弃了陪审团的审判，并得到了法院的许可。[①] 在巴顿案中，法院阐明了自己支持这种放弃的权利的观点：①宪法中有关陪审团审判的条文主要是为了保护被告人而设置的，因此被告人为了自己的利益放弃这一权利应当是被允许的；②没有陪审团不会影响到法庭的司法管辖权；③公共政策要求陪审团审判的观点是不合理的，因为被告人可以作有罪答辩，同样会使陪审团审判不必发生；以及④证明普通法规则中不允许放弃陪审团审判的权利的正当性的条件，现在已经不再存在。[②]

被告人作有罪答辩或放弃陪审团审判的主要原因是期望获得较轻的量刑。美国法院通过量刑上的从轻或减轻鼓励被告人作出这样的决定，以提高诉讼的效率，节省司法资源。毕竟，陪审团审判是各种审判形式中最耗费时间和资源的，所以只能被限制在最重要的少量案件中，这也是陪审团审判在减少的最主要原因。

另一个值得注意的动向是美国近期在法官和陪审团分工问题上的争议。美国陪审团审判中定罪与量刑相分离，定罪的权力属于陪审团，量刑的权力属于法官，也就是说被告人没有获得陪审团量刑的宪法性权利。但是，有的时候，定罪和量刑的内容是结合在一起的，某些涉及量刑的问题可能对定罪产生本质性的影响。近年来，美国司法实践中出现了法官试图通过对一些实质性问题的裁量，以入侵陪审团定罪的传统领域。于是，围绕着以下问题，美国学者展开了争论：当法律规定，如果被告使用枪支或以前曾经被判有罪，那普通的刑罚对罪行来说将是加倍的，这时这些原则将如何被适用呢？法官是否被允许决定被告使用枪支或有先前的有罪判决，或此类裁决必须由陪审团作出？在 20 世纪 90 年代，联邦最高法院主张像这样的裁决将可以由法官来作出，这便使得陪审团的权力受到了不小的挤压。

但是，2000 年以来，情况又发生了变化。最高法院考虑了一个案件，在该案中一个白人曾经因向一个美籍黑人的家中射击。这种罪行的最高量刑是 10 年。但是，法律也规定，如果法官发现被告在实施该犯罪时的目的是因为种族、肤色或是民族划分而“胁迫”其他人，最大的量刑将增加到 20 年。被告声称该法律在“胁迫”问题上拒绝了其获得陪审团审判的权利。最高法院以 5 比 4 的表决同意了。多数意见指出，“任何超过法定最高刑而增加对一

---

① 例外是在美国的某些司法区域，明确禁止被告人在死刑案件中放弃陪审团审判的权利。

② Wayne R. LaFave, Jerold H. Israel, Nancy J. King, Criminal Procedure (Fourth Edition), West Group, 2004, p. 1041.

项犯罪的处罚的事实，必须提交陪审团。”[①]在2002年，联邦最高法院采用这一原则否决了亚利桑那州的一项死刑立法，该立法允许法官在被告实施的犯罪可以被判处死刑的案件中，如果法官发现呈现出十个加重的因素之一，就可以施以死刑。[②]同时，在2004年，最高法院裁决一项华盛顿州的立法违宪，该立法允许法官施以一项“例外的”处罚，即建立在法官裁决被告已经实施了“故意残忍”的犯罪的基础上可以处以额外的37个月的监禁。[③]

从以上分析和案例中，我们可以看出，虽然随着被告人作有罪答辩和放弃陪审团审判的增加，美国适用陪审团的案件在减少，虽然出现了法官变相侵犯陪审团的传统权力的情况，但是对于获得陪审团审判这一宪法性权利，[④]近年来，美国联邦最高法院的态度是明确的，即法官不可以入侵陪审团负责的传统领域。

二、陪审制在大陆法系的复兴

正当陪审制在其发源地英美法系国家显示回落之势的同时，却在俄罗斯、日本等大陆法系国家迎来了新的契机。俄罗斯引进了陪审团审判制度，日本建立了裁判员制度，这些改革又说明了一种怎样的趋势呢？

（一）俄罗斯陪审团制度的确立

前苏联采取参审制，俄罗斯在继承前苏联的法统的同时，逐步提出一系列的改革举措，其中最引人注目的一项改革便是引进陪审团制度。1993年，俄罗斯新宪法写入陪审团制度，从而为仿效英美法系建立陪审团审判制度奠定了扎实的基础。从这一年起，俄罗斯便开始了陪审团审判的试点，当时确立的实施地区只有莫斯科、萨拉托夫、伊万诺夫等5个地区，1994年又扩展到阿尔泰等4个地区。1996年，改革者试图将陪审团制度扩展到更多的地区，但是由于财政困难等原因，该扩展计划没有成功。

在俄罗斯，陪审团参与进行的第一次审判是1993年在萨拉托夫进行的，该审判所涉及的案件是一起谋杀案。两名被告人被指控在一次打牌游戏后杀死了三名同伴。案件进入审判阶段后，两名被告人都要求获得陪审团的审判。被告人之一承认杀死了三名被害人，但辩解说是出于自卫。法官裁

---

① Apprendi v. New Jersey, 530 U.S. 466 (2000).

② Ring v. Arizona, 536 U.S. 584 (2002).

③ Blakely v. Washington, 124 S.Ct. 2531 (2004).

④ 美国宪法第6条修正案规定：“在所有刑事案件中，被告人有权享有由犯罪发生地的州或地区的公正的陪审团予以迅速、公开的审理……”

定检察官提交的许多对该被告人不利的证据都是用非法手段取得的，因此不能在法庭上使用，并建议检察官提出降低指控罪行的申请。经过两天的法庭审判，陪审团裁断两名被告人犯有因正当防卫过当而实施的杀人罪，并一致建议法官在量刑时予以从轻处理，结果，一名被告人被判处一年半监禁刑，另一名被告人则被判处一年监禁刑。有评论者认为，如果按照过去的法律程序和刑法进行审判，他们很可能都被定为谋杀罪，并且可能被判处死刑。显然，在对被告人进行定罪和科刑方面，由普通公民组成的陪审团要比职业法官宽容得多。[①]

2001 年的俄罗斯新刑事诉讼法典对陪审制度作了明确规定并对具体规则作了细化。新法典第十二编专门规定了陪审法庭审理案件的程序。陪审法庭由联邦法院法官 1 名（审判长）和 12 名陪审员组成（其中 1 名为首席陪审员），陪审法庭根据被告人的请求审理法律规定的犯罪案件。陪审团在审判长主持下对案件审理后，进入评议室进行秘密评议，然后以公开投票方式对以下三个基本问题进行表决：(1)行为的发生是否已经得到证明；(2)该行为系受审人所实施是否得到证明；(3)受审人对该行为的实施是否存在罪过。如果陪审团以多数票（7 票）对三个问题均作肯定回答，则判决有罪。如果陪审团作无罪判决，审判长必须作出无罪判决。但对陪审团的有罪判决，如果审判长认定受审人的行为不符合犯罪要件，可以作出无罪判决；如果审判长认定陪审团对无罪的人作出了有罪判决，并且由于犯罪事件没有查实或者受审人参与实施犯罪没有查实而有足够的根据作出无罪判决，则他可以作出裁决，解散陪审团并将刑事案件交给组成人员不同的法庭重新开始审理。对法庭根据陪审团裁决作出的有罪或无罪判决，可以上诉或抗诉。[②]

俄罗斯新刑事诉讼法的出台以及对陪审团制度的具体规定，对陪审制的推行可谓打了一针兴奋剂。2002 年 11 月，普金总统向联邦委员会提交法案，要求陪审团制度在 2003 年至 2004 年间分阶段推行，车臣共和国自 2007 年起施行。目前，自 2003 年 1 月 1 日起有 70 个区法院开始实施，其中 61 个是新采用陪审团制度的法院。[③] 俄罗斯陪审团制度推行以来，从其运行的实际状况来看，可谓喜忧参半。首先值得肯定的是，陪审团制度由于强力推行，正在逐步向全俄罗斯普及。在试行阶段，陪审团制度的实施出现了令改

---

① 陈瑞华：《俄罗斯司法改革的核心——重建陪审团制度》，《人民检察》1999 年第 6 期，第 61 页。

② 参见陈光中：《俄罗斯联邦刑事诉讼法典序》，载《俄罗斯联邦刑事诉讼法典》，中国政法大学出版社 2003 年版，第 10 页。

③ 章礼明：《评俄罗斯刑事陪审团制度的重建》，《河北法学》2004 年第 8 期，第 116 页。

革者们大体上满意的效果，一些变化正在悄悄地发生，如侦查人员现在以更加职业化的方式来侦查案件，他们意识到侦查工作的结果是使陪审团相信被告人有罪，而不依赖于法官的职权审查。但是，不可否认的是，俄罗斯陪审团制度的有效运作还面临着各种不利因素的困扰。首先就是资金问题，俄罗斯当前的经济处于转型时期，财政极为困难，陪审团审判所需要的诸如审判场所、相关设备、人员培训、陪审员补贴等都需要经济上的支持。[①] 其次是相关诉讼制度、诉讼规则与新的陪审团审判的衔接问题，俄罗斯传统上采用法官积极主动的职权主义模式，缺乏对抗制所需的证据规则等配套制度，要使陪审团审判融入总体带有职权色彩的诉讼中去，尚需要经历磨合与考验。另外，部分司法人员在观念上接受陪审团审判也尚需时日。

（二）日本裁判员制度的出台

日本曾在 1924 年以美国法为范本制定陪审法引进了陪审制，但这一尝试却以失败告终，1942 年之后便再没有恢复施行。此后，日本一直采取由专门的职业法官进行审判的制度。20 世纪 90 年代初开始，日本民众强烈要求从以往的由统治客体意识而产生的对国家过度依赖的依存意识中把自己解放出来，要求广泛地参与到司法运作中去。日本社会认为，“司法要充分地发挥它的机能，本来就需要来自国民的广泛支持与理解，只有这样才能确立司法的国民基础。通过国民对司法的参与，实现确立巩固的司法国民基础是目前司法改革的三大支柱之一。”[②]2004 年 5 月，日本通过了《关于裁判员参加的刑事审判的法律》（简称《裁判员法》），从立法上确立了裁判员制度，目前正处于积极准备实施该法的准备期，至迟将在 5 年内实施。

《裁判员法》规定，裁判员的条件是必须具有在法院管辖区内的众议院议员选举权者，即年满 25 周岁者。不能担任裁判员的事由是：根据其他法律的规定不能担任一般公务员的人；初中未毕业的（不包括同等学历者）；被判处禁锢以上刑罚的；因心身疾患不能履行裁判员职务的。裁判员的职业受到严格的限制，与法律有关的职业都在被禁止之列。例如，国会议员、国务大臣、国家行政机关工作人员、法官及其退职法官、检察官及其退职检察官、

---

① 在试行阶段，俄罗斯国会批准了一项财政预算，提供 9 个区司法系统 15 亿卢布，这些资金都用于添置设备，而在更需要资金支持的人员培训计划上却没有一个卢布投入。为配合陪审团制度在全俄推广这一计划，2002 年度国家投入资金 180 亿卢布，2003 年度预算为 240 亿卢布，但这些资金也主要用于法院办公楼的修建、法官枪支及保安人员的配备。参见章礼明：《评俄罗斯刑事陪审团制度的重建》，《河北法学》2004 年第 8 期，第 116 页。

② 最高人民检察院法律政策研究室编译：《支撑 21 世纪日本的司法制度——日本司法制度改革审议会意见书》，中国检察出版社 2004 年版，第 93 页。

律师和退职律师、法院的职员、法务省的职员、警察、公证员、具有法曹(法官、检察官、律师)资格者、大学法律专业的教授和副教授。

裁判员参与审判的案件并不多,只限于死刑、无期或因故意犯罪致被害人死亡之类的重大案件。合议庭原则上由法官 3 人、裁判员 6 人组成。但对没有争议的案件,也可由法官 1 人和裁判员 4 人组成小型的合议庭。在特殊情况下有些案件可以不适用合议庭,即根据被告人的言行等情况,审判员认为,对裁判员及其亲属的生命、身体实施危害行为或者胁迫行为,或者对被告人所属团体的成员实施危害其生命和身体行为的状况,或者对裁判员及其家属或者有关人员的生命、身体或者财产有重大侵害可能性,或者对上述人员的生活安定产生明显危害时,因此对裁判员造成极度恐惧而不能履行裁判员的职务时,上述应当由合议庭审理的案件可以只由职业法官审理。[①]

判决必须由职业法官和裁判员组成的合议庭半数人员以上作出,同时必须有职业法官 1 人和裁判员 1 人以上发表赞成意见才能成立。这是评议和判决形成的最低条件。也就是说,即使全体法官形成一致意见或者裁判员形成一致意见,也不一定能作出有罪判决。因为合议庭的意见必须反映职业法官和裁判员的共同意见。这一规定一方面是为了防止职业法官独揽评议的局面,另一方面也是为了防止裁判员不发表意见而流于形式。

从总体来看,日本的裁判员制度采用从一般国民中随意抽选裁判员以广泛吸收民众参与,这与英美法系的陪审制相似,但是裁判员要与法官一起参与从事实认定到量刑的全部过程,在这点上更接近大陆法系的参审制。正是从这一意义上来看,日本刑事法界的权威学者松尾浩也先生认为:"这次司法改革引进了既非陪审也非参审的'裁判员制度'",但是改革的宗旨是很明确的,即"让国民参与到司法权的运作中去,从而加强司法的国民性基础"。[②]

此外,在日本,为了扩大民众在司法领域的参与和增加参与的机会,日本司法制度改革审议会还提出了多项改革建议,[③]主要包括:(1)导入专业委

---

① 在日本,也有人认为,保护裁判员的安全完全可以通过其他途径来解决。裁判员制度这种重要制度不应当轻易设定例外,这种例外规定在司法实务中是很难把握的,很可能成为裁判员制度流产的一个因素。参见张凌:《日本刑事诉讼法修改与裁判员制度》,载陈光中主编:《21 世纪域外刑事诉讼立法最新发展》,中国政法大学出版社 2004 年版,第 265 页。

② [日]松尾浩也:《日本刑事诉讼法修改的动向》,金光旭译,载陈光中主编:《21 世纪域外刑事诉讼立法最新发展》,中国政法大学出版社 2004 年版,第 257 页。

③ 参见最高人民检察院法律政策研究室编译:《支撑 21 世纪日本的司法制度——日本司法制度改革审议会意见书》,中国检察出版社 2004 年版,第 99—100 页。

员会制度，扩充调停委员会制度、司法委员制度与参与员制度；(2)扩充检察审查会制度及扩充保护司制度，授予检察审查会决议以一定的法律约束力；(3)为将国民声音反映到由最高法院对被任命为下级法院法官进行指名的过程中，应在最高法院设置一个能接受咨询的、可以对被指名的下级法院法官的合格者进行筛选、并能将筛选结果作为意见进行说明的机构。

(三)其他国家陪审制的引入

西班牙在1995年制定的新的组织法中采用陪审团审理某些案件，如对人的生命的犯罪，国家公务员的犯罪，侵犯名誉罪，玩忽职守罪，侵犯隐私和住宅罪，侵犯自由罪和危害环境罪。陪审团由9名非专业人员组成，由1名省法院法官领导，其责任在于对事实问题作出宣告。西班牙陪审制度的确立是其最近司法改革的重要内容，也是其国内讨论的焦点。[①]

有的国家正在积极讨论或准备引入陪审制。南非即是一例。南非历史上实行的种族隔离制度让人们记忆犹新。近年来，许多学者提出，为了彻底改变原来的法院充满种族歧视的气氛，改变民众对法院实现司法公正的极端失望情绪，必须以陪审制重树民众对司法的信心。[②]

三、陪审制并没有过时

陪审团审判制度在英美法系呈现出一种衰退的趋势。陪审团审判的范围在缩小，在民事领域，陪审团审判正在日益淡出，而在刑事领域，陪审团的适用逐渐被限制在严重刑事案件中。这表明陪审团审判并非完美无缺的程序，陪审团的适用必然占用较多的司法资源，程序的复杂性提高，定罪率会相对降低。因之，神话陪审团审判并试图在多数案件中广泛适用这种代表了现代正当程序精神的审判方式，是不切实际的。特别是当前刑事案件发案率居高不下，各国民众都普遍希望强化打击犯罪，加强对被害人的保障的形势下，适当压缩陪审团审判的范围，提升审判效率，是现实合理的要求。但是，这并不意味着，陪审制已经过时了，毕竟在英美法系陪审团审判并没有被废止。相反，体现对抗制诉讼模式下的程序正义的重任主要还是通过重罪案件的陪审团审判来实现，而不管是辩诉交易还是简易程序哪怕适用范围再大，也不可能成为程序正义的核心载体。

大陆法系国家传统上相对于英美法系带有更多的专制主义色彩，其中

① 郭志媛、郑未媚：《西班牙法院体系与刑事再审制度考察报告》，载陈光中主编：《21世纪域外刑事诉讼立法最新发展》，中国政法大学出版社2004年版，第387页。

② 参见易延友：《陪审团审判与对抗式诉讼》，台湾三民书局2004年版，第271页。

俄罗斯原有的强调打击犯罪的诉讼模式在苏联解体后受到猛烈批评。对于司法民主的渴求,使人们将目光投向了陪审团审判。日本的司法传统一向重视司法职业化和精英化,忽视民众的参与,长此以往形成了司法与民众的脱节,这种情况已经严重地影响到了司法的威信和权威,于是,人们也把眼光投向了陪审制。"事实上,由于陪审团审判所具有的体现民主和保障自由的功能,在任何时候只要对民主和自由的需求压倒了对其他价值的追求,只要对专制压迫和司法专横的恐惧超越了对民主和自由所造成之不便的恐惧,陪审团审判就将成为人们首选的制度。"①

人们总说"物极必反",英美法系对于陪审制的推崇和过度适用,导致了当下对陪审团审判的限制,俄罗斯、日本等国长期忽略了陪审制的价值和作用,难免又引起了今天陪审制在那里的勃兴,这体现了法系和诉讼模式融合的趋势,也是平衡价值观的要求。

第四节　民众参与司法的价值分析

对于民众参与司法的主要形式的解析和以陪审制为例解读当代民众参与司法的发展态势,使我们对于民众参与司法的价值有了感性的认识。这种参与不是盲目的,更决不是为了简单地迎合民众需要,其本身有着深刻的价值底蕴。

一、民众参与司法能够促进司法公正之实现,使刑事裁判体现社会的一般正义

从发现真实来看,民众参与刑事审判有助于正确认定事实。② 普通民众的生活经验和社会阅历使其能够根据一般的社会经验来判断是非,这种社会经验常常对于认定、发现真实至关重要;而法官作为社会的精英阶层,处于法律职业的象牙塔中,其经验和阅历是局限于一域的。从适用法律来看,普通民众的参与使得裁判的结果更具人性化而容易为当事人所接受。以陪

① 易延友:《陪审团审判与对抗式诉讼》,台湾三民书局2004年版,第272页。

② 如对于腐败案件而言,民众参与具有重要的作用,以至于《联合国反腐败公约》在导言中便指出:"铭记预防和根除腐败是所有各国的责任,而且各国应当相互合作,同时应当有公共部门以外的个人和团体的支持和参与,例如民间社会、非政府组织和社区组织的支持和参与,只有这样,这方面的工作才能行之有效……"

审制为例,"使用陪审团的实际后果是按照老百姓所认可的当代行为准则软化了法律"。[①] 这种软化和人性化的效果常常比职业化更不用说是官僚化的法官严格适用法律的结果更为有益。著名的法谚——"严格的公正裁判往往证明是极端非正义"[②],乍一看可能让人迷惑和震惊,但是细一想来,这是对僵化的法律教条主义的无情批判,是对企图把由无数变化无常的因素构成的人类行为归纳成为一个标准的冷嘲热讽。相反,民众的参与使得裁判的结果更加符合社会的一般正义和普遍利益。也许如葛德文所说:"如果裁判是从对于每一个单独案件的一切情况都作了考虑后而得出的,如果裁判的唯一标准是普遍利益,那么,必然的结果一定是,我们的公正裁判越多,我们也就越接近真理、道德和幸福。"[③]从程序正义来看,民众的参与体现了程序参与原则,这本身便反映了程序正义的精神。更为重要的是,民众的参与有助于保障司法独立,防止行政权等其他国家公权力干预刑事审判,为抵御各方干扰实现独立审判提供了保障。行政权或地方保护主义常常能从法官的升迁、任免、经济待遇等方面给审判施压,而对于参与司法的普通民众,就不大可能施加这种影响。此外,民众的参与对于公开审判、直接言词、交叉询问等正当程序都具有一定的要求和保障作用。

二、民众参与司法有助于保障基本人权,防止国家公权力的滥用

罗尔斯很肯定地认为:"参与原则的主要优点是要确保政府尊重被统治者的权利和福利。"[④]民众的参与既使得民众直接行使了部分司法权,体现了司法主权在民,又是对司法机关和司法工作人员的一种监督和制约。就如耶林曾指出的:"法与正义在一国中兴之际,光凭法官在法庭时刻等候审案、警察派出巡逻还不够,每个人都相应的尽其所能加以协助是必要的。当恣意妄为和无法无天的九头蛇希多拉神抬头之时,每个人都有踏上一只脚的命令和义务。受法庇护的人都应当尽其所能为保护法的威力和威信作出贡献。"[⑤]也就是说,民众参与司法不仅是公民的一种权利也是一种义务,通过这种参与来捍卫人权、防止权力的滥用是每个公民神圣的职责。"虽然不是自己的权益,却能像自己的事一样为被压制的权利而竭心尽力的人,正是这

① [美]迈克尔·D·贝勒斯:《法律的原则》,张文显等译,中国大百科全书出版社1996年版,第69页。

② 该法谚的拉丁文原文是:Summum jus Summa injuria.

③ [英]威廉·葛德文:《政治正义论》(第二、三卷),何慕李译,商务印书馆1980年版,第577页。

④ [美]罗尔斯:《正义论》,何怀宏等译,中国社会科学出版社1988年版,第227页。

⑤ [德]鲁道夫·冯·耶林:《为权利而斗争》,胡宝海译,中国法制出版社2004年版,第56页。

种理性的法感受——正是这种理性主义，才的的确确是高风亮节者所拥有的特权。”[①]如果每位公民都能充满社会责任感和正义感地随时准备着参与到刑事司法中去，就能使得刑事审判永远暴露在阳光之下，使得侵犯人权和权力滥用没有滋生的温床。以陪审制为例，“在英国，产生的刑事案件陪审团作为诉讼的必要参加者，在其草创阶段就是为了防止大陆法系国家中纠问制所具有的过分国家权力。”[②]

三、民众的参与有利于避免官僚型的司法体制

司法体制趋向官僚化是许多国家的通病，如在日本，通过司法考试的少数精英直接被任命为法官。所以，作为法官，他们被认为是和市民的生活感觉相分离的精英阶层，对社会弱者的苦处的理解十分淡薄，容易陷入官僚思想中。[③] 司法官僚化的倾向在我国显得尤为突出。包括法官和检察官在内的司法官与行政机关的官员在我国都被定性为公务员，实质上都是政府的具体工作人员，从待遇、级别、晋升、考核等方面来看也几乎没有差别。有所不同的只是要想成为司法官需要通过国家司法考试，但是，公务员考试同样也是必经的一关。学生在大学毕业后，要通过这两个考试，然后成为司法官，再然后就开始了漫长的爬楼梯式的奋斗过程。渴望职务的晋升并为了得到晋升而苦苦奋斗，变成了许多法学院毕业生或者是社招人员、军转干部在司法机关共同的目标。再加上司法机关内容管理体制的高度行政化趋势，使得所谓司法官实际上和行政官员是一样的。在我国，对于司法官的任命，不需要有担任律师年限的要求，一个最高法院的法官，也只需要 2 至 3 年的法律工作经历即可。[④] 实践中，便出现了一个尚未结婚的年轻法官来调解离婚案件的尴尬情况。这些都使得法官们缺乏培育丰富的社会性和人性的机会，容易产生缺乏市民性且极具官僚气息的法官。如果民众没有参与司法的机会，这更使得法官很容易远离甚至背离社会。司法审判是保障和实

---

① [德]鲁道夫·冯·耶林：《为权利而斗争》，胡宝海译，中国法制出版社 2004 年版，第 60 页。

② [美]约翰·亨利·梅利曼：《大陆法系》(第 2 版)，顾培东等译，法律出版社 2004 年版，第 134 页。

③ 参见[日]菅野昭夫：《国民的司法参与》，载 http://www.civillaw.com.cn/weizhang/default.asp?id=9337。

④ 我国《法官法》第 9 条规定：高等院校法律专业本科毕业或者高等院校非法律专业本科毕业具有法律专业知识，从事法律工作满二年，其中担任高级人民法院、最高人民法院法官，应当从事法律工作满三年；获得法律专业硕士学位、博士学位或者非法律专业硕士学位、博士学位具有法律专业知识，从事法律工作满一年，其中担任高级人民法院、最高人民法院法官，应当从事法律工作满二年。

现民众的权利，表明什么是正义的裁判过程。该决定过程被少量的官僚化的法官所独占，民众完全被排除在外，这在现代民主法治社会的司法方式中是极不正常的。刑事司法要想符合普通民众的一般判断力，实现其保障人权、惩罚犯罪之功能，就应该建构民众有机会直接参与的审判制度。

四、民众参与司法是教育民众的生动、有效的途径

司法审判的威信不是建立在威慑人民之上，而应是埋藏在获得人心之中；不是源于严刑峻法，而是在于教化人心。获得人心、教化人心才是国家司法权行使的目的所在。民众对于刑事司法的参与是对民众最直接的法治教育，是获得、教化民心的佳途。法庭上的唇枪舌剑，司法裁判的惩恶扬善，使得民众能最直观地感受法律的运作、司法的状况、当事人的境况等，从而树立民众的法治意识和法律理性。这在陪审制中体现得最为显著，托克维尔甚至认为这是陪审制的最大好处："应当把陪审团看成是一所常设的免费学校，每个陪审员在这里运用自己的权利，经常同上层阶级的最有教养和最有知识的人接触，学习运用法律的技术，并依靠律师的帮助、法官的指点、甚至两造的责问，而使自己精通了法律。"[①]如果从更广泛的参与来看，民主、公开的程序使得民众能够通过旁听审判等形式参与进来，这种耳濡目染的影响力是潜移默化的。罗尔斯认为：如果有争议的司法决定——它们肯定是有争议的——引起了深入细致的政治讨论，而在讨论过程中是按照宪法原则来理性地辩论它们的是非曲直，那么这些有争议的决定通过吸引公民参与公共辩论而发挥了一种极其重要的教育作用。"这种公共的原则论坛（forum of principle）是立宪政体的一个显着特征，它具有某种司法复审的性质"。[②]

第五节　我国民众参与刑事司法的状况及其完善

一、经验与教训

我国民众参与司法是有传统的。我们党一直非常注重群众的伟大力

① [法]托克维尔：《论美国的民主》（上卷），董果良译，商务印书馆1997年版，第316—317页。

② [美]罗尔斯：《作为公平的正义——正义新论》，姚大志译，生活·读书·新知三联书店2002年版，第243页。

量，群众路线被我们视为基本的工作路线。列宁在论述苏维埃政权与旧政权的区别时就曾指出："这个政权对大家都是公开的，它当着群众的面办理一切事情，群众很容易接近它……新政权是绝大多数人的专政，它完全是靠广大群众的信任，完全是靠不加限制地，最广泛地、最有力地吸引全体群众参加政权来维持的。"[①]在司法领域，鼓励民众参与司法被认为是"从群众中来，到群众中去，全心全意为人民服务"的要求。

早在新民主主义革命时期，我们党就非常注重民众参与司法，其典型代表就是"马锡五审判方式"。1943 年，马锡五出任边区高等法院陇东分庭庭长，在审判实践中，他总结出了自己的一套审判方式。主要特点是深入群众、召集当地的群众或地方精英来反复做当事人的工作，通过调解的方式，最后使得当事人之间达成妥协。用马锡五自己的话说，就是"革命的司法工作者，必须面对群众，随时征询群众的意见，倾听群众的呼声，设身处地地体会群众的心情与要求"。[②] 谢觉哉认为马锡五审判方式的好处是"政府和人民共同断案，真正实习了民主；人民懂得了道理，又学会了调解，以后争执就会减少"。[③] 马锡五审判方式的总的精神可以概括为"联系群众，吸收民众参与"，主要的方式是调解和就地审判。但是，需要注意的是，"我们提倡马锡五审判方式，是要求学习他的群众观点和联系群众的精神，这是一切司法人员都应当学习的；而不是要求机械的搬用他的就地审判的形式。"[④]

新中国成立以后，我们确立了人民陪审员制度。1951 年，中央人民政府委员会颁布的《人民法院暂行组织条例》中明确规定实行人民陪审制，同年颁布的《中华人民共和国法院组织法》明确规定了适用人民陪审的案件范围，即人民法院审判第一审案件实行人民陪审员制度，但是简单的民事案件、轻微的刑事案件和法律另有规定的案件除外。1954 年我国第一部《宪法》把人民陪审制度确立为宪法原则，该法第 75 条规定，人民法院审判案件依照法律实行人民陪审制度。1956 年 7 月 10 日发布了《关于人民陪审员名额、任期、产生办法的指示》，对这一制度进行了具体化。

但是，当一种扩大化的"大众司法"出现，"批斗"成为人民审判的一种方式，就不再是我们所说的一般意义上的民众参与司法，而是演变成了一种阶级斗争式的镇压。"在这里，无需法律的逻辑推理，只需要满足大众的常识

① 《列宁全集》(第 12 卷)，人民出版社 1990 年版，第 287 页。

② 张希坡：《马锡五审判方式》，法律出版社 1983 年版，第 46 页。

③ 谢觉哉：《谢觉哉论民主与法制》，法律出版社 1996 年版，第 136 页。

④ 转引自强世功：《法制与治理》，中国政法大学出版社 2003 年版，第 119 页。

就够了；无需法律的理性判断，有效的裁决诉诸大众的情感；罪犯不可能有权利保护，因为他是人民的公敌；法律不需要程序，因为人民的眼睛是雪亮的。"[①]"文革"期间，这种革命运动式大众司法盛行一时，司法成为斗争的工具，法律让位给肆意的批斗，"公审大会"成为批斗的最佳场所，公开执行枪决成为威慑敌人的生动教场，于是法律和司法成了无用的东西，只剩下一群群狂热的、失去理性的、被某些别有用心者操纵的政治斗争的工具，于是造就了无数的冤假错案。这一些现象引起了世界范围的注意，如美国学者发现"'文化大革命'期间，中国人摒弃成文法律，支持群众统治。'由群众审判'，由观看被指控者公开受谴责的群众决定有罪和刑罚是一件常见的事情。"[②]

虽然经历了群众运动式所谓司法民主的惨痛教训，但是不管怎么说，我国有着民众参与司法的观念基础和传统，这为我们的司法民主建设提供了契机，马锡五审判方式、强调调解、吸收民众参与等都是不应该被我们遗忘或摒弃的经验。但是，是不是像有的学者所说的，我们的民众参与司法已经做的很多，现在的主要任务是要防止过头呢？的确，我国历史上是曾经出现过群众运动式司法审判之痛，但这并不代表着我们今天的司法中，民众参与已经足够或已经过头。我们不能一朝被蛇咬，就再也不敢提司法民主，更何况当年的那种运动式的审判实质上根本不能算是司法民主，而只能称为是一种反法治的群众运动。另一方面，我们的法院被称为人民法院，我们的法官被称为人民法官，这些是否就说明我国的司法民主程度已经很高呢？实则不然。民主就其最基本内容来说，是指人民对于国家机关的决定能够施加有效的影响，而我国的司法现况是人民无法对司法施加有效的影响，以至于大批的公民到京上访，试图通过这种最后的管道求得司法正义。[③]这种怪现象只能说明我们的现有司法管道尚不能有效地吸纳矛盾，对于纠纷的解决能力弱化，而民众缺乏发出声音、影响司法进程的能力。

二、近期关于人民陪审员制度改革的进步与局限

从现代法治社会的民众参与司法来看，陪审制无疑是我们在探讨民众参与问题时最为关注的一项制度。虽然，民众参与司法的形式绝不止于此，

① 强世功：《法制与治理》，中国政法大学出版社 2003 年版，第 126 页

② [美]爱伦·豪切斯泰勒·斯黛丽、南希·弗兰克：《美国刑事法院诉讼程序》，陈卫东、徐美君译，中国人民大学出版社 2002 年版，第 148—149 页。

③ 参见何兵：《司法职业化与民主化》，《法学研究》2005 年第 4 期，第 106 页。

陪审制也无法成为民众参与司法或者是司法民主的代名词。但是，陪审制作为一种最古老、最直接的民众参与形式，其指标性价值是无法忽视的。相应的，常常被讽为“聋子耳朵：摆设”的我国人民陪审员制度的完善与改革对于我们的刑事司法民主具有非常重要的意义。在此，笔者将推进我国民众参与司法的着力点最终落脚到我国人民陪审员制度的改革与完善。

人民陪审员制度是我国当前民众参与司法的主要途径。从本质上来看，我国人民陪审员制度虽然用的是陪审一词，但实际上更接近于大陆法系的参审制，也就是由人民陪审员作为非职业法官与职业法官共同审理案件并共同作出裁判的制度。坦率地说，我国目前审判实践中采用的人民陪审员制度根本没有发挥其应有的作用。一方面，法官们经常抱怨说现在的陪审员很难请。即使请来了，或者因为其素质不高，或者因为其不负责任，在审判中也发挥不了多大的作用。另一方面，许多陪审员抱怨说他们在审判中根本不受重视，白白浪费很多时间，没法发挥作用，而且误工补助也不到位，他们就好像法院的廉价劳动力。法官缺少积极性，陪审员也缺少积极性，于是，我国已经实行多年的人民陪审员制度越来越流于形式。[①]

基于我国人民陪审员制度存在的弊端的不断显露，改革该制度的呼声高涨。在学者们的积极推动下，在司法实务部门直接参与下，《关于完善人民陪审员制度的决定》（以下简称《决定》）几易其稿，并在十届全国人大常委会第十一次会议获得通过，紧接着，2004 年 12 月，《最高人民法院、司法部关于人民陪审员选任、培训、考核工作的实施意见》（以下简称《意见》）出台。《决定》已于 2005 年 5 月 1 日起正式实施，这是我国当前司法改革中的一件大事，更是扩大民众参与司法、推动司法民主的一件大事。时任最高人民法院副院长的沈德咏先生在就《决定》答记者问时明确指出：“实行陪审员制度是当今世界大多数国家的通常做法，其主要目的在于体现司法民主。”[②]可见，通过完善人民陪审员制度推进司法民主，这一改革思路是很明确的。

在此，让我们把目光投向《决定》。其主要从以下几个方面对我国现行的人民陪审员制度作出了改革：(1)明确了人民陪审员的产生方式。《决定》第 8 条规定，符合担任人民陪审员条件的公民，可以由其所在单位或者户籍所在地的基层组织向基层人民法院推荐，或者本人提出申请，由基层人民法院会同同级人民政府司法行政机关进行审查，并由基层人民法院院长提出

---

① 参见何家弘：《陪审制度纵横论》，《法学家》1999 年第 3 期，第 47—48 页。

② 《弘扬司法民主 促进司法公正——沈德咏就〈关于完善人民陪审员制度的决定〉答本报记者问》，《法制日报》2005 年 9 月 11 日。

人民陪审员人选，提请同级人民代表大会常务委员会任命。(2)限定了人民陪审员参与审判案件的范围。《决定》第2条对人民陪审员参与审判案件的范围作出了明确规定，人民法院审判社会影响较大的第一审刑事、民事、行政案件，应当实行陪审制；对于刑事案件被告人、民事案件原告或者被告、行政案件原告申请由人民陪审员参加合议庭审判的案件，人民法院也应当实行陪审制；但是，对于上述案件中适用简易程序审理的案件和法律另有规定的案件不实行陪审。(3)规定了人民陪审员的任职条件。《决定》第4条规定，担任人民陪审员，应当年满23周岁，一般应当具有大学专科以上文化程度。同时，为部分经济文化欠发达地区在人民陪审员任职文化条件上作适当放宽处理留下了空间，也为部分在群众中享有较高威望但文化程度偏低的人担任人民陪审员放宽了条件。(4)规范了人民陪审员参与陪审具体案件的确定形式。《决定》第14条规定，采取随机抽取的方式确定参与陪审具体案件的人民陪审员。(5)明确了对人民陪审员的培训机制。《决定》第15条规定由基层人民法院会同同级人民政府司法行政机关对本院的人民陪审员进行管理和培训。(6)为人民陪审员履行职责提供经费保障。《决定》第18条规定，人民陪审员因参加审判活动而支出的交通、就餐等费用，由人民法院给予补助。第19条规定，人民陪审员因参加审判活动应当享受的补助，人民法院和司法行政机关为实施陪审制度所必需的开支，列入人民法院和司法行政机关业务经费，由同级政府财政予以保障。

毋庸置疑，《决定》的出台为深化我国人民陪审员制度改革提供了契机。主流媒体为此欢呼雀跃，实不为过。首先，《决定》对于人民陪审员的产生方式、任职条件、陪审适用范围等作出了明确规定，且不说是否完全合理，至少有利于改进原来司法实践中的混乱和随意性，为民众参与提供了具体的依据和可操作的规则。其次，强调了人民陪审员的群众性和广泛性，确立了“随机抽取”的方式，并规定了5年的任期，体现了司法民主。原来的司法实践中，许多法院的陪审员往往不是因陪审某个具体案件才到法院执行职务，而是长期借调到法院工作，有的甚至担任陪审员长达10年或20年之久，成了所谓的陪审员专业户。[①] 陪审员长期不更换既不能使更多的人参与陪审，也不符合通过设立陪审制而体现司法民主的原初含义。再次，一定程度上体现了人民陪审员的中立性。认识到了人民陪审员在审判活动中的独特地位和作用，对人民陪审员的管理、培训不宜由司法机关单独自行负责。最

① 王利明:《我国陪审制度研究》,《浙江社会科学》2000年第1期,第63页,

后,落实经费是保障民众参与司法的根本。长期以来,人民陪审员参加审判活动应当获得的补助缺乏明确标准,人民法院实行这项制度必需的经费也难以落实。这是许多人不愿意担任人民陪审员,法院不愿意请人民陪审员的一个重要原因。

但是,如果从扩大民众参与司法、培塑司法民主的角度来看,此次的改革似乎又存在一些问题,不容我们过于乐观:

首先,对于人民陪审员任职条件的规定,将广大农民、工人排除在参与司法的大门之外。我国有八亿多农民,还有大量的工人,他们当中具有大专以上文化程度的人不多,广大农民多数达不到大专,工人只有少数有大专以上文化程度。《决定》对于学历的限制本意是要提高人民陪审员的素质,但是却无形中背离了陪审制度广泛反映民意的初衷,重回到了精英审判。许多地方在实施《决定》时便着力于选择精英陪审员,如媒体正面报道了某地首次选任人民陪审员的过程:该地选任的 43 名人民陪审员中,人大代表、政协委员 8 人,工会、妇联干部 7 人,大学教授、专家学者 14 人,其他来自医疗、工程核算、金融保险、网络技术等行业,并特别强调了一位药学院院长和一位计算机博士入选。其结论是"结构十分合理,社会各阶层人士的加入,使人民陪审员的来源十分广泛"①。这样的组成显然是使占人口绝大多数的底层老百姓不能参与审判,精英化的陪审员路线如何能真正体现司法民主?实际上,专家型的人才完全可以作为专家证人身份出席法庭,而不是担任陪审员。

其次,《决定》和《意见》对于人民陪审员的任命、培训和考核让人很自然地想起职业法官的任命、培训和考核制度。如规定了:人民陪审员参加审判活动,应当遵守法官履行职责的规定,保守审判秘密、注重司法礼仪、维护司法形象(《决定》第 13 条);培训内容包括法律基础知识、审判工作基本规则、审判职业道德和审判纪律等(《意见》第 12 条);基层人民法院制定人民陪审员执行职务的考核办法,征求同级人民政府司法行政机关意见,考核内容包括陪审工作实绩、思想品德、工作态度、审判纪律和审判作风等(《意见》第 15 条)。陪审制度的民主本意是让"外行人"参与审判,融入社会的一般公正理念,以避免专业法官因为长期专业习惯而形成职业成见所产生的弊病。而我们现在对于陪审员套用职业法官的选任、培训和考核制度,其结果只能是造就一批"准职业法官",似乎最大的好处只是解决法官人数的不足,与其这

---

① 《彰显司法民主——天心区法院 43 名人民陪审员诞生记》,《人民法院报》2005 年 4 月 12 日。

样还不如直接任命更多的职业法官进行审判。更何况复杂的法律知识和审判规则又怎么是短期培训所能通晓和掌握的。

再次，一些具体规定是否合理尚待斟酌。如规定人民陪审员的任期为5年，是否过长，没有规定是否可以连任或者间隔一段时间后是否可以重新担任。又如没有规定人民陪审员在法庭履行陪审员职责时的言行豁免制度和无合理理由拒绝担任陪审员的后果。

三、在陪审与参审之间探寻我国陪审制度改革的路径

民众参与司法具有一系列的现实价值，是我国当前推进刑事司法改革所不可或缺的，而完善我国的陪审制度又是其中的重点。需要强调的是，完善我国现行陪审制度，其主要目的并不限于陪审制度自身，而是要通过对陪审制度的完善，使其切实发挥作用，以助于加速我国司法民主进程，增强刑事审判的透明度、公开度和公正性，提升司法权威和普通民众对司法的信任，而这些对于我国刑事司法改革来说都是最核心的需求。在这种指导思想之下，笔者认为应当从两个层面来考虑现行陪审制度的改革。

第一个层面，在有限范围内试点陪审团制度，首先在死刑案件中给予被告人选择适用陪审团的机会，将其作为司法民主的典范，在试点成熟的基础上，扩展到无期徒刑的案件。

支持陪审团审判制度的理由是多方面的，前人已经有许多论述，笔者在此不再一一罗列，仅强调一点，即其最核心的观念是，陪审团制度是作为民主形式的民主参与司法的最好体现。陪审团审判由于其参与人数多、广泛的代表性、明确的分工等，可以有效地将普通公民带入法庭的专业世界，他们可以在司法程序的核心领域代表社会发出决定性的声音。这种普通民众的参与把对司法制度的信赖感在参与陪审团的人以及一般社会民众中逐渐传递。不论是对被告人还是普通民众来讲，判决的合法性，都会因被告人是由他的同类人，而不是由对他出身的基层了解有限的职业法官决定其命运而得到提升。实际上，对于陪审团审判的这种民主价值，早在民国时期，已经被近代中国法制的先驱介绍到国内，如罗家伦译的《平民政治的基本原理》中即提到："在英、美两国，在民意方面，在法庭中是以陪审(Jury)制度代表。宪法规定人民一种权利，无论什么人犯法受裁判的时候，都要那和他地位相同的人(Equals)做陪审员。"①

---

① [美]保罗·S·芮恩施：《平民政治的基本原理》，罗家伦译，中国政法大学出版社2003年版，第165页。该书的初版是民国时期的上海商务印书馆发行。

让我们来看看反对陪审团审判的声音。反对陪审制的一个主要原因是成本问题。的确，陪审团审判的成本是要高于参审制，但是，我们应当看到。陪审团审判带来的社会成本和其对道德成本的节省。如贝勒斯就认为："在(美国)目前的实践中，陪审团审理案件的边际成本小于执法的公共成本。"[①]只要陪审团审理对社会来说主要起安全阀的作用，由陪审团审理的权利对于刑事案件就是可取的。另外，毕竟，"要保护当事人的利益，并不需要个个案件都由陪审团审理"[②]，根据我们的经济承受能力，在少量案件中试行陪审制，随着我国的经济发展，是完全能够承受的。反对陪审团审理的另一个理由是多数案件过于复杂，陪审团解决不了。事实是否这样呢？我们是否能够否认民众的这种参与审判的能力呢？就连贵族出生的法国学者托克维尔也认为，"在这群无知和粗野的民众中，你也会发现强烈的热情、高尚的情操、虔诚的信仰和质朴的德行"[③]。同时，我们应当看到陪审员解决的主要是事实问题，而"陪审员带到工作中的群体性市民社会常识，足以使他们胜任法庭中的基本工作，即发现案件事实"[④]。当然，会有一些特别复杂的案件，"倘若某一刑事案件过于复杂，陪审团理解并解决不了，则对被告来说，问题可能太复杂，他不可能知道行为被法律禁止"[⑤]。对于一些特殊类型的严重犯罪，如严重的经济诈骗案件，鉴于其特殊的复杂性，可以考虑作为陪审制的例外。

第二个层面，完善现行的人民陪审员制度。在《决定》的基础，进一步强化民众参与的广泛性和民主性，着重吸收普通民众而不是精英分子参与审判。

具体可以考虑从以下几个方面着手：(1)增强人民陪审员选任的代表性和广泛性。放宽对人民陪审员的资格限制，只需具备如下条件即可：年龄 23 岁以上，身体健康，心智健全，有基本的分辨是非的能力；有固定的住址和职业，未被剥夺政治权利，无前科；具备一定的文化知识。完成九年义务教育

---

① [美]迈克尔·D·贝勒斯：《法律的原则》，张文显等译，中国大百科全书出版社 1996 年版，第 71 页。

② [美]迈克尔·D·贝勒斯：《法律的原则》，张文显等译，中国大百科全书出版社 1996 年版，第 71 页。

③ [法]托克维尔：《论美国的民主》(上卷)，董果良译，商务印书馆 1997 年版，第 8 页。

④ [英]麦高威、杰弗里·威尔逊主编：《英国刑事司法程序》，姚永吉等译，法律出版社 2003 年版，第 347—348 页。

⑤ [美]迈克尔·D·贝勒斯：《法律的原则》，张文显等译，中国大百科全书出版社 1996 年版，第 72 页。

便可视为已经具备一定的文化知识,随着义务教育的普及,多数成年人将符合这一要求。陪审员不一定必须选择具备专门技术和知识的专家,因为"就专家作为陪审员参加那些专业特点较强案件的审判来说,其可能带来的隐患主要有两点,一是专业技术知识的片面性;另一点是专家对所处行业的保护性"①。在特定的案件中,如果涉及特殊的技术和知识,法院可以聘请专家作为证人或鉴定人。(2)增加参与审判的陪审员数量。这有利于增加民众的参与和扩大人民陪审员的作用。在可能判处10年以上有期徒刑的重罪案件,可以考虑由两名职业法官和三名陪审员组成合议庭。(3)改革表决的机制。简单多数的表决模式不利于制约法官的权力和保障被告人的权利,可以借鉴德国要求2/3多数的做法,以增大人民陪审员在裁判中的独立性和影响力,尽量减弱法官对陪审员的导向。(4)人大代表不应该担任人民陪审员,否则立法权与司法权合一,不利于司法独立和防止人大代表型的陪审员权力的滥用。(5)陪审员审理案件不宜过多,否则就会蜕变成为职业陪审员。原则上一个月内不能超过一个案件。这样既保障了人民陪审员自己的日常工作,又有利于让更多的人参与到审判中来。此外,人民陪审员如果在一段时间内过多参与法庭审判,容易与职业法官的关系过于密切,这对于保持陪审员的中立性和维护公正审判显然都没有益处。(6)不能套用培训、考核、管理法官的模式,套用对法官的要求来对待人民陪审员是不合理的也是没有必要的。毕竟,人民陪审员只是参与司法审判的普通民众,并不是要让他们成为职业法官,而是要让他们发挥一般民众的参与、监督等作用。对人民陪审员的培训应当主要由司法行政机关负责,培训内容主要包括人民陪审员的权利和义务、基本的法律程序等,但不能套用法官培训的内容,更不应套用法官考核的模式和标准来考核人民陪审员,以确保陪审员的独立性。此外,应当确立陪审员在法庭上的言行豁免制度和明确无正当理由拒绝担任陪审员的责任。

四、民众是否有能力、是否愿意参与司法

还有一个很重要的问题,也是很多人担心的一个问题,即我国民众是否有能力、是否愿意参与司法。如果我们认为我国民众的素质太低、根本没有能力担任陪审员,或者民众根本不愿意参与司法,那么再多、再好的制度设计也是枉然。

---

① 王敏远:《中国陪审制度及其完善》,《法学研究》1999年第4期,第44页。

首先，让我们来看一看民众是否有能力参与刑事司法。在许多人的心目中，我国普通民众的素质还比较低，法律意识淡薄，尚不具备参与司法的能力。特别是刑事案件直接关乎被告人的人权、自由甚至生命，如果让素质不高且不懂法的人来参与裁判，那不是开玩笑吗？这些想法可以说是一种很普遍的认识。但是，笔者调研发现的情况却与此并不能吻合。笔者从若干刑事司法的基本理念入手，来量度普通民众对于刑事司法的参与能力。笔者随机选取了200多名城市居民，进行了以下调查：

当笔者问道："如果由你来审判刑事被告人，你认为下列哪个因素最重要？"2.3%的被调查人选了"定罪量刑符合实体法的规定"，12%的被调查人选了"刑事诉讼的过程严格遵守法定程序"，75.6%的人选了"定罪量刑符合实体法的规定和刑事诉讼的过程严格遵守法定程序相结合"，1.8%的人选了"从重从快严惩罪犯"，7.8%的人选了"审判的结果符合领导的要求"。可见，人们对于程序公正已经有了一定的认识，对实体公正与程序公正相结合的观念有较为广泛的认同。而我们一向认为的，老百姓就是希望从重从快惩罚犯罪，已经并非主流观念。

当笔者问道："你认为刑事案件的办理过程中，惩罚犯罪与保障人权哪个更重要？"3.7%的被调查人选了"惩罚犯罪"，18.9%的人选了"人权保障"，24%的人选了"都重要，两者发生冲突时，首先考虑惩罚犯罪"，53.5%的人选了"都重要，两者发生冲突时，首先考虑人权保障"。从中我们可以看出，对于人权保障和惩罚犯罪两大刑事诉讼直接目的，民众更倾向于保障人权。这说明这些年来，人权保障的意识已经开始逐步深入人心，刑事诉讼人权保障也越来越受到人们的重视。

当笔者问道："你赞成当案件证据不充分时，对被告人作无罪处理吗？"71.9%的被调查人选了"赞成"，7.8%的人选了"不赞成"，13.4%的人选了"可以把案件先放一放，查清了再判"，5.1%的人选了"可以实行疑罪从轻"。这一问题是关于疑罪从无原则的调查。疑罪从无作为无罪推定原则的重要内涵，是刑事诉讼中的一项基本原则，也已经写入了我国刑事诉讼法。[①] 此次调查表明，三分之二以上的民众已经认可了这一原则。

上述问题虽然还不能全面地反映民众对于刑事司法理念的认识，但是，民众对于实体公正与程序公正的关系、惩罚犯罪与保障人权的关系、疑罪从无原则的认识，多少说明了民众的刑事司法理念已经有了很大的变化，程序

---

① 我国《刑事诉讼法》第162条规定："证据不足，不能认定被告人有罪的，应当作出证据不足、指控的犯罪不能成立的无罪判决。"

公正、人权保障等观念正在逐步深入人心，这是非常可喜的，也是超出笔者预期的。当然，由于笔者调查的人群主要是省会城市的青壮年，他们多数经受过良好的教育，各种法律意识在国人中可能处于较为先进，可能也就不能够完全代表我国民众的普遍情况，尤其是不能代表广大农村的情况。但是，城市的这部分人群拥有重要的话语权和影响力，他们的情况对于我们整个社会非常重要，他们的进步也反映了我们这个社会总体上的进步。

再让我们来看一看，民众是否愿意参与刑事司法。一般的观点认为，我国民众具有“厌讼”的心理，这一点不同于西方的民众，以至于我国民众对于参与司法具有很强的抵触心理。事实是否是这样的呢？笔者在前文中也曾专门论述了我国“无讼”的传统和谐观，但是这是否就能成为民众不愿意参加刑事司法的心理依据呢？

笔者向被调查的民众直接提出了这一问题，即：“假设你是普通公民，现在法院通知你去担任陪审员，你愿意参加吗？”结果是 49.8％的被调查人表示“很高兴参与”，6.5％的人选了“没办法，只好参加”，37.8％的人选了“不愿意，找理由推托”，5.5％的人选了“坚决不参加”。可见，愿意参加的民众还是占多数，差不多有一半左右，而坚决不参加的人只占很少的一部分。虽然有三分之一左右的人选了找理由推托，表现出了不愿意参加诉讼活动，但是毕竟还不是多数。这一数据比笔者预计的也要乐观。

对于民众不愿意参加司法的原因，我们一般认为的理由是：中国是关系社会，所以不愿意得罪人；传统观念的影响；害怕打击报复；经济上不合算，等等。但是，笔者的调查发现，表示不愿意参加的人中的大部分给出的原因是：参加陪审没有实际意义，说了也不算。确实，我国以前的人民陪审员制度给人的感觉大体上就是请闲人去当陪衬，甚至有人将陪审戏称为“三陪”，即“陪坐、陪听、陪判”。这种状态下，显然很难调动民众参与陪审的积极性。

综上，如果我们以民众没有足够的素质和能力为由拒绝民众参与刑事司法，说明我们对民众的信心不够，也说明我们对我国民众的实际情况估计过于悲观；如果我们以民众不愿意参加为由废除民众参与司法的制度，则说明我们没有看到民众观念的转变，也没有看到制度上的缺陷是造成民众不愿意参与的主要原因。立法在制度设计时应当给民众更多的信心，而人民陪审员制度的改革等举措将为吸引和保障民众参与司法提供契机。

第五章 民众监督刑事司法的必然性及其路径

民众通过陪审、参审等方式直接参与到刑事司法中去，直接行使司法权，是司法民主的最有力体现，更是刑事司法获得正当性基础的必然要求。同时，民众监督司法作为一种间接式司法民主与民众参与司法相得益彰。这与萨托利的观点是一致的，即"直接民主就是人民不间断地参与行使权力，而间接民主在很大程度上则是一种对权力的限制和监督体系。"[①]民众参与司法和民众监督司法的有效结合，构成了夯实刑事司法的国民基础的主要途径。

第一节 民众监督司法的必然性

讨论民众监督司法的必然性，首先我们想到的便是民众是否信任司法机关及其工作人员？或者司法机关及其工作人员是否值得民众的信任？如果司法机关及其工作人员被民众认为比较廉洁、执法秉公，普遍赢得民众的信任，则民众监督的必要性会下降；反之，民众监督的必要性就会凸显。2007 年夏，笔者在若干城市所做的调查显示，63.1%的被调查人认为我国当前"司法腐败比较严重"。而通常我们所说的"司法腐败只是少数人的腐败"，没有得到多数被调查人的支持，只有 26.7%的人选择了该选项，认为"司法比较廉洁"的更是寥寥无几，在 200 多位被调查人中只有 4 人持该种观

---

① [英]乔·萨托利：《民主新论》，冯克利等译，东方出版社 1998 年版，第 315 页。

点。可见，民众普遍认为存在司法腐败，对于司法机关及其工作人员的信任度不高。

“民主的成分越多，就意味着对权威的监督越多，信任越少。”[①]存在不信任并不一定就是坏事。这种不信任只要是理性的不信任，就能对制度层面的完善和增强普通民众对国家机关的信任度起到促进作用。因为民主制度的革新常常是对权威的不信任所激发的，民主制度往往通过增强对权威的监督、控制来达到完善。“不信任不仅对于民主的进步，而且我们可以认为，对于民主活力所依赖的对权力的合理怀疑，都是必要的。”[②]而体现不信任精神的制度设计，最终是为了更好地赢得民众的信任。

司法腐败腐败是一个非常沉重的流行话语。[③] 我们很难准确地界定什么是司法腐败，因为这是一个被大众话语泛化了的批判性概念，也很难客观地评估司法腐败在现实生活中究竟有多严重或多普遍。按照一般的理解，腐败就是滥用公共权力以牟取私人利益。其中，至少我们可以看到两层基本内涵：一是涉及公共权力或职权的滥用；二是涉及非法或不正当地牟取私人利益。将这两层内涵套用到司法领域，我们可以将“司法腐败”简单地描述为：司法工作人员为了获得某种私人利益，利用自己职务上的权力或便利影响审判活动的过程和结果之行为。实际上，这种圈定也许是无效的，毕竟当事人、普通民众、媒体乃至法官自己在各种场合使用这一概念指称某些现象时，更多地可能是表达某种社会情绪，表达某种集合性或带有普遍性的感觉。这种社会的一般性感觉与当前司法审判公信力低、司法权威性不足联系在一起，并使得社会上能够被定义为“司法腐败”的现象似乎相当广泛，这种感受正持续地给社会带来程度各异的无可奈何、抱怨乃至愤怒之情绪。

我们在此不需要罗列司法腐败的具体数据和案例，因为只要我们关注一下新闻媒体，随时可以看到类似这样的报道——《深圳中院五法官涉贪 办公室搜出大批现金》[④]，只要我们留意一下身边和司法机关打过交道的人的抱怨，我们就可以感受到问题的严重性。甚至可以说，在中国，当前刑事法制实践中最遭社会公众诟病的现象也许并不是诉讼人权保障的薄弱，而是

---

① ［美］马克·E. 沃伦编：《民主与信任》，吴辉译，华夏出版社 2004 年版，第 1 页。

② ［美］马克·E. 沃伦编：《民主与信任》，吴辉译，华夏出版社 2004 年版，第 289 页。

③ 曾读到过一则外国笑话：在一场官司中，原告送给法官一辆马车，被告人则送了两匹马。结果，原告被判败诉。他叫道：“我的马车啊，你走得可不是方向！”法官回答：“马往哪里拉它，它就往哪里走。”一笑之后，给我们留下更多的是酸楚。原来“吃了原告吃被告”并非我们国家独有的毒瘤，原来古往今来任何社会都存在这样的问题。

④ 《深圳中院五法官涉贪 办公室搜出大批现金》，《钱江晚报》2006 年 11 月 12 日。

司法腐败严重以及法律适用的不平等。有法不依、任意执法、贪赃枉法已成为司法顽疾。其危害后果是，任何一项在理论上文明、在西方国家运作效果也不错的现代诉讼制度，在中国的引进都面临着如下巨大的风险：被异化为权钱交易或者玩忽职守的托词，走向制度预期的反面，产生始料不及的负面后果，因而也很难取得社会公众的认同。[①] 于是，我们可以得出一种简单的大众逻辑：

司法权存在严重腐败现象＋民众痛恨司法腐败→民众应当监督司法

普通民众对于司法腐败的抱怨、愤怒也好，无可奈何也罢，从本质来看都是一种社会情绪的宣泄，这种宣泄是符合一般人的社会常识的。不管这种宣泄是否是理性的，我们必须承认这是一种社会现实存在，是一个无法回避的现实。这不是对司法机关和司法制度的彻底否定，而是透露出民众的一种普遍愿望，那就是社会需要的是阳光下的司法而不是黑匣子里的司法。毕竟，"当法官从天国降临尘世，我们看到，他也是人；为了赋予其判决以价值，我们开始在司法过程的更为精确的机制中找寻某些保障措施，以确保每个判决总将是理性而非恣意行为的产物"[②]。于是，就有了阳光法的概念，所谓阳光法，是指那些要求政府向公众开放的法律，其意在于将政府官员的活动都置于阳光照耀之下。[③] 在美国，最有名的阳光法是 1967 年由国会颁布的《信息自由条例》(the Freedom of Information Act)和 1976 年颁布的《阳光下政府条例》(the Government in the Sunshine Act)。根据这两部法律，除了明确列举的几项例外，政府掌握的所有文件、记录，在申请人要求时，都必须公开；实行委员会制的行政机关举行会议必须事先通告，并允许公众列席和取得会议资料。阳光法这一概念生动地向我们展示了人们对于"阳光"的需求和对"反腐"的渴望。迄今已有 20 来个国家制定了类似法律。这反映的是这样一种普遍的现象："政府的决策和日常工作越来越直接地影响公民的切身利益；与此同时，普通老百姓的那种浪漫主义的信任和期待很容易被某些内幕丑闻和腐败、贿赂之类的消极现象打破，权利意识逐渐地上升了。"[④]

就如民主理论的著名学者达尔所说："在最低水平上，对我来说，民主理

---

① 参见周长军：《中国刑事诉讼改革亟待理清的几个问题》，《法学论坛》2004 年第 2 期，第 111 页。

② [意]皮罗·克拉玛德雷：《程序与民主》，翟小波、刘刚译，高等教育出版社 2005 年版，第 5 页。

③ 何家弘：《域外痴醒录》，法律出版社 2002 年第 2 版，第 265 页。

④ 夏勇：《知情：权利与义务的解读》，《工人日报》2001 年 3 月 23 日。

论关心的是普通公民借以对领导行使相对强的控制的过程。”[①]我们不得不承认，今天有相当一部分民众对司法缺乏信任和信心，而这种信任和信心很大程度上主要源于部分严重刑事案件的审判存在不公。像“佘祥林案”这样的冤假错案的不断曝光，正印证了这一点。“无论这种‘司法信任危机’在何种程度上有合理性——即使对那些怀疑司法危机合理性的人来说，这种在此程度上所存在的事实也并非仅仅是痛心疾首地予以抵触的理由，而且还应是严肃思考和自我反省的动力。因为司法依赖于民众的信任而生存。任何司法的公正性，在客观性和可撤销性方面的价值观，决不能与司法的信任相悖！”[②]

人类法治文明的发展，让我们不应当再企盼“青天大老爷”主持公道或者将身家性命寄希望于“圣帝贤君”明察秋毫。对于充满智慧的法官的仰慕和企盼，可以说是古今中外民众所普遍具有的一种朴素情感，从我国的“包青天”到莎士比亚笔下的《威尼斯商人》中法官的智慧为我们所熟悉。[③] 但是，这些只是人们美好的愿望，“法官，连同大部分其他政府官员一起，在民主社会中面临的最严重危险是：冷漠无情、官僚主义的麻木以及匿名的不负责任。因为官僚不再是生机勃发的人，他们变成文件数码、索引卡片和‘个案’；也就是说，在一个充满文档的文件夹中，隐藏着一个干瘪人。”[④]我们需要具有崇高灵魂的法官，这些法官尽心尽责，保持着警醒和人性，承担着维护正义的庄严责任。但是，我们不能将实现正义的理想完全寄托于崇高法官的身上。我们不可能让每个法官都成为“包青天”，但是民众可以运用法律和程序来约束法官，用参与和监督来防止司法腐败。就如人们常说的“阳光是最好的消毒剂，电光是最好的警察”，阳光普照下的司法，才是健康的司法。这也是解决“谁来监督监督者”这一难题的良方。

概言之，司法腐败的滋长、司法公信力的滑坡、人性的弱点使得民众监督司法具有扎实的价值基础。

---

① [美]达尔：《民主理论的前言》，顾昕等译，生活·读书·新知三联书店、牛津大学出版社1999年版，第4页。

② [德]拉德布鲁赫：《法学导论》，米健等译，中国大百科全书出版社1997年版，第118—119页。

③ 对于《威尼斯商人》中机智的法官一类的故事，拉德布鲁赫认为：多数颂扬的是用计谋规避适用的法律，制服拒不认罪的被告人或造谣中伤的公诉人。也就是说，“歌颂的并非法官式的智慧，而是机智，在我们今天，刑警长官应具有这种品质，法官要是如此，恐怕有失尊严”。参见[德]拉德布鲁赫：《法学导论》，米健等译，中国大百科全书出版社1997年版，第118页。

④ [意]皮罗·克拉玛德雷：《程序与民主》，翟小波、刘刚译，高等教育出版社2005年版，第25页。

第二节　作为民众监督司法之前提的程序公开原则

一、程序公开原则的确立

民众监督司法需要刑事司法中的公权力处于阳光普照之下。那么，阳光从何而来？程序公开就好比是给一座密闭的大房子开了一扇扇的玻璃窗，阳光从此能够普照到每一个角落。一般认为，狭义的程序公开是指诉讼活动向社会公开。其最为典型的表现，是审判公开；广义上的程序公开，除诉讼活动向社会公开外，还包括程序具有透明度，向程序涉及其利益的人及相关的人公开。[①] 这两个层面又是不可分离的。福柯早就注意到，"法官应高声说出他的意见，他应在判决时宣读给被告定罪的法律条文……被神秘地隐藏在档案库里的程序应该向一切关心犯人命运的公民开放"[②]。刑事程序公开是国家权力运作公开的重要方面，其公开性与透明性越高，就意味着刑事程序的民主化程度越高；而刑事程序的秘密性，则总是与专制为伍。[③] 程序公开为民众监督司法提供了可能性和有效性，使得司法机关和司法工作人员无法从事暗箱操作，这奠定了司法裁判获得民众信任的基础。就如贝卡利亚的那段名言所说："审判应当公开，犯罪的证据应当公开，以便使或许是社会唯一制约手段的舆论能够约束强力和欲望；这样，人民就会说：我们不是奴隶，我们受到保护。"[④]

从民主理论来看，程序公开的基础是民众享有知情权。知情权也就是获得信息的权利，是每个人都应当享有的一项基本权利。知情权有广义和狭义之分。广义的知情权，是指公民对所有的社会生活（包括消费者权益保护、国家政权机关的工作、选举等）享有了解、获知信息的权利；狭义的知情权，是指公民针对政府工作、针对政府的政务公开的一项权利。夏勇先生认为，从目前世界各国民主法治发展的趋势来分析，知情权作为一项权利，是公民对政府的一项在道德和法律上的合理要求。相对地，满足公民的这一

---

① 宋英辉主编：《刑事诉讼原理》，法律出版社 2003 年版，第 129 页。

② [法]米歇尔·福柯：《规训与惩罚》，刘北成等译，生活·读书·新知三联书店 1999 年版，第 107 页。

③ 宋英辉主编：《刑事诉讼原理》，法律出版社 2003 年版，第 133 页。

④ [意]贝卡利亚：《论犯罪与刑罚》，黄风译，中国大百科全书出版社 1993 年版，第 20 页。

要求，既是政府应当承担的道德义务，也是政府应当履行的一项法律义务。[①]在人民主权论之下，国家主权属于人民，司法权亦属于人民，作为一切国家权力的源泉，民众享有对于国家权力运作情况的知情权。否则，国家权力就不可能真正掌握在人民的手中，政权也不可能不蜕变为少数人的俱乐部。美国第四任总统麦迪逊关于民众应当用信息武装起来的名言至今仍极有现实意义："不掌握正确的信息情报及获得信息情报的方法，（所谓的）人民政府只能是滑稽喜剧或者悲剧的序幕，或者除此两者之外什么也不是。掌握情报者通常支配不掌握情报者。因此，为要使自己成为统治者的人民，必须从信息情报中获取知识，把自己武装起来。"[②]的确，民众如果不掌握足够的信息，就不可能知道什么人侵犯了自己的合法权利，也就不可能为维护自己的权利而有效地进行斗争，也就只能处于任人宰割的地位而根本不可能成为国家和社会的主人，甚至不能作自己的主人。

民众的知情权是现代民主法治进程中，人们为之不懈奋斗的一项权利，相应地，程序公开在世界各国都经历了一个从无到有再到不断扩大的过程。众所周知，封建集权统治下，统治者为了维护专权，大搞愚民政策，希望永远驱使、奴役"无知"的贫苦百姓。现代社会，人们渴望自由、民主，当然不会再愿意让这种愚民政策来掌控自己的命运。但是，即使是在一些自诩为民主法治典范的西方发达国家，对于民众的知情权也并非没有障碍，权利的扩大也是民众不断争取的结果。如在英国，"英国公民遇到了重重障碍，这是因为他们没有获得官方信息的合法权利，另外英国政府的许多部门都有保守机密的习惯。而保守机密的依据是，未经许可泄密会受到民事和行政制裁。尽管存在着这些措施，但是人们也承认如今公众已可以获取大量的官方信息"。这里所说的"重重障碍"是指：在英国，有着限制信息公开的单独法规，其中最重要的是 1989 年《官方保密法》，其涵盖的范围较广，涉及的领域包括安全与情报、国防、国际关系、犯罪、特别调查权限和机密信息。[③] 这种情况在 1994 年《获取政府信息实施守则》出台以后，有所好转，该法扩大了民众了解情况和分析结果的渠道，促进了民众民主参与的进程。

在美国，1979 年甘尼特公司诉德帕斯奎尔（Gannett Co. v. DePasquale）一案中，联邦最高法院驳回了关于知情权源于第 6 修正案"公开审判"条款的主张，认为第 6 修正案只是将公开审判的权利赋予被告人，且仅限于

① 夏勇：《知情：权利与义务的解读》，《工人日报》2001 年 3 月 23 日。

② 转引自陈永生：《侦查程序原理论》，中国人民公安大学出版社 2003 年版，第 192—193 页。

③ 参见樊崇义主编：《诉讼原理》，法律出版社 2003 年版，第 492 页。

刑事案件。但是,不久,情况就有了发展,也就是在1980年的《理查蒙德新闻报》诉弗吉尼亚(Richmond Newspapers v. Virginia)一案中,获悉刑事诉讼程序信息的权利问题再次被提出。该案的七位大法官认为,公众的知情权体现于宪法第1修正案[①]并通过第14修正案被适用于各州。[②] 1982年的环球新闻公司诉高级法院一案中,对于这一点给予了更为明确的解释。该案的多数意见指出,宪法第1修正案"广泛到足以实现那些虽没有在第1修正案中明确列举、但对于享有第1修正案的其他权利仍然非常必要的权利。……第1修正案包含刑事审判知情权是以以下一般理解为基础的,即'该修正案的主要目的是保护对政府事务的自由议论。'……将第1修正案扩展到包括刑事审判知情权,保证了'议论政府事务'的宪法性保护是一项正式的权利。"在该案中,美国联邦最高法院还补充说:"刑事司法体制有两个特征,它们'结合起来可以解释为什么第1修正案专门为刑事审判知情权恰当地提供了保护':(1)这种审判在历史上就已经向媒体和公众开放;(2)知情权在司法程序的运转中扮演了一个非常重要的角色,因为公众知情权不仅可以增强'真相发现过程的质量和保护其完整性,使得被告人和作为整体的社会受益',而且'形成了一个公正的外观,从而提升公众对司法程序的尊重'。"[③]

发展到现代,程序公开,特别是审判公开已经成为一项国际公认的基本司法准则。《世界人权宣言》第10条对此作出了规定:"人人完全平等地有权由一个独立而无偏倚的法庭进行公正和公开的审讯,以确定他的权利和义务并判定对他提出的任何指控。"《公民权利和政治权利国际公约》第14条作出了类似的规定:"人人有资格由一个依法设立的合格的、独立的和无偏倚的法庭进行公正的和公开的审讯。"针对该规定,联合国人权事务委员会进一步解释说:"公开的审讯是对个人利益和整个社会利益的重要保障。"[④]一些区域性的国际人权公约也规定了公开审判原则,如《欧洲人权公约》第6条第1款对此作出了明确规定:"在决定其民事权利及责任或任何针对他的刑

---

① 美国宪法第1修正案规定:国会不得制定法律以涉及宗教信仰的设立或禁止其自由活动,或剥夺言论或出版自由,或(剥夺)人民和平集会与请愿政府给予申冤之权利。

② Wayne R. LaFave, Jerold H. Israel, Nancy J. King, Criminal Procedure(Fourth Edition), West Group,2004,p. 1082.

③ Wayne R. LaFave, Jerold H. Israel, Nancy J. King, Criminal Procedure(Fourth Edition), West Group,2004,p. 1082.

④ 人权事务委员会通过的一般性意见第13号,中文本全文参见杨宇冠主编:《联合国人权公约机构与经典要义》,中国人民公安大学出版社2005年版,第188—191页。

事指控时，每个人都有权在法律所建立的独立和公正的审判官面前，在合理时间内获得公正和公开之听证。”

二、对民众审判公开的三个层次

程序公开作为民主法治社会的一项主要标志，保证了信息的自由流通，使得民众能够在知情的状况下参与司法和监督司法。刑事司法中的程序公开之核心在于审判公开。获得公开审判既是被告人的一项基本诉讼权利，同时，审判公开也是社会普通民众的一项民主权利。德国著名学者罗科信认为：“审判公开原则‘其乃属于刑事程序之基础’，亦即‘属于法治国家之基础设施’，其重要意义乃在于，加强大众对司法信赖，提高司法机关之责任感，以及为了要避免使得不适当的事况对法院、也对判决产生影响。”[①]从各国的司法实践来看，这种公开主要体现在三个层次上：一是法院的审理应当公开，公众可以旁听，新闻媒体可以报道，以监督和制约审判的进行；二是诉讼证据应当公开，任何人被定罪只能以法庭上采信的证据所认定的事实为依据，以达公正判决之目的；三是法院的判决应当公开，并应当充分说明裁判理由和依据。

（一）法庭审理的公开

“公开审判，无论是民事审判还是刑事审判，很早就被承认为正义之根本。”[②]近年来，随着媒体的膨胀和计算机网络的普及，法庭审判公开的程度正在史无前例地扩展，最典型的一例是在1994到1995年，美国加利福尼亚州洛杉矶法院审判辛普森案。法庭报道的广度和深度达到了前所未有的程度，法庭的新闻采访室安装800多条电话线供1000多名记者使用，法庭内外布置的电视电缆总长度达50多英里。据称在1995年10月3日该案宣判时，美国有1.5亿人观看了法庭现场报道。[③] 这也是辛普森案成为全球家喻户晓的案件的最重要原因之一。通过传媒和网络，现代审判公开正进行着历史性的变革和飞跃，其公开的范围已经由面向当事人发展到当地民众，再到一国民众，直至走向全球。但是，这并不意味着，对法庭审判的公开是不受限制的。比如美国联邦最高法院庭审公开，但不允许在法庭内摄影，因而专门有两名画师在庭上作速写，然后将速写画发布给各新闻机构以供发表。主持庭审的法官可以对任何妨碍、阻止或为难法庭进行审判，从而贬低法庭

---

① ［德］克劳思·罗科信：《刑事诉讼法》（第24版），吴丽琪译，法律出版社2003年版，第443页。

② ［美］贝勒斯：《程序正义——向个人的分配》，邓海平译，高等教育出版社2005年版，第51页。

③ 陈光中主编：《刑事诉讼法实施问题研究》，中国法制出版社2000年版，第204—205页。

尊严的行为，处以藐视法庭罪。[①] 在1996年的伍德(Wood)案中，英国上诉法院所作的如下评论会对我们正确认识审判公开有所裨益，其指出：如果我们想要拥有一个自由而独立的新闻界，我们必须允许和欢迎那些对我们的刑事司法制度存在的缺点、有时产生的这样或那样的错误提出总体评论的意见。但公正原则要求，在特定案件中不能通过新闻界或其他途径对陪审员施加压力。报纸编辑及其读者要正确表达对那些犯有严重罪行者判罪和惩罚的要求。如果它们造成了不公正的审判，那么本来想通过采取正当措施实现的目标也可能岌岌可危了。[②]

确立法庭审判的公开原则，同时，又作出一定的例外规定，是各国通行的做法。如法国刑事诉讼法规定了法庭审判的公开问题，第306条规定"辩论应当公开进行，但公开对社会秩序或者道德风俗存在危害的除外"，第400条规定"庭审一律公开"。第306条还规定了，审判长可以禁止未成年人或部分未成年人旁听。如果追诉的是对强奸犯罪和伴有性侵犯的酷刑和野蛮折磨罪，而受害当事人或其中之一要求秘密审理时，应当禁止旁听；其他情况下，如果受害当事人或其中之一并不反对秘密审理时，也可以禁止旁听。可见，法国刑事诉讼法规定的审判公开对未成年人作出了特殊限制，并赋予受害人是否公开审理的选择权。

在德国，同样确立了法庭审判的公开原则，德国法院组织法第169条规定："在法庭上进行的程序，包括宣布判决和判令，都是公开的。无线电和电视传送以及为后来传播其内容用的录音和拍片，均不允许。"对此，德国学者赫尔曼认为，"对于开庭审理，在刑事程序中原则上要求必须公开进行，以使刑事司法受到公众监督，保障公众对它的信任。"[③]德国的审判公开的例外主要基于以下几个方面：(1)审判公开只得于法院的空间许可下，才能举行。(2)对审判公开的一般性排除：①于下述之情况下为合法：当被告之应否移送治疗处所为诉讼程序之诉讼客体时；当涉及诉讼参与人、证人或一违法行为中之受害人的私人生活之特定事况时；如果有危害国家安全、公共秩序或风俗之虞者；当对证人或其他人之生命、身体或自由有危险之虞时；当涉及一重大的职业上之秘密，对此秘密的公开谈论将使应受保护之重大利益受

---

① 程味秋、周士敏：《论审判公开》，《中国法学》1998年第3期，第34页。

② [英]麦高伟、杰弗里·威尔逊主编：《英国刑事司法程序》，姚永吉等译，法律出版社2003年版，第209页。

③ [德]约阿希姆·赫尔曼：《〈德国刑事诉讼法典〉中译本引言》，载《德国刑事诉讼法典》，李昌珂译，中国政法大学出版社1995年版，第17页。

到侵害时，或论及一私人秘密，而对此之公开将违反刑法的相关规定时；被讯问人未满16岁时。②强制规定排除审判公开者为整个的少年刑事诉讼程序，以及裁判之宣示。③当因有危害国家安全之虞而排除审判之公开时，绝对禁止新闻、广播及电视就该审判之客体加以报道。(3)个人可能因损害法院之尊严、藐视法庭，或者在开庭时有不服从及不适当之行止与犯违法之行为时等不适当的理由而被排除于审判程序之外；判例尚允许得因一般的、深具意义的诉讼观点而成立排除之理由，如潜在可能的证人。[①]

《公民权利和政治权利国际公约》第14条中规定了对审判公开的例外："由于民主社会中的道德的、公共秩序的或国家安全的理由，或当诉讼当事人的私生活的利益有此需要时，或在特殊情况下法庭认为公开审判会损害司法利益因而严格需要的限度下，可不使记者和公众出席全部或部分审判；但对刑事案件或法律诉讼的任何判决应公开宣布，除非少年的利益另有要求或者诉讼系有关儿童监护权的婚姻争端。"《欧洲人权公约》第6条中则规定："审判应被公开宣布，但为了在民主社会中的道德、公共秩序或国家安全之利益，公众和报社可被排除出全部或部分审讯。"

概括来看，各国法律和国际公约对于法庭审判公开的限制主要是基于以下两个方面的考虑：一方面，基于司法公正之考虑，即不适当的公开可能导致对被告人有偏见的报道，这会影响法官或陪审员审判的公正性。这一点对于陪审团尤为明显，对于受害人的遭遇和对于案件后果的渲染性报道都可能对非职业法官产生很大的影响。另一方面，基于司法独立之考虑，即含有偏见的报道和引发的民众的关注和倾向性意见，可能给法官独立、中立审判带来很大的压力。这里便涉及司法独立与媒体监督的关系问题，笔者将在下一章中专门对该问题展开讨论。

（二）证据的公开

证据公开，是指据以定罪的证据必须在法庭上公开，否则不能作为定罪的根据。证据公开实质上属于法庭审判公开的一个组成部分，但是，由于其又有着自身的特殊性，因此笔者将其作为一个独立的层面来讨论。证据的公开，需要由一系列的证据规则加以规范和保障。

---

① 参见[德]克劳思·罗科信：《刑事诉讼法》(第24版)，吴丽琪译，法律出版社2003年版，第444—448页。

首先是传闻证据规则[①]。所谓传闻，简言之，就是法庭之外的陈述，包括口头陈述、书面陈述以及有意无意地带有某种意思表示的非语言行动。对抗制诉讼强调控辩双方平等对抗，平等地享有对另一方提出的证人进行交叉询问的权利。如果法庭采纳传闻证据，则法官就无法对原始证人进行察言观色；控辩双方也就不能通过对另一方的证人所作陈述的内容进行交叉询问而验证其真实性和准确性，特别是这就使得被告方不能与检察官一样享有对证人进行质证的权利和机会，从而几乎完全剥夺了被告方享有的质证权。传闻规则的前提就是要证人出庭作证，否则书面证言将作为传闻而被排除。

其次是交叉询问规则。交叉询问由两部分组成，即主询问与反询问。前者指庭审中，由举证方向本方提出的证人发问，也称直接询问；后者指由对方向举证方提出的证人发问，又称交叉询问。对抗制诉讼在庭审阶段的主要反映即是控辩双方对证人的交叉询问，这便要求证据调查主要由控辩双方进行，从而使得控辩双方在庭审中居于主导地位。交叉询问规则与传闻证据规则是不可分离的。证人出庭接受交叉询问，应成为证人作证的常态，而传闻如果可以被采信，那么只要有对文书的宣读和审查即可，也就不需要交叉询问了。正是对这种言词形式的贯彻，通过反复的交叉询问使得庭审真正体现了两造对抗的精神。

再次是当庭认证规则。当庭认证增强了庭审的透明度和实质性，使控辩双方的交叉询问有了用武之地，也促使法官在庭审中更加重视控辩双方的举证和意见，减少对案卷的依赖，在法庭听审的基础上作出对案件事实的认定和提出适用法律的意见。如果没有当庭认证就难免陷入“先定后审”或是“先审后定”的误区。

此外还包括证据展示规则。控辩双方在法庭开庭前相互展示证据，获取有关案件信息，这是法庭上证据公开的前提和保障。在对抗式诉讼中，庭前移送法院的案卷材料往往受到限制，有的国家还实行起诉书一本主义，使得辩护方难以在开庭前阅卷。加上控辩双方极强的对抗性，彼此都会尽可能采用各种技巧来削弱对方的进攻和防御能力，如果没有庭前证据展示规

---

① 与英美法系的传闻规则相对应，大陆法系采行直接言词原则。直接言词原则可再分为直接原则和言词原则。直接原则，又称直接审理原则，要求参加审判的法官必须亲自参加证据审查，亲自聆听法庭辩论。言词原则，又称言词审理原则，要求当事人等在法庭上须用言词形式开展质证、辩论。直接言词原则要求证人提供的证言以及被告人供诉与辩解都应以言词的形式在法庭上经过审查才能作为定案的依据，这与传闻证据规则在精神上是一致的。

则，法庭很容易变成混乱而漫无目的之竞技场。

通过以上证据规则，使得证据能够在法庭上公开亮相，通过交叉询问和当庭认证，使得通过证据证明案件事实的过程展现无遗，这是民众参加庭审或者是媒体监督审判理应包含的内容，否则，法庭审判只是一场毫无实质内容的走秀。

（三）裁判的公开

裁判公开是与法庭审判过程的公开相对应的一个概念。但是，裁判公开并不不是简单地宣布审判的结果，因为“仅仅做到法庭审理过程的公开和裁判结论的公开，是远远不足以遏制司法不公现象的。……而在公开审理的过程与裁判结论的形成之间，还缺少一个中间环节——裁判结论形成的过程、理由和根据的公开”①。裁判者的评议过程必须是秘密的，这是保持司法独立的需要，但是裁判的结果却必须是公开的，因此，“现代法治国家一般设计出了一种旨在确保公众事后了解裁判形成过程和理由的制度：裁判结论公开后的理由说明以及判决书的详细载明理由”②。可见，裁判公开应当包括三项主要内容：一是裁判理由的公开，即在判决书、裁定书中应当写明作出此项裁判的理由和推理过程；二是公开宣告裁判；三是裁判书可以被普通民众查阅。其中，第一项公开，即裁判理由的公开是我们需要特别注意的。

首先是裁判理由的公开。裁权理由的公开不仅是说服当事人的需要，也是给普通民众一个合理交代的需要。谨慎的事实论证、严密的逻辑推理、可靠的法律依据使得裁判文书能够向当事人和民众展示裁判的合理性和正当性。这对于树立司法裁判的权威，赢得民众的信任，具有不可替代的作用。也正因此，英美法系普通审案件的裁判文书极为详尽，动辄洋洋洒洒几十页，甚至百页以上，以至于裁判文书成为法官表达自己思想的主要阵地，这也成为我们研究法律和裁判的重要素材和资料。许多著名的裁判文书都因此而成为法学院学生必读的经典法科教材，如马伯里诉麦迪逊案、米兰达案等。大陆法系，同样非常重视裁判的说理性，如德国刑事诉讼法第 267 条对判决理由作出了详细的要求：(1)被告人被有罪判决的时候，判决理由必须写明已经查明的、具有犯罪行为法定特征的事实。证据如果是根据其他事实推断出来的时候，也要写明这些事实……(2)在审理中如果有程序参加

---

① 陈瑞华：《看得见的正义》，中国法制出版社 2000 年版，第 77－78 页。

② 陈瑞华：《看得见的正义》，中国法制出版社 2000 年版，第 78 页。

人主张刑法特别规定的排除、减轻或者提高可罚性的情节的，对这些情节是否已经确定或者是没有确定，判决理由必须对此说明。(3)此外，判决理由必须写明所适用的刑法和对量刑起了决定性作用的情节。刑法将是否减刑依附于是否是减轻情节案件的时候，判决理由必须写明为何认定了这些情节，或为何对审理中提出的这方面申请相反地却给予了拒绝……判决理由还必须写明为何缓刑……(4)所有的有权声明不服人员如果舍弃法律救济，或者在规定期限内没有提起法律救济诉讼活动的时候，判决理由必须写明已经查明的、具有犯罪行为法定特征的事实以及所适用的刑法……(5)被告人被无罪判决时，判决理由必须明确是否被告人没有实施被指控的罪行，或者是否以及因何原因认为已经查明的行为并不构成犯罪的事实……(6)判决书也必须写明为何科处矫正及保安处分或者为何与在审理中提出的申请相反地没有科处……

其次是公开宣告裁判。法庭审判可能因为诸如未成年人利益等原因而不公开审理，但是不论案件是否经过公开审理，对于判决书、裁定书都应当公开宣告。在R. M诉芬兰一案中，联合国人权事务委员会认为，二审可以采取书面审，但审判程序和文件要向公众公开。[①] 也就是说，在一定情况下二审采用书面审理并不违背联合国关于公开审判的规定，但是，作为主要文书的裁判书则必须公开。

再次是裁判书可以被普通民众查阅。民众不仅有权查阅法院的裁判书，而且法院应当创造条件，让民众能够顺利地查阅裁判书。在一个案件审结后，在裁判文书所被保存的年限内，任何民众都应有权要求查阅这些裁判文书。这种公开的形式有很多，如许多国家定期将裁判文书编制成册以向社会公开，有的国家则将裁判文书置于特定的地点供民众查阅。值得注意的是，现代网络科技为裁判书公开提供了新的形式和途径，如英国正在努力通过互联网来实现裁判文书向民众公开。[②]

---

① 杨宇冠:《人权法——〈公民权利和政治权利国际公约〉研究》，中国人民公安大学出版社2003年版，第256页。

② 英国通过互联网加强程序公开的努力还包括试图让被害人在诉讼过程中可以通过互联网知道案件的进程，在编制刑事诉讼程序、刑事法律的同时，能够让民众通过互联网知道这些信息，如上议院大法官事务部网站增加了这方面的内容(www. lcd. gov. uk)，等等。

第三节　民众监督司法的类型及其价值

一、普通民众的监督

普通民众对司法的监督是最为广泛的一种监督形式。即司法裁判的公正性和法官的清廉性应当受到全民的普遍监督。在审判案件的过程中，法官应当严格遵循法定程序，努力追求裁判的公正，并自觉接受广大人民群众的监督，只有这样司法才能真正体现民主性。

陪审或参审是普通民众监督诉讼的一种形式，陪审或参审的过程既是民众参与诉讼的过程也是民众对审判进行监督的过程。陪审员来自社会的各个阶层，代表着不同的行业、部门、职业和层次的利益和观念，其参与审判活动，对司法而言，是一种普通民众对职业法官的制约。这不仅改善了法官与普通民众的关系，也使得民众真正分享了法官的权力，使民众成为司法的主体。这不仅使得法官在审判中减少了专断和偏袒的可能，有利于法官审慎地作出裁判，而且使得审判的整个过程都受到民众的制约，有利于保证审判的公正性。

申诉是普通民众监督司法的另一种形式。申诉权是我国宪法确立的一项重要权利，[①]民众对于任何国家机关和国家工作人员的违法失职行为，有提出申诉、控告或者检举的权利。对于刑事案件的申诉便是对刑事司法的一种监督，纠正冤假错案的要求，是法治国的内在要求，也是民众的一种合理的小反抗权。[②] 就如考夫曼所说："没有一个国家，且没有一个法治国家可免于被扭曲为不法国家的危险且陷于不可归责于掌权者的不法状态。因而问题是，是否在法治国家内不可能有被允许的反抗行为、'小反抗'行为，可即时产生效用，以免等到有一天，或许已经太晚了，必要采取'大反抗'。"[③]正如考夫曼所称，诸如申诉之类的"小反抗"行为在法治国家是存在的，也是被法律所允许的，这种反抗权实质上是反抗司法不公的合法行为。申诉行为是一种警钟，在尊重既判力的前提下，民众的申诉对于监督国家司法权的公

---

① 我国《宪法》第 41 条规定，公民有向有关国家机关提出申诉、控告或者检举的权利。

② 对于申诉的性质的相关分析参见胡铭：《刑事申诉论》，中国人民公安大学出版社 2005 年版，第 181—185 页。

③ [德]考夫曼：《法律哲学》，刘幸义等译，法律出版社 2004 年版，第 298 页。

正行使，及时矫正不法行为，及时调整法律和政策都是有益的。当然，通过申诉来要求司法机关纠正司法错误，应当在司法不公存在的前提下，在穷尽其他合法的救济途径之后，采用非暴力的形式要求讨回公道、纠正错误，而采用自伤自残、围攻司法机关等极端的反抗行为便超出了这种合法小反抗的范围。对于合理的申诉行为绝不能采用推推转转或强行打压的方式来息讼，否则便违背了司法民主的要求，也不可能真正解决问题。

当然，普通民众监督司法的形式是多种多样的，无法穷尽，如民众参与公开审判，民众通过传媒发表对刑事审判的看法和意见，甚至民众在街头巷尾的讨论等都是监督司法的途径。

二、新闻媒体的监督

现代社会，新闻媒体是监督司法的各种舆论的主要载体。随着报纸、杂志、广播、电视的普及，特别是互联网的爆炸性发展，随着言论自由作为一项最基本的人权在世界各国获得普遍的尊重，媒体对司法的舆论监督产生了极为广泛的影响。这种影响力的形成主要基于以下几个方面：

第一，新闻媒体具有广泛的社会渗透力，是司法审判中程序公开的主要媒介。新闻媒体的职业要求他们能够最及时地捕捉民众关心的焦点问题，深入社会的各个层面来掌握这些信息，而司法审判作为涉及民众切身利益的领域，必然会吸引媒体的极大关注。这便使得大众传媒总是力图使得司法裁判的过程一览无遗地展现在他们的视野下，然后，他们再毫无保留地将民众关注的审判活动向社会公开。

第二，新闻媒体关心民众的利益。新闻媒体真正的生命在于获得民众的喜欢和支持，媒体如果只是大做官样文章，大说空话套话，是不可能真正赢得读者的肯定的，从长远来看必然无法成为成功的媒体，这是我们之所以将新闻媒体也称为大众传媒的主要原因。在某些案件中，可能出现媒体偏袒某一方当事人的情况，也可能出现捕风捉影、报道失实的情况，但是，案件最终总会真相大白，那时媒体将会背负骂名，也会失去民众的信任。所以，一家真正成功的媒体必然会尽量避免这种情况的出现。

第三，新闻媒体承载着民意。大众传媒本身就是民众表达自己心声的场所，特别是互联网为民众提供了无国界、无偿、无限的表达思想的空间。一起重大的刑事案件，从案件的发生，到诉讼程序的启动，再到案件的审判，最后到案件的执行，都可能牵动广大民众的心弦，引发普遍的关注和议论，如马加爵案便是一例。对于司法腐败和冤假错案，更是媒体和民众关注的焦点，如佘祥林案便很典型。这两个案件的特点都是引发了民众大范围的讨论，这种讨论在互联网上无限扩展，直至几乎国人皆知，这在互联网普及前的年代里是很难想象的。新闻媒体通过各种方式将社会各方面关于这些案件的评价表达出来，有形无形之中都会对司法人员产生影响。虽说审判不应被舆论所左右，但广泛的民众关注和民意释放至少会让法官更加审慎地裁判，并多少影响到个案的裁决。

三、法学家的监督

在西方国家中，法学家的监督通常被认为是最为公正的监督，因而得到普遍的推崇。[①] 法学家作为一个受到普遍尊重的群体，在人类法治建设的进程中发挥着重要的作用，从立法到司法，从理论到实践，这种作用是显而易见的。如在古罗马，乌尔比安、盖尤斯等五大法学家的法律解答成为法律的正式渊源，从而在罗马法发展史上发挥了关键性的作用。[②]

法学家的一大特点是其在监督司法的过程中更具有中立性和公正性。法学家作为法律专家和职业研究者，其在研究过程中保持着学者的中立，对于个案的见解不像普通民众那么容易被情绪所左右。不可否认，民众在媒体过于夸张的宣传之下或者涉及自己的切身利益等情况下，有可能反应过于激烈而有失公正。法学家的冷静思考和法律逻辑思维是抑制民众的这种过激反应的良药，是推动民众中立地监督司法的重要力量。托克维尔对民众的这种激情是有所担忧的，他将法学家看作是衡平民主的最强大力量，甚至是衡平民众的唯一力量。他认为："在民主政体下，人民也信任法学家，因为人民知道法学家的利益在于对人民事业的服务；人民听法学家的话而不气恼，因为人民预料法学家不会出什么坏主意。"[③]民众的这种信任使得法学家的言行为民众监督司法提供了楷模，并将民众盲目的激情引向理性的轨道。

法学家的另一大特点是其对于法律主旨的精深把握使得监督具有极高的价值。法学家在研究法律当中获得的专门知识，使他们在社会中独辟一个行业，在知识界形成一个独特阶层。与普通民众相比，法学家对于法律的理解和把握具有显著的优势，不少法学家还亲自参与立法，这使得法学家对

---

① 顾培东：《社会冲突与诉讼机制》，法律出版社 2004 年修订版，第 203 页。

② 罗马法学家的活动和作用普遍带有实际应用性质，包括解答、编撰、诉讼、著述。解答是指对法律的疑难问题给予解释和答复；编撰是指为订立契约的人编辑合法证书；诉讼是指指导诉讼当事人起诉；著述是指通过著述解释法律。

③ [法]托克维尔：《论美国的民主》(上卷)，董果良译，商务印书馆 1997 年版，第 306 页。

于法律的具体内涵和立法本意有着权威性的把握，甚至超过某些资深法官。法学家运用其掌握的法律知识来分析具体的案件，用法学理论来解剖裁判的合理性，这种监督的价值显然超出了一般的民众监督。

四、社会团体的监督

社会团体是社会中的一种特殊力量，这种力量代表着一定的民众的利益和意愿，它们也是监督司法的一种重要力量。社会团体往往具有较强的中立性，同时，又主要关注特定群体的利益，特别是弱势群体的利益，为维护他们的合法权益而监督司法。如妇联监督司法主要关注妇女在司法审判中的权益保护问题。近期以来，家庭暴力引发的“以暴制暴”的案件多次被媒体曝光，如受虐待妇女不堪丈夫的百般凌辱最终选择了以暴制暴杀死丈夫。对于此类案件，虽然后果严重、手段残忍，但是，被害人是有过错的，杀人妇女长期受虐、苦不堪言本身也是受害者，值得社会同情。为了使她们能得到从轻处罚，妇联组织采取请律师帮助被告人、多方呼吁等方式，成功地帮助了一批此类被告人。

又如律师协会也是监督司法的一个重要的社会团体，其可以代表律师就司法实践中的司法腐败和司法不公向司法机关提出批评和改进意见。律师作为直接参与司法审判的专业人员，对于司法审判中的问题有着更为真切的认识，但是，他们自己向司法机关提出意见的力度是有限的，通过律师协会提出则更能够引起司法机关的注意，从而产生更好的监督效果。另外，律师协会也是帮助律师的重要组织。律师在办理刑事案件中实际上是有风险的。据称，1996 年至 2000 年，全国各地律师受到各种刑事指控的案件超过 100 件，受到刑事拘留、逮捕、通缉、劳动教养、取保候审、定罪判刑等各种“处理”的律师超过 200 人。[①] 特别是我国《刑法》第 306 条[②]被称为针对律师的“杀手锏”，该条所设定的专门针对辩护人、诉讼代理人的毁灭证据、伪造证据、妨害作证罪成为律师职场的地雷。作为一方当事人的检察官抓另一方的律师，这显然是不正常的现象。在不少涉及《刑法》第 306 条的案件中，律师协会出面帮助受冤枉律师，为防止司法机关滥用职权打击报复律师做了不少有益的工作，客观上也监督了司法机关。

---

① 陈瑞华：《看得见的正义》，中国法制出版社 2000 年版，第 276 页。

② 我国《刑法》第 306 条规定：“在刑事诉讼中，辩护人、诉讼代理人毁灭、伪造证据，帮助当事人毁灭、伪造证据，威胁、引诱证人违背事实改变证言或者作伪证的，处三年以下有期徒刑或者拘役；情节严重的，处三年以上七年以下有期徒刑。”

此外，人大个案监督和人民监督员监督是我国别具特色的两种民众监督司法的形式，对此，将在后文专门论述。

第四节　审视民众监督刑事司法的现状与具体制度的改革思路

一、程序公开与民众监督司法之现状

我国司法历来强调司法权源于人民，司法旨在打击犯罪、保护人民，维护广大人民群众的利益，这被看作是新中国司法制度与旧社会司法制度的根本区别。党的十六大报告强调要"加强对司法工作的监督，惩治司法领域中的腐败"，"加强组织监督和民主监督，发挥舆论监督的作用"。近年来，法院开展了"为人民执法，让人民满意"的各项活动，各级法院不断要求法官以对人民高度负责的精神，去主持正义，维护公正；去倾听人民意见，欢迎人民监督。[①] 总的来看，民众监督司法于法有据，在司法实践中正以各种方式蓬勃开展。但是，这种监督尚存在一些有待完善之处，司法腐败也远未真正得到抑制。

首先，让我们来看看审判公开。在我国封建社会，传统上采行秘密司法，法官审案随意性很强，普通民众被排斥于法庭审判之外。早在清末沈家本负责起草《大清刑事诉讼律草案》时，便提出应将"审判公开"作为"补中法之未备者厥有八端"之一，认为"此本为宪政国之第一要件。盖公开法庭，许无关系之人旁听，具瞻所在，直道自彰，并可杜吏员营私玩法诸弊"。[②] 这是针对我国传统上的秘密司法所作出的反思与纠正。

新中国成立以后，审判公开原则被写入 1954 年宪法，成为一项宪法性原则，其内容与现行宪法规定的"人民法院审理案件，除法律规定的特别情况外，一律公开进行"基本上是相同的。1996 年刑事诉讼法也作出了类似的规定。[③] 1999 年，最高人民法院出台了《关于严格执行公开审判制度的若干规定》，该规定第 2 条明确指出：人民法院对于第一审案件除下列案件外，应当

---

① 肖扬：《永铸人民满意的公正天平》，《人民日报》1999 年 4 月 9 日。

② 李贵连：《沈家本传》，法律出版社 2000 年版，第 289－290 页。

③ 我国《刑事诉讼法》第 11 条规定："人民法院审判案件，除本法另有规定的以外，一律公开进行。"我国民事诉讼法和行政诉讼法中也有类似规定。

依法一律公开审理:(1)涉及国家秘密的案件。(2)涉及个人隐私的案件。(3)十四岁以上不满十六岁未成年人犯罪的案件;经人民法院决定不公开审理的十六岁以上不满十八岁未成年人犯罪的案件。(4)经当事人申请,人民法院决定不公开审理的涉及商业秘密的案件。(5)经当事人申请人民法院决定不公开审理的离婚案件。(6)法律另有规定的其他不公开审理的案件。对于不公开审理的案件,应当当庭宣布不公开审理的理由。

然而,在不少地方,审判公开原则并未得到严格的执行。有的法院对于审判公开的重要性认识不足,随意性很大:一方面,是将部分基本没有争议的简单案件作为样板案例来公开审理,旁听庭审的群众感到索然无味,像在演戏,感觉在浪费时间;另一方面,是不敢将一些争议较大的案件公开审判,通过控制旁听证、转移审判地点等方法规避审判公开。有的法院对于公开审判心存顾虑,主要是担心自己的审判水平不够,害怕有人来旁听,更害怕媒体对司法腐败和司法不公的曝光。有的法院则由于法庭场所狭小、法警不足等客观原因的限制,无法普遍公开审判。可喜的是,近年来,一些发达地区的法院在审判公开的改革中,作出了不少积极的尝试。如 1998 年 6 月 10 日,北京市第一中级人民法院向社会公开宣布:从即日起,凡年满 18 周岁的我国公民可以自由进入一中院法庭旁听任何一件公开审理的案件;新闻记者可以以对法律自负其责的态度如实报道一中院任何一件公开审理的案件。这在全国数百家中级人民法院中是第一个。① 这一新举措使得公开审判有了根本性保障,也使得民众自由进入法庭旁听,行使监督司法权成为现实。

对于证据的公开,最主要的问题是证人不出庭作证。虽然,我国《刑事诉讼法》第 47 条规定"证人证言必须在法庭上经过公诉人、被害人和被告人、辩护人双方讯问、质证,听取各方证人的意见,并且经过查实以后才能作为定案的根据",1996 年修改刑事诉讼法引入了对抗制庭审模式的部分因子,因而也对证人出庭作证提出了更高的要求,但是,司法实践中的刑事审判证人出庭率一直非常低,控诉方事先做好的询问笔录、鉴定结论等书面证据大行其道。如浙江省泰顺县人民法院针对刑事审判证人出庭情况所作的实证研究得出如下数据:调查年度分别是 1998 年、1999 年、2000 年、2001 年、2002 年、2003 年;应出庭作证的人数分别是 139 人、181 人、224 人、168 人、179 人、183 人;已通知出庭作证的人数分别是 29 人、31 人、27 人、15 人、9

---

① 参见《允许自由旁听公民监督审判——北京第一中院落实公开审判制度》,《瞭望新闻周刊》1998 年 8 月 3 日。

人、11人;实际到案证人数分别是6人、5人、9人、3人、2人、2人;实际出庭作证人数占应到庭作证人数的百分比分别是4.30%、2.76%、4.02%、1.80%、1.11%、1.09%。[①] 证人、鉴定人不出庭严重削弱了审判公开的价值,掏空了证据公开的实质内容,使得法庭审理流于形式,法庭结论往往还要靠法庭之外的方法来得出,如审理结束后全面阅读案卷材料,成了“先审后定”。

对于法院的裁判文书,说理性不足是一个普遍的问题。裁判书的内容往往过于简单,对于裁判的理由没有系统的阐释。主要表现在对于控辩双方的证据是否采纳、证明力的论证等关键性问题只是一笔带过,如“某某证据与本案没有关联性”等,很难说服当事人和民众;对于控辩双方的意见是否采纳、为什么不采纳等问题缺乏详细的说明,特别是对于被追诉方的意见和理由的驳回缺乏充分的说理性;裁判书逻辑推理性较差,不能形成环环紧扣、能让当事人和民众接受的说理过程。这些问题使得裁判书在公开裁判理由方面的价值大打折扣,限制了民众对司法裁判的监督。

还有一个影响审判公开、制约民众监督司法的问题是我国法院内部长期存在的行政化的运转方式。这种行政化色彩主要表现在:领导审批案件,即法院院长、庭长等领导对于合议庭审理的案件作出审批意见,变成“领导定下面审”;上下级的请示,即上下级法院之间进行协商、交流和请求上级法院法官的指导等,成为“上定下判”,使得二审沦为虚置;审判委员会的批案,即重大案件要经过审判委员会的集体讨论决定,出现“审、判分离”。法院作为司法机关,不同于上令下从的行政机关,司法具有被动性、中立性、独立性、亲历性和终结性等特点,行政化的运转方式是与司法的这些特性相违背的。这种行政化的运作是不公开的,规避了审判公开原则,也自然无法让民众进行监督。

从总体来看,虽然我国审判公开和民众监督司法还存在不少问题,但是应当肯定司法的透明度在日益增强,民众的监督力度也在加大,特别是随着大众传媒的发展和互联网的普及,随着职业法学家阶层的兴起和法律科学研究的规范化和深化,随着民众权利意识的勃兴和言论自由的保障,民众监督司法的广度和深度正在不断得到提升。此外,值得注意的是,我国司法实践中,还有两种独特的监督司法的方式,即人大个案监督制度和人民监督员制度,对此,我们需要作专门的研讨。

---

① 参见陈光中主编:《〈公民权利和政治权利国际公约〉与我国刑事诉讼》,商务印书馆2005年版,第267页。

二、人大个案监督的不足及其改革

我国各级人民代表大会有权对法院的审判工作进行监督。近年来，人大对法院审判活动的监督得到了加强，并且推出了新举措。人大对法院办理具体个案进行监督，成为我国当前民众监督司法的一条新的途径。人大对司法行使个案监督权是人大履行宪法和法律规定的人大及其常委会监督宪法和法律的实施、接受人民群众和各种社会团体的申诉、有关问题的建议、特定问题的调查以及罢免有关国家机关人员等职权和职责的体现。人大对法院审判的监督是与以权力制约权力、以公民权利制约政府权力、以社会权益制约国家权力的现代控权理念相一致的。不少民众对于这种监督报以极大的兴趣和希望，从而直接地推动了人大个案监督的开展。仅从八届全国人大一次会议至九届全国人大二次会议期间，就先后有1600位全国人大代表提出过加强人大监督的相关提案。[①] 所以，不少人认为开展人大个案监督是中国民主政治建设的重大进步，在中国民主政治发展中具有里程碑意义。

然而，不少学者经过冷静思考之后，指出人大个案监督存在着不少弊端，主要体现在以下方面：(1)从监督主体方面来看，极易形成个人监督，违背民主原则；(2)从监督案件的范围来看，具有很大的随意性，不能为公民提供普遍的救济；(3)从个案监督对案件实体处理的作用来看，容易受多方面因素的影响，偏离法律轨道；(4)从个案监督对正常诉讼程序的影响来看，易对正常的审判工作造成不当冲击；(5)从个案监督的实际后果来看，由于受案标准的不确定性，人大监督的启动就失去了衡准，因此救济的机会就不均等，违反了法律面前一律平等的原则。[②] 其中，最核心的问题还是个案监督与司法独立原则相冲突。人大的工作方式和人员组成均与专门从事纠纷解决的司法机关大相径庭。人大对同级法院正在审理或已审结的具体案件所进行的直接干预，会导致立法权和司法权的混淆，乃至权力失衡，从而有损司法独立。

从司法实践来看，人大通过对法院的个案监督，纠正了一些违法审判造成的错案、冤案，如《人民日报》1998年9月8日刊登的《人大还了我青白与公道》、《法制日报》1998年12月3日刊登的《人大监督法院纠正一起错案》等。但人大同样也有监督失败之例，如《南方周末》1998年6月5日

---

① 刘旺洪：《论人大对司法的个案监督》，《南京师范大学学报》(社会科学版)2002年第4期，第40页。

② 卞建林：《刑事诉讼的现代化》，中国法制出版社2003年版，第215－216页。

所载的《三级法院、四个判决、八年官司、一张白纸》，该案件集中反映出人大个案监督中存在严重侵犯法院审判权的行为和一些人大代表以权谋私的现象。

不可否认，我国法院审判存在司法腐败、徇私枉法等现象，法官素质尚参差不齐，群众希望加大对法院审判的监督的呼声很高，个案监督不失为一个非常具体而有效的措施。但是，鉴于个案监督存在的种种弊端，我们应当合理定位和规范人大对司法审判的监督。从近期来看，应当从以下几个方面着手：(1)严格限制个案监督的范围。将个案监督的范围限制在具有较大影响的、群众反映强烈的重大违法案件之内。(2)采用集体监督，杜绝个人监督。应当将人大常委会作为个案监督的法定主体，对个案的确定、处理意见都必须进行集体讨论、集体决定，并应以规范性文件形式送交被监督的司法机关。民众和人大代表有权向人大常委会申诉或提出监督建议，而不能由人大代表个人直接对个案进行监督。(3)以程序监督为主。也就是说，人大在进行个案监督时一般应将案件程序是否严重违法列为监督的主要内容，而不是过多地对审判中的实体性问题进行审查。这样不仅可以尽量避免干预司法机关独立办案，而且更具有可操作性。(4)保障审判权依法独立行使。人大对法院审判进行监督，应当致力于排除审判权行使过程中所受到的不正常干扰，监督外界对司法的干扰，保障审判权能够公正、独立地行使，而不是代替法院行使审判权。

从长远来看，人大对司法的监督应当更多地从解决司法解释越权、冲突和部门化，司法改革中的违宪等全局性问题上着手。对于个案的监督权力应当仅限于全国人大常委会，可以考虑在人大常委会之下设立专门的委员会，负责受理违宪审查诉讼。通过代表民意的议会监督司法在世界上是有先例的，如英国的上议院设有一个枢密院司法委员会，实际上是最高上诉审判机构，类似最高法院，受理各种案件，它是议会职能的一部分。又如在瑞典则设有议会选举监察专员，行使对法官和行政官员的监督，其中包括受理公民案件的申诉。

三、人民监督员制度的优势与完善

人民监督员制度，是我国检察机关近来推出的在办理职务犯罪案件中拓展外部监督的一项重大试点工程。这一试点可谓是检察机关在现行法律框架内推进司法民主的一种尝试。2005 年 10 月 19 日，中国政府颁布的第一份《中国的民主政治建设》白皮书，将人民监督员制度视为我国司法民主的一项重大举措，明确指出："实行人民监督员制度，将检察工作置于人民群众的有效监督之下,体现了诉讼民主的要求。"[①]从2003年10月起,中国检察机关开始在全国10个省(自治区、直辖市)推行人民监督员制度试点工作。此后,这项改革措施扩大至全国86%的检察院。人民监督员由机关、团体、企事业单位推荐产生,主要职责是对检察机关办理直接立案侦查案件中拟作撤案、不起诉处理以及犯罪嫌疑人不服逮捕决定的案件进行独立评议,提出监督意见。同时还可以应邀参加人民检察院查办职务犯罪案件工作的其他执法检查活动,对于发现的违法违纪问题,可以提出处理建议和意见。应当说,"人民监督员制度的实行,不仅直接体现了刑事诉讼程序中的民主监督,创建了一条落实民主监督的新途径,而且有助于促进检察机关提高职务犯罪案件的查办质量,从而确保司法公正的实现"[②]。

从法理上来看,人民监督员制度有利于加强对检察权的监督和制约,进一步保障人权,体现了司法民主的要求。人民监督员制度为民众参与检察活动提供了途径,使得民众的意愿能够在检察工作中得以体现,是检察为民的要求,是扩大司法民主的需要。在现代刑事诉讼中,世界各国普遍都授予检察机关一定的起诉自由裁量权,即使是实行起诉法定主义的国家也不例外。在英美法系,检察官更是被视为一方当事人而拥有广泛的处分权和裁量权。在各国的司法实践中,检察机关在行使自由裁量权过程中,不可避免地会受到各种非法律因素的影响,如检察官的个人素质、人情关系、外部压力等,再加上权力总是有被滥用的趋势,加强对检察工作的外部监督是必不可少的。美国的大陪审团制度和日本的检察审查会制度都属于此类的民众监督检察活动的典型制度。如日本学者认为,设立检察审查会的目的就是"为了通过反映民意而实现公诉权的正当实施"。[③] 在我国,检察机关属于法定的法律监督机关,具有监督侦查、审判的职责,但是,谁来监督负责法律监督的检察机关一直是社会和学者关注的问题,特别是对于检察机关自侦案件的监督,更是不能仅靠检察机关的内部监督。人民监督员制度正是在强化对检察工作监督的背景下孕育产生的,这种探索的主要目标是建立一种新的合理的外部监督机制,通过规范程序将办理职务犯罪案件的核心环节有效地置于民众的监督之下,力求通过民众的参与和监督来防止检察权特别是职务犯罪侦查权的滥用。

---

① 《中国的民主政治建设》,《人民日报》2005年10月20日。

② 卞建林:《人民才是法律监督的源头活水》,《检察日报》2003年12月22日。

③ [日]松尾浩也:《日本刑事诉讼法》(上卷),丁相顺译,中国人民大学出版社2005年版,第153页。

从实施的情况来看，人民监督员制度取得了一定的成效，强化了对查办职务犯罪工作的监督，直接防止了一些案件的处理偏差。统计数据显示，截至2005年8月底，人民监督员共监督“三类案件”[①]6719件。其中，不服逮捕决定的659件，占9.8%；拟撤销案件的2129件，占31.7%；拟不起诉的3931件，占58.5%。在这些案件中，人民监督员不同意检察机关拟处理决定的315件，占全部监督案件的4.7%，其中不同意的表决意见被检察机关采纳的155件，占不同意表决意见的49.2%。实行人民监督员制度，提高了检察机关查办职务犯罪案件的整体水平和质量。先期试点的10个省（区、市）检察机关2004年1月至8月统计，查办职务犯罪案件的撤案率同比平均下降2.56个百分点，不起诉率平均下降2.58个百分点，违法违规办案和安全事故明显减少。试点范围扩大后，2005年1月至8月查办职务犯罪案件的撤案率又比2004年同期下降0.04个百分点，不起诉率下降4.34个百分点。[②]

在肯定人民监督员制度的价值及其在民众监督司法中的作用的同时，我们应当看到，人民监督员制度就如一个初生的婴孩，还是一个新事物，还需要不断地摸索和完善。2003年9月，最高人民检察院颁布了《关于实行人民监督员制度的规定（试行）》（本章中简称《规定（试行）》），是当前实施人民监督员制度的主要依据。不断完善并在适当的时候将该制度写入法律，是当前我们应考虑的问题。其中，尤其要注意以下三个方面的问题：

其一，人民监督员的代表性。人民监督员作为普通民众的一分子，代表和反映普通民众关于检察工作的认识和观点。这是人民监督员制度民主性的基础。人民监督员只有具备广泛的代表性，体现社会的一般价值观，才能充分发挥社会对检察进行外部监督的效果。《规定（试行）》第5条规定了担任人民监督员应当具备的条件：(1)拥护中华人民共和国宪法；(2)有选举权和被选举权；(3)年满二十三岁；(4)公道正派，有一定的文化水平和政策、法律知识。这一资格条件使得多数人能够符合担任人民监督员的资格，是增强人民监督员的代表性的基本保障。

据统计，截至2005年8月底，全国共选任人民监督员19015名。其中，人大代表7433名，占39.1%；政协委员4741名，占24.9%；法律专科以上学历和具有法律工作经历的6782名，占35.7%；工人281名，农民519名。[③]

---

① 现行人民监督员制度适用于三种类型的案件，实践部门将其简称为“三类案件”，即对检察机关办理直接立案侦查案件中拟作撤案、不起诉处理以及犯罪嫌疑人不服逮捕决定的案件。

② 《认真学习五中全会精神深化人民监督员制度试点》，《检察日报》2005年10月13日。

③ 《认真学习五中全会精神深化人民监督员制度试点》，《检察日报》2005年10月13日。

主流媒体认为,这说明人民监督员制度具有较广泛的代表性和社会公信力。笔者认为,这样还是不够的,毕竟,我们可以看到大部分入选的人民监督员是人大代表和政协委员,而占我国人口绝大多数的普通工人、农民实际上占的比例很低,只占4.2%。这一数据说明,实践中在选择人民监督员时走的主要还是精英监督路线,而不是平民监督路线。为了保证人民监督员的代表性和广泛性,应明确党委、人大常委会和政府的组成人员,公检法司和国家安全机关的现职人员,律师不宜担任人民监督员;人大代表本身拥有法定监督权,因此担任人民监督员也不宜过多;大型国有企业的主要领导本职事务繁忙也不宜担任人民监督员。人民监督员应当主要从企事业单位、教学科研机构、律师协会、工会、妇联、普通公民等群体中产生。为保证这种代表性,还要限制检察机关在人民监督员决定程序中的影响力,否则很难保证监督的中立和公正。如日本检察审查会组成成员由抽签决定,检察机关没有任何权力。按照《规定(试行)》之规定,人民监督员经民主推荐程序产生,人民监督员的名额,由各级人民检察院根据工作需要确定。实践中,人民监督员由检察长聘任,实际上检察机关对于人民监督员的选任具有关键性的影响力。改革的方向应当是加大人民监督员选任时的随机性。当前,我们从选民中直接抽签决定难度较大,可以考虑由单位推荐一定比例的候选人名单,再在其中随机抽取人民监督员。

为了加大代表性,防止出现人民监督员形式化,还应当限制每位人民监督员参与监督案件的数量。这种限制主要有三方面的好处:一是有利于扩大担任人民监督员的人员数量,使更多的人有机会参加监督司法,从而提升监督的民主价值。二是有利于缩短每位人民监督员参加监督的时间,从而不影响人民监督员的日常工作,使得更多的人愿意担任人民监督员。三是有利于防止"监督专业户"的出现,防止因人民监督员与检察官关系过于密切而可能出现的结伙营私现象。因此,应当明确限制人民监督员在任期内每年参加的案件数量,如每年不得超过10件。

其二,人民监督员制度适用的范围。适用范围决定了人民监督员制度发挥作用的广度,目前人民监督员可以监督案件的范围比较小,需要适时扩展。《规定(试行)》第13条规定,人民监督员对人民检察院承办案件的部门办理直接受理侦查案件的下列工作实施监督:(1)被逮捕的犯罪嫌疑人不服逮捕决定;(2)拟撤销案件的;(3)拟不起诉的。第14条规定,人民监督员发现人民检察院办理直接受理侦查案件具有下列情形之一,有权提出纠正意见:(1)应当立案而不立案或者不应当立案而立案的;(2)超期羁押的;(3)违法搜查、扣押、冻结的;(4)应当给予刑事赔偿而不依法予以确认或者不执行刑事赔偿决定的；(5)检察人员在办案中有徇私舞弊、贪赃枉法、刑讯逼供、暴力取证等违法违纪情况的。

可见，当前人民监督员制度适用的对象局限于检察机关查办的职务犯罪案件中的立案、撤案、逮捕和不起诉决定等，适用的范围是比较窄的，不利于充分发挥民众对检察工作的监督。公安机关侦查的案件占了公诉案件的大部分，检察权在这些案件中也可能被滥用，因此对于这些案件的批准逮捕和审查起诉之监督也应当逐步纳入人民监督员监督的范围内。

其三，人民监督员意见的监督效力。人民监督员表决意见的效力直接决定了人民监督员制度能否真正发挥作用。根据《规定(试行)》第25条、第26条的规定，检察长应当对人民监督员的表决意见和有关检察业务部门的意见进行审查，必要时可以听取人民监督员和有关检察业务部门的意见。检察长审查后同意人民监督员表决意见的，有关检察业务部门应当执行；不同意人民监督员表决意见的，应当提请检察委员会讨论决定。检察委员会的决定与人民监督员表决意见不一致时，应当由人民监督员办公室向人民监督员作出说明。参加监督的多数人民监督员对检察委员会的决定有异议的，可以要求提请上一级人民检察院复核。

也就是说，人民监督员的表决意见主要具有程序性意义，在实体上对检察机关不具有强制性的约束力。这一点与日本检察审查会决议原来的效力是相同的。在日本，当检察官错误地行使起诉权限，对应起诉的案件不予起诉的场合，该犯罪的被害人可以向检察审查会就该不起诉处分的妥否请求审查。检察审查会经过审查，认为应该起诉时，应作出"应当起诉"的议决。但按照原来的法律，该议决并没有强制性的约束力，检察官并不因此产生起诉的义务。这一点被认为限制了检察审查会作用的发挥，引起了民众越来越多的不满。近期，日本对《检察审查会法》作出了修改，规定检察官仍不起诉时，检察官审查会可以再作一次议决，作出应当起诉的判断①。这种场合，将由法院指定的律师代替检察官提起公诉，承担追诉责任。通过这一项修改，一般国民的意见得到了进一步的尊重。② 这一改革是值得我们在完善人民监督员制度时参考的。

① 日本《检察审查会法》第41条之2以下。

② [日]松尾浩也：《日本刑事诉讼法修改的动向》，金光旭译，载陈光中主编：《21世纪域外刑事诉讼立法最新发展》，中国政法大学出版社2004年版，第258页。

第六章　民意、媒体监督与司法独立

司法独立与司法民主在许多人看来是大相径庭的两种思路，甚至是直接矛盾的。强调司法独立的学者认为，司法独立是实现司法公正的前提和基础，因此，应该排除一切行政机关、社会团体以及个人可能对法官施加的影响，从组织保障、身份保障、经济保障等多方面来保障司法权的独立行使。这便要求法官职业化、精英化，关起门来办案，排斥一切民意的干扰，只依据法律来审理案件。呼吁司法民主的学者则认为，强化监督是保障司法公正的有效手段，因此应该强化民众参与和对司法权的监督，所以应当强化新闻媒体监督、社会团体监督等各种监督以防止司法腐败。这便要求非职业法官参与审判，要求程序的公开与透明，要求司法裁判尊重民意，反映社会的一般价值诉求。这里有着一系列的冲突与问题，特别是民意、媒体监督与司法独立的关系需要我们深入反思。

第一节　司法民主与司法独立的冲突与契合

一、民意、媒体报道对司法独立的冲击

当下，“每个对中国目前司法改革曾深思远虑过的人都会懂得，改革的一个根本因素是必须加强司法独立。这是理所当然的。必须加强法官个人、法庭以及整个司法系统的独立性。只有这样，中国的法院才能起到社会

期待的以及它应该起到的作用。"[①]这是现代法治社会的必然要求，毕竟，现代刑事审判是法官依其独立的意志和判断，将法律规范适用于具体案件的过程。独立的司法具有防范行政、立法等国家权力无限膨胀并侵犯公民人权的功能，同时，独立的司法亦能够防范多数人暴政，维护少数人的合法权益，防止泛滥的民意侵蚀司法的自足性与公正性。可以说，司法独立在现代社会具有绝对性的要求。

但是，建立在司法主权在民理念基础上的司法适度反映民意，似乎与司法独立是相矛盾的。民意，甚至是民愤，往往具有非理性的一面，加上某些为了吸引眼球而作夸张报道的媒体的介入，使得司法独立似乎岌岌可危。民意、媒体报道对司法独立的冲击在炒得沸沸扬扬的刘涌案中体现得尤为明显。

一方面，"罪大恶极"的黑社会老大刘涌终于未逃一死，被认为是民意的最大胜利，颂扬这场民众的胜利之声不绝于耳。当刘涌案被新闻媒体报道之后，特别是在刘涌二审被改判死缓之后，民众通过网络等各种媒介展开了铺天盖地式的口诛笔伐。法制日报网和中国普法网等著名网站当时曾报道："据可靠消息，受到舆论广泛关注的辽宁刘涌一案，已引起最高人民法院的高度重视。目前，最高人民法院正在抓紧对此案的审查。"我们无需考证网络上的这些报道是否准确，可以肯定的是民众和媒体的声音在当时引起了极大的反响。最终，最高人民法院提审该案并判处刘涌死刑。

另一方面，学者们在冷静思考之后，有不少人站出来重申司法独立的重要性。无论是律师为了保刘涌一命而多次向各级领导反映，还是辽宁省高级人民法院三次向最高人民法院请示，乃至于最高人民法院在提审前似乎已经有所预断，都是与司法独立不相符合的。也就是说在刘涌案中，我们所看到的不是法官独立审判，而是"……法官主动放弃审判独立，求助于各种外部的——无论是学术的还是非学术的——力量，从而损害已经很孱弱的审判独立。甚至，最高人民法院的提审，也正如许多法律人也已指出，是在舆论和中央高层领导的压力下。因此，作为法院系统来说，在刘涌案件上，都是输家——事实上都损害了司法独立，损害了法院系统的权威性"[②]。

难道是民众的批判和呼吁错了，还是媒体的报道错了，以至于损害了司法独立？还是民众的胜利和媒体的胜利，司法民主得到了彰显？给我们留下的无疑是一个难题。

---

① [美]葛维宝：《法院的独立与责任》，《环球法律评论》2002年春季号，第7页。

② 苏力：《面对中国的法学》，《法制与社会发展》2004年第3期，第10页。

如果说对于刘涌案中的民众的声音是否理智，是否干预了司法独立，我们有所怀疑的话，那么同样是引起举国注目的孙志刚案，人们也许就不会有这种怀疑了。在孙志刚案中，民众和媒体的呼声直接导致了被认为严重侵犯人权的收容遣送制度被废除，肇事者亦得到应有之严惩，基本上可谓皆大欢喜。同样是民众和媒体的讨论和批判，同样是作为体现司法民主的案例，也许因为针对的事件不同，针对的当事人不同，而有所差异。但是，相同的是以民众舆论和媒体监督等方式体现出来的司法民主对法官独立审判都形成了一定的限制。这种限制是有其合理性和必然性的。1789 年 3 月，杰弗逊写信给麦迪逊时曾说过："在支持权利宣言的争议中，您忽视了我认为非常重要的一个因素：对司法的合理限制。"[①]我们今天在强调司法独立时，也许也忽略了这一重要因素。

二、对司法独立的适当限制

真正的司法独立绝不是司法裁判不受任何限制，绝不是法官可以为所欲为、任意裁判，绝不是司法裁判完全脱离司法民主。真正的司法独立是法官受到包括实体法和程序法的规定、社会的一般正义观和民意、法官责任、先例等因素的规范和制约，在这些因素的综合作用下，法官凭自己的良心作出独立的裁判。也就是说法官独立裁判要受到以下诸因素的限制：

一是严格依照法律作出裁判。日本学者松尾浩也认为，"法官的法袍不是权威的象征，而是良心的象征"，而"'法官的良心'就是指不受其他影响，忠诚地履行包括适用法律、遵守法律在内的一切职务活动"。[②] 因之，就如美国学者葛维宝所强调的，我们"必须记住，司法独立的目标不是让法官无拘无束，而是使法官可以依照法律审判案件"。[③] 为了实现这一目标，法官在审理案件的过程中，应当严格依照法定的程序进行，并将实体法的规范适用于具体个案的裁判。不论是实体法还是程序法都是由作为民意代表机关的立法机关制定的，是民意上升到国家意志的结果，所以法官严格按照法律规定来审理案件在很大程度上便是对民意的尊重和执行。也正是在这一意义上来看，"严格执行根植于民意的法律并接受民众对于法官是否严格执法的监

---

① 转引自[美]爱伦·豪切斯泰勒·斯黛丽、南希·弗兰克：《美国刑事法院诉讼程序》，陈卫东、徐美君译，中国人民大学出版社 2002 年版，第 122 页。

② [日]松尾浩也：《日本刑事诉讼法》(上卷)，丁相顺译，中国人民大学出版社 2005 年版，第 232－233 页。

③ [美]葛维宝：《法院的独立与责任》，《环球法律评论》2002 年春季号，第 15 页。

督，才是法官对民意最好的尊重”[①]。

二是精英主义与多元主义的结合，即司法中的精英多元主义。随着人类生活的日益复杂，法律和司法活动也越来越趋向于复杂化。特别是在英美法系，浩如烟海的判例法使得只有专业法律人士才可能熟练掌握法律和司法程序。因此，从人类历史的发展来看，司法的职业化和精英化是大的趋势，但是这不是绝对的，其要受到民主的限制。纯粹的精英主义者把司法看作一个单一的金字塔，其顶端是少量的司法精英。纯粹的多元主义者把社会看作是相互碰撞的台球的集合，各种力量与司法官的撞击产生裁判。但是，这两种观点也许都过于夸张，从当前的司法实际来看，笔者认为更准确反映现实情况的也许是两者的结合——精英多元主义，即包括法官、检察官和律师在内的法律职业精英的领导与反映民意的多元主义之有机结合。

从我国的现实情况来看，司法领域的精英多元主义也是必然的选择。我国有着两千多年的封建专制传统，官本位意识深入人心，非常缺乏民主意识和自由主义传统。在司法现代化进程中所形成的法律职业群体，自然而然地也被纳入国家科层制的架构里，而不具备区别于一般行政官员的身份独立性。在这种情况下，要防止司法机构成为科层官僚制的一个组成部分甚至附庸，只有通过增强法官、检察官、律师等法律职业的身份独立性。这便需要按照高度的人文主义素养和精深的法律知识这双重标准来逐步建立和健全职业法学教育制度、法律职业准入制度以及职业自律制度等，从而建立精英化的法律职业群体。与此同时，需要通过适度的民众参与司法、监督司法等合法化和合理化的司法民主方式吸收社会多元群体的介入，通过这种多元主义来弥补中国社会司法机关官僚化、法官群体行政化和官本位化等先天或后天的不足，借助现代民主的制度化力量来加强人权、制衡、公正等现代法治精神。

三是加强监督与强化法官责任。法治社会中独立审判的法官具有崇高的地位和威望，人们对法官也有着更高的要求。“如果法官不尊重自己，法院的尊严就可能被损坏；如果法院堕落，司法的信任将被糟蹋。为维护法院的尊严和尊敬，经常要用比其他人更高的标准要求法官。尽管社会可能容忍其他职业的粗鲁和不诚实，但法官却要因这种行为而受到处罚。”[②]这便对加强监督和严格法官责任提出了更高的要求。司法独立排斥其他行政机

① 王梅芳：《舆论监督与社会正义》，武汉大学出版社 2005 年版，第 330 页。

② ［美］爱伦·豪切斯泰勒·斯黛丽、南希·弗兰克：《美国刑事法院诉讼程序》，陈卫东、徐美君译，中国人民大学出版社 2002 年版，第 194 页。

关、社会团体和个人对审判的干涉，但是在“主权在民理论”之下，民众作为司法权的源泉和所有者构成了司法监督体系中最广泛的约束力量，肩负着监督法官审判的重任，如果发现法官在裁判时违背了法律就应当让其承担起其所应当负的责任。同时，“我们也显然可以看到，司法独立并不是要求法官不受任何制约，而仅仅是要求法官不受该社会认为是不当的、有碍于司法制度化地实现社会公正的制约。”[①]也就是说，适度的司法责任与约束是可以在不损害司法独立的核心要素和职能的同时建立起来的。只有采取一方面强调审判独立，另一方面加强对法官权力制约的策略，才能确保刑事司法制度的理想目标——司法公正的最终实现。

加强监督必须要有一个参照系，也即对法官的行为应当有一个衡量的标准。许多国家制定了此类标准体系，如美国司法会议规定了联邦法官的行为政策，从1973年开始它正式将美国律师协会《司法行为法典》适用于全体联邦法官，由“巡回区所有积极的上诉法院法官组成的”地区司法理事会被赋予对联邦法官的惩戒权。美国的许多州亦建立了法官惩戒机构。然而，在美国，地区司法理事会无权罢免法官，硬性罢免联邦法官的唯一途径是通过美国参议院控告。因此，民众普遍感觉这种监督是不够的，“当司法渎职行为被报道或公布于众时，被授权惩戒法官的司法组织还没有实施《司法行为法典》的情况太常见了”。[②] 承载着社会声音和民众意愿的媒体和舆论反而走在了这些惩戒机构的前面，对法官构成了一种无形的压力。同时，民众的参与也是一种强有力的监督，如在陪审团审判制度之下，法官的审理活动实际上处于公众的关注中，陪审团参与审判也可以理解为对法官的一种监督，这是来自公众的一种监督，他们代表了整个社区的成员对国家司法制度的运作进行约束。“一个12人组成的团体已经足以构成对法官的心理约束，正如这个团体赋予它所做的裁决足够的权威性质一样。”[③]

四是先例对司法裁判的限制。先例对法官裁判所产生的限制，不仅在判例法国家普遍存在，而且在其他国家也是存在的，因为先例不仅具有指导性作用而且遵守先例是保证裁判不被上级司法机关推翻的最好保障。先例的形成过程是有着深厚的历史底蕴和社会基础的，从而包含了一定的民主意味，“先例的背后是一些基本的司法审判概念，它们是司法推理的一些先

---

① 苏力：《送法下乡》，中国政法大学出版社2000年版，第137页。

② [美]爱伦·豪切斯泰勒·斯黛丽、南希·弗兰克：《美国刑事法院诉讼程序》，陈卫东、徐美君译，中国人民大学出版社2002年版，第198页。

③ 易延友：《陪审团审判与对抗式诉讼》，台湾三民书局2004年版，第51页。

决条件;而更后面的是生活习惯、社会制度,那些概念正是在它们之中才得以生成。通过一个互动过程,这些概念又反过来修改着这些习惯和制度"①。

在普通法系,在经验的检验标准面前,那些不能证明自身价值和力量的先例会被毫不留情地牺牲掉,抛入废物之列。也就是说普通法的运作并不是从一些普适的和效力不变的前定真理中演绎推导出结果。它的方法是归纳的,它从具体中得到它的一般。就如一位普通法学者的经典论述所说:"在以规则和原则的形式清晰表述社会正义感的努力中,发现法律专家所用的方法一直是都是实验性的。判例法的规则和原则从来也没有被当作终极真理,而只是作为可资用的假说,它们在那些重大的法律实验室——司法法院——中被不断地重复检测。每个新案件都是一个实验。如果人们感到某个看上去可以适用的、已被接受的规则所产生的结果不公正,就会重新考虑这个规则。也许不是立即就修改,因为试图使每个案件都达到绝对的公正就不可能发展和保持一般规则;但是如果一个规则不断造成不公正的结果,那么它就最终将被重新塑造。这些原则本身在不断地被重复检验;因为如果从一个原则中推演出来的那些规则不大起作用,那么,这个原则本身就最终一定会受到重新考察。"②

三、司法民主与司法独立的契合

那么司法民主与司法独立是否构成了势不两立的敌对关系呢?实则不然,我们既要看到司法民主对司法独立构成了一定的约束,使得司法独立不至于沦为司法独裁;同时,又要看到司法独立保障法官能够凭着自己的良心依据法律裁断案件,拒绝司法成为群众运动式的宽泛民主形态。也就是说,司法独立一方面反映了司法民主的要求,受到司法民主的限制,另一方面又为司法民主界定了合理的形式。这里反映出司法民主与司法独立之间的矛盾与制约关系,但是更多的是两者的水乳交融。毕竟,"无论在人类发展的历史长河中,还是在现实世界里,我们都找不到民主没有完善,而司法已经独立的例证。司法独立与司法民主实在具有一种互为依存、相濡以沫的关系"。③

(一)司法独立是程序民主的基石

司法独立奠定了程序民主的基础,如果司法不能独立,司法审判便难免

---

① [美]本杰明·卡多佐:《司法过程的性质》,苏力译,商务印书馆 1998 年版,第 8 页。

② [美]本杰明·卡多佐:《司法过程的性质》,苏力译,商务印书馆 1998 年版,第 10—11 页。

③ 何兵:《司法职业化与民主化》,《法学研究》2005 年第 4 期,第 111 页。

沦为行政机关、官僚强权、地方势力等之附庸，便无法公正审判，也就不可能有程序民主。从这一意义上来看，司法独立是绝对而不容侵犯的。对于此，我们可以从司法独立创立之目的，司法独立的内涵，司法独立的现实作用，司法独立在国际上的发展趋势等多维角度进行考察。

从司法独立创立之目的来看，司法独立是反对封建集权，勃兴民主权利的产物。司法独立是资产阶级启蒙思想家在封建国家权力过于集中时常给广大民众的生命、自由、财产带来极大危害的背景下提出的，他们深刻认识到非实行权力分立和制衡不足以消除这种集权统治带来的专断和危害。孟德斯鸠的那段名言被作为这一理论的经典描述："如果司法权不同立法权和行政权分立，自由也就不存在了。如果司法权和立法权合二为一，则将对公民的生命和自由施行专断的权力，因为法官就是立法者。如果司法权同行政权合二为一，法官便将握有压迫者的力量。"[①]于是，立法权、行政权、司法权三权分立学说在当时成为反对封建专治统治的利器，也成为捍卫基本人权的利器，该学说被作为现代西方法治的一项基本理论确立下来并在资本主义国家中得到广泛实践。在我国，采用不同于西方三权分立模式的人民代表大会制度，人民通过各级人民代表大会来行使国家权力。我们不能也不应当照搬西方的三权分立制度，但是，这并不意味着我们不能适用国家机关之间的权力分工与制衡之原理。我国宪法和刑事诉讼法所确立的人民法院、人民检察院依法独立行使职权原则便体现了这一原理的基本精神。[②]

从司法独立的内涵来看，司法独立一方面要求司法机关作为整体独立于立法机关、行政机关、其他社会团体和个人，另一方面要求法官在审理案件时作为个体只依照法律和良心独立承办案件，从而使得刑事司法程序摆脱外界的干扰实现程序本身的自足、自立。"司法的任务是通过其判决确定是非曲直，判决为一种'认识'，不容许在是非真假上用命令插手干预。"[③]这便需要突出强调法官在审理案件时独立于其他机关、各级法院院长及同事的影响和干扰，强调"法官就是法律由精神王国进入现实王国控制社会生活关系的大门"。[④] 实际上，如果办理案件的法官个体不是独立的，则司法从一

---

① [法]孟德斯鸠：《论法的精神》，张雁深译，商务印书馆 1961 年版，第 161 页。

② 我国《宪法》第 126 条规定："人民法院依照法律规定独立行使审判权，不受行政机关、社会团体和个人的干涉。"第 131 条规定："人民检察院依照法律规定独立行使检察权，不受行政机关、社会团体和个人的干涉。"我国《刑事诉讼法》第 5 条规定："人民法院依照法律规定独立行使审判权，人民检察院依照法律规定独立行使检察权，不受行政机关、社会团体和个人的干涉。"

③ [德]拉德布鲁赫：《法学导论》，米健等译，中国大百科全书出版社 1997 年版，第 101 页。

④ [德]拉德布鲁赫：《法学导论》，米健等译，中国大百科全书出版社 1997 年版，第 100 页。

开始便谈不上真正意义上的独立了。因为行使审判权的独立性就体现在审判者依据其对事实的认识和对法律的理解独立地对案件作出裁判，如果他的活动受到没有审理案件的人的影响、干扰甚至是命令，则怎么可能真正做到司法独立呢？因之，司法独立的核心在于法官的审判独立，这也是程序民主的核心要求之一。

从司法独立的现实作用来看，司法独立是排除“关系因素”、“权力因素”等对司法的干扰，捍卫程序民主性的中坚力量。司法裁判中，如果不能纠正现实社会中“打官司就是打关系”、“强权就是公理”等歪风邪气，程序民主与司法公正无疑将沦为水中花、镜中月。司法的权威根源于民众对司法的信任与民众对法律的信仰，而法官中立、无偏倚的裁判是形成这种信任和信仰的基础。反之，司法裁判难免庸俗为社会关系网和权力网的一个结点。因之，司法独立的现实作用突出体现在法官免受不当控制和影响的情况下合法公正地裁判案件，切实履行社会大众期望的以下职能：(1)解决法律争端。很显然，独立乃公平解决纠纷之必需。在法官不独立而受制于他人或受到不当影响的情况下，纠纷很难依法公正地得到解决，而往往会按照那些控制法院或给法院不当影响的人的意志了结。结果自然是对某些当事人不公。(2)阐明公众可以依靠的法律准则。在法官不独立的地方，不能指望他们会前后一致地依法行事，他们将受其他利益的左右。当人们不能依靠前后一致的规定作出经济性的安排时，就会劳民伤财地见风使舵，导致资源的无(低)效益配置。(3)保障法定权利。不独立的法院——实际上，无法时时体现大无畏精神的法院——是难以发挥其在保护权利方面应有的作用的。(4)限制政府不法行为。法院要发挥其在约束政府非法行为方面的关键作用，也必须有司法独立，并且在相应的案件中享有独立的权力来裁定政府是否违反了应受的法律约束。①

从司法独立在国际上的发展趋势来看，司法独立已经成为现代民主法治社会的基本要求。这一点已在国际社会日益达成共识，并被作为一项“最低限度的正当程序”载入了联合国的许多公约或文件。如联合国《公民权利和政治权利国际公约》第 14 条第 1 款明确规定了审判独立，即人人有资格由一个依法设立的合格的、独立的和无偏倚的法庭进行公正的和公开的审讯。1985 年通过的联合国《关于司法机关独立的基本原则》的规定更为具体，即“各国应保证司法机关的独立，并将此项原则正式载入其本国的宪法或法律

---

① 参见[美]葛维宝：《法院的独立与责任》，《环球法律评论》2002 年春季号，第 7—8 页。

之中。尊重并遵守司法机关的独立，是各国政府机构及其他机构的职责。司法机关应不偏不倚、以事实为根据并依法律规定来裁决其所受理的案件，而不应有任何约束，也不应为任何直接间接不当影响、怂恿、压力、威胁、或干涉所左右，不论其来自何方或出于何种理由。”联合国人权事务委员会也要求成员国提供有关的宪法和立法条文说明法庭设立的根据和其独立的、无偏倚的和有能力的依据，特别是有关法官任命、法官资格、法官任职时间、法官晋升条件、法官调动和停职，还要说明司法独立于行政和立法部门之外的情况。[①]

（二）司法民主是司法独立的力量源泉

司法独立在当代的主要意蕴在于，保证司法过程能够避开社会的当权者或强势者的摆布。[②] 在真实的社会利害较量过程中，在与形形色色的利益团体进行权力和利益争夺的过程中，法官和学术界是一个弱势群体，仅凭他们自身的努力，无法完成司法独立的使命，司法独立必须寻找并借助更为坚实的力量源泉。[③] 民众便是这样一种无穷的力量源泉。

一方面，从根源上来看，司法民主所体现和确保的民众对司法主权的行使为裁判获取了坚实的正当性（合法性）基础[④]，这种正当性（合法性）使得司法权由一种“权力”上升为一种“权威”的力量。我们需要区分权力和权威这两个既有联系又有区别的概念。权力发号施令，并在必要时援之以强制；权威则“呼吁”，它没有惩罚的功能，一旦它进行强制，便不再是权威了。因此权威是一种权力形式，一种影响力的形式，它来自人们自发的授权，它从自愿服从、为民认可中得到力量。因之，“权威是建立在威望和尊重之上的权力”。[⑤] 权威做出什么事情，或不做什么事情，不是靠发号施令，而是靠合理的要求或正确的建议。这就是我们把权威同受到人们自发支持的领导联系在一起的原因，也是我们的民主危机被称为权威危机的原因或含义。当认识到权力和权威需要互相平衡时，没有权威的权力便会是一种压制性的权力（赤裸的强制取代权威并最终毁灭权威的情况），或软弱无力的权力（缺少权力的情况）。司法独立是以司法权威为基础的，如果没有这种权威，司法

---

① 杨宇冠：《人权法——〈公民权利和政治权利国际公约〉研究》，中国人民公安大学出版社2003年版，第253－254页。

② 封丽霞：《政党与司法：关联与距离》，《中外法学》2005年第4期，第415页。

③ 何兵：《司法职业化与民主化》，《法学研究》2005年第4期，第103页。

④ 关于权力的正当性（合法性）问题参见本文第三章“刑事司法的正当性基础”的论述。

⑤ ［美］乔·萨托利：《民主新论》，冯克利等译，东方出版社1998年版，第212页。

独立所带来的将是权力的膨胀和权力的滥用，最终丧失其合法性（正当性）基础。由此不难理解司法民主对于司法独立是至关重要的。为了使法官的独立审判不至于变成镇压或者变得软弱无力，法官手中的司法裁判权必须是有民众支持的具有权威性的权力。用萨托利的话说就是："民主应当把权力（一种强制力）转变为一种权威（一种引导力）为目标。"[①]可见司法权威非但与司法民主不矛盾，而且可以说是司法民主最典型的权力准则。使司法民主增加了价值的理想不是夺取法官的独立审判的权力，而是最大限度地减少发号施令式的权力，是使法官由"有权力者"转变成"有权威者"。这样，法官才能真正成为最受尊重的个体，真正拥有独立审判的权力。

另一方面，从实际操作上来看，司法民主是克服地方保护主义，阻却强权干涉司法审判的力量之源，也是司法独立与公正最有力、最经济的保障。司法独立首先应当是中央司法权威的树立，但是，地方保护主义可以说是各国司法实践中的通病。在我国，这一问题则尤为突出。现实的情况是地方基本上控制了司法机关的财权、人事权等，使得无论是司法机关还是法官个人都很难抵御来自地方的干预。论至此，汉密尔顿的那句名言——"对某人的生活有了控制权就等于对其意志有了控制权"，总是会被我们不由自主地想起。再加上"为地方经济建设保驾护航"等理由使得地方干预司法堂而皇之地大行其道，司法公正屡屡作出让步。法官不敢判，判了也执行不了等等，使得司法独立虽然美丽却只是海市蜃楼。民众对司法的参与在这时能够起到意想不到的作用。普通民众构成了司法与地方势力之间的防火墙，以陪审制为例，民众作为陪审员参与司法审判，为独立审判注入了强大的力量。这种力量不是地方势力所能随意支配的，因为随机抽取、短期任职、人数较多的参与司法的民众不像职业法官那样需要依赖地方人事、财政的支持。法官在民众的参与和监督下，虽然权力在一定程度上被分享，但却拥有了抵御地方势力干预的力量。这可以用托克维尔在考察了美国的陪审团制度后所得出的结论作为佐证："表面上看来似乎限制了司法权的陪审制度，实际上却在加强司法权的力量；而且，其他任何国家的法官，都没有人民分享法官权力的国家的法官强大有力。"[②]此外，程序公开和新闻媒体的报道等对于司法独立也能够提供一定的保障作用。当新闻媒体把法庭上证据调查、交叉询问等公开展现在广大民众的眼前，那种试图干预司法独立、谋求法外利益的力量就会受到来自社会舆论的抑制。当透明的程序让有关事实

① [美]乔·萨托利：《民主新论》，冯克利等译，东方出版社 1998 年版，第 212 页。

② [法]托克维尔：《论美国的民主》（上卷），董果良译，商务印书馆 1997 年版，第 318 页。

和证据暴露在阳光之下，甚至是“地球人都知道了”，企图干预司法的强权势力哪里还敢顶风作案要求法官作枉法裁判。

总之，司法民主与司法独立之间绝不是相互为敌、彼此排斥的关系，而是不可分离之密友。独立的司法呵护着人民民主，同时，司法民主又为司法独立提供支持和力量。当然，司法民主与司法独立之间需要一种平衡，特别是对于司法民主而言，绝不是搞随意扩张，甚至无边无际。也就是说，民众的司法参与是否适度要用审判独立原则作为衡量的尺度。凡是有利于法院在不受外界任意干扰的状态下严格依照法律公正处理案件的参与便是适度的，反之则不是。“所谓民主的制度化，主要是指程序民主，而不是跟着群众的情绪走或者利用煽情的手段操作民意。”①就如季卫东先生所说的，法治与民主之间存在着两个最重要的接点：第一是不受任何权力（既包括国家性权力，也包括社会性权力；既包括暴君，也包括暴民）侵犯的个人权利；第二是承认的程序。在考虑通过民主主义原理来匡正科层制的弊端时，必须始终坚持这样两个接点，否则民主就很容易变质为不安定的民主或者独裁，法治也很容易堕落成秦始皇式的官僚主义法治或者类似“文化大革命”期间出现的那种一哄而起的“群众专政”。②

第二节 媒体监督与司法独立的博弈

当下，报刊、电视、网络等构成的大众传媒呈现爆炸发展之态势，媒体对司法审判的关注也随之日益显著，重大案件频频曝光，法庭电视直播广泛吸引眼球，网络大讨论打破了民族和国家的界线。③ 媒体作为公众舆论的载体，对司法审判的监督与日俱增，而“公众舆论的背后是人类的欲望、希望和要求，它们通过人类本身使人类感到它们的存在，并使它们在司法中、在撰写法律著作和立法史中有所作用”。④ 这一切使得媒体和司法的关系可谓犬牙交错、错综复杂，使得我们必须直面这样的矛盾：一方面，民众和传媒对于

---

① 季卫东：《秩序的正统性问题——再论法治与民主的关系》，《浙江学刊》2002年第5期，第63页。

② 季卫东：《秩序的正统性问题——再论法治与民主的关系》，《浙江学刊》2002年第5期，第63页。

③ 根据中国社科院副研究员郭良发布的《2005年中国5城市互联网使用现状及影响调查报告》，62.8%的网民认为互联网可以使人们更加了解政治，60.4%的网民认为互联网可以使政府官员更多地了解群众看法，55.3%的网民认为互联网可以使政府更好地服务人民。参见《瞭望新闻周刊》2006年3月13日。

④ [美]罗斯科·庞德：《法律史解释》，曹玉堂等译，华夏出版社1989年版，第115页。

司法的监督是遏制司法腐败、实现社会正义和保障公民的知情权、言论自由权、监督权的需要；另一方面，司法独立是一项基本的宪法性原则，获得独立的审判同样是公民享有的必须保护的核心权利。于是，媒体监督与独立审判之间剪不断、理还乱的关系越来越凸显。在民意与司法独立的冲突中，在权利与权利、权利与权力的冲突中，在个人利益、民众利益、社会利益与国家利益的冲突中，我们应当如何抉择？

一、媒体监督与司法独立在宪政层面的冲突

司法独立作为一项宪法性的基本原则，是民主宪政的基本标志，是现代法治社会一项不可动摇的标杆。然而，媒体监督及其承载的民意和社会舆论对司法的独立裁判形成了无形的外在压力，这种压力是对司法独立这一宪法性基本原则的挑战。但是，媒体监督本身同样有着宪政层面的强力支持，其所蕴含的公民宪法性权利——知情权、言论自由权、监督权，使得媒体监督与司法独立的冲突实质上是宪政层面的博弈。如果离开宪政的语境，我们便很难对这种冲突作出合理的定位，也难以作出适正的抉择。

首先，媒体监督是公民言论自由权的要求。言论自由就是公民享有的通过口头或书面形式就政治和社会的各项问题表达与交流思想、观点和见解的自由。J·S·密尔曾指出：禁止发表不同意见这件事所独有的不幸，就在于它堵塞了获得真理的道路。因为，如果别人的意见是正确的，而你禁止别人发表不同意见，那么也就是意味着以真理取代谬误的机会被你剥夺了；如果别人的意见是错误的，你也应该允许别人发表意见，而不应该禁止。因为真理是在同谬误的斗争中产生和发展起来的。所以应该看到，避免错误和得到真理，几乎是同样有益的。在这一意义上来看，“没有言论自由也就没有追求真理的自由”。[①] 也正因此，言论自由被认为是人类最珍贵的权利，“其他的自由是在政府的控制之下，但舆论自由是要让政府服从自己的义务。”[②]我国宪法明确规定了公民享有言论自由的权利，即第35条规定，“中华人民共和国公民有言论、出版、集会、结社、游行、示威的自由”。新闻自由权从本质上来看，是宪法规定的公民言论自由权的延伸。也就是说，记者采访、报道的权利实质上是一种公民间自由交谈的权利，它是不能被剥夺的，除非记者触犯法律。言论自由权要求公民有权就案件的审理情况进行讨论和发表自己的个人见解，大众传媒有权报道和监督司法审判。这种讨论和

---

① 转引自龚祥瑞：《比较宪法与行政法》，法律出版社2003年第2版，第150－151页。

② ［英］约翰·基恩：《媒体与民主》，郤继红、刘士军译，社会科学文献出版社2003年版，第113页。

报道多多少少都会影响到法院的审判：如果是审判之前，民众通过大众传媒对案件的讨论，会形成巨大的社会舆论影响力，如对于被告人前科劣迹的披露，对于被害人悲惨遭遇的渲染，对于案件经过的故事化描述，对于案件审判结果的预断性评判……这些舆论的强大影响力使得法官和陪审员很难不受其影响；如果是在审判过程中，电视直播、法庭上的录音录像等都可能会给法官造成心理压力和影响；如果是判决作出之后，大众传媒对于裁判结果的利害得失之评论，可能会影响到再审程序的启动，如刘涌案中再审之启动便是典型一例。

其次，媒体监督承载着公民的知情权。知情权就是公民有权知道其应该知道的信息，国家应保障公民在最大范围内享有获取信息之权利，特别是有关国家权力行使的信息之权利。"从目前世界各国民主法治发展的趋势来分析，知情权作为一项权利，是公民对政府的一项在道德和法律上的合理要求，相对地，满足公民的这一要求，既是政府应当承担的道德义务，也是政府应当履行的一项法律义务。"[①]知情权蕴含和表达了现代社会公民对信息资源的一种普遍的利益需求和权利意识，知情权确立和发达与否，直接反映出一个国家的民主宪政水平。正因此，现代法治国家一般都将知情权作为公民一项基本的宪法性权利。如早在1789年，法国《人权宣言》第15条便规定："社会有权要求机关公务人员报告其工作。"1949年通过的德国基本法第5条规定："每个人都拥有使用语言、作品及图画自由表达传播意见的权利，并且拥有从一般可以获得的信息来源自由获取的权利。"美国宪法第1修正案也被认为是知情权的依据。我国现行宪法虽然没有直接规定知情权，但是宪法确立的人民当家作主的地位必然要求享有知情权。[②] 公民的知情权在司法领域要求程序公开，要求大众传媒有权及时、充分地将案件审判的情况反馈给公众。但是，这种公开必然会影响到独立审判：一是对于证据的公开，可能会使得证人不敢出庭作证，其他证人的证言和物证、鉴定结论等的公开可能会对证人产生干扰和影响从而改变其证言的内容；二是媒体对于证据的评价和犯罪嫌疑人情况的曝光，可能影响到法官的心证，甚至是在开庭前就形成先入为主的判断，对于陪审员，则这种影响可能更大；三是审判

---

① 夏勇：《知情：权利与义务的解读》，《工人日报》2001年3月23日。

② 我国《宪法》第2条规定，国家的"一切权力属于人民"，"人民依照法律规定，通过各种途径和形式，管理国家事务，管理经济和文化事业，管理社会事务"。显然，人民要拥有一切权力并管理国家各项事务，就必须知道国家各方面的情况。因此，国家机关应当主动地公开这些情况，以便人民真正"知道"和有效"行使国家权力"。

的各种信息的披露，可能会对法庭审判造成强大的外部压力，从而影响审判的独立性和中立性。

再次，媒体监督本身便是公民行使监督权的一种形式。监督权就是公民对行使国家权力的机关和个人进行监督的权利。民主和大众传媒是现代社会控制权力行使的重要手段，也被人们看作是检查那些掌握权力者的功过与揭露腐败的永久性方法。“民主和公共媒体是无与伦比的早期警示性手段，在危害还不太引人注意时就使其公开化，减少了在未知海洋航行和冒失事危险的鲁莽的冲动，确认智慧的益处，不轻易地向无知投降，小心谨慎地在变幻无常的汹涌的大海上航行。”[①]这种监督的权利是人民主权原则的应有之义，是公民行使国家公权力的有力保障。我国宪法关于公民的批评、申诉和控告权之规定体现了这种监督权，《宪法》第 41 条规定：“中华人民共和国公民对于任何国家机关和国家工作人员，有提出批评和建议的权利；对于任何国家机关和国家工作人员的违法失职行为，有向有关国家机关提出申诉、控告或者检举的权利，但是不得捏造或者歪曲事实进行诬告陷害。对于公民的申诉、控告或者检举，有关国家机关必须查清事实，负责处理。任何人不得压制和打击报复。”公民的监督权体现在司法领域主要便是对司法审判的监督，而裁判的过程是否符合法定程序、结果是否符合实体公正是这种监督的主要内容。司法独立要求法官不受外部干扰独立对案件作出裁判，但是公民的这种监督显然会对审判造成一定的影响：对诉讼程序的监督，可能影响到案件的进程，如对刑讯逼供的披露和对申诉上访的报道等都可能引发程序的逆转；对裁判的实体结果的监督，更是可能影响到法官的独立审判，如对于一审裁判的评论和监督，很可能对二审法官行成压迫性的心理影响，这对于被告人获得独立法庭审判的权利而言显然是不公平的。

概言之，媒体监督既承载着宪法保护的某些基本权利又可能侵犯到司法独立这一基本宪法性原则，这使得媒体监督既是现代民主法治社会所必需的又从来不是绝对的。

二、媒体监督与司法独立之间冲突的现实考察

让我们回到中国的现实情况。当前，我国犯罪率居高不下，民众对司法不公、司法腐败痛心疾首，媒体监督在这种社会背景下大大提升了现实必要性。近年来，从报纸到期刊，从电视到网络，司法题材的内容越来越受到青

---

① [英]约翰·基恩：《媒体与民主》，郤继红、刘士军译，社会科学文献出版社 2003 年版，第 161 页。

睐。从中央电视台的《焦点访谈》、《今日说法》到各地法庭审判的电视直播，各种法治节目如雨后春笋般出现在人们面前。甚至有一段时间，“法院不如电视台管用”的说法在社会上广为流行。于是，希望媒体曝光、希望借助媒体的力量给法院施加压力等成了人们常常想到的解决纠纷之路径。

现实情况在一定程度上印证了人们的这种期望，有的案例中，法院迫于媒体舆论的压力，作出了一定的让步。轰动一时的“张金柱案”便是典型一例。1998 年，因交通肇事罪、故意伤害罪被判处死刑的郑州公安干警张金柱临死前留下了一句耐人寻味的“名言”：“我是死在你们记者手中的。”张金柱的罪行可谓恶劣，但是就法律而言，其罪不当死。在该案中，媒体一片喊杀声以及所谓的民愤难平，直接影响到了该案的独立审判，使得司法机关痛下杀手。在这里，“民愤”这一非法律术语似乎有了超越法律的力量。这在“刘涌案”中表现得尤为显著。对于“黑社会老大”刘涌，“民愤”之大可谓空前，一时间，媒体、网络铺天盖地般讲述着刘涌的滔天罪行，特别是网络上的口诛笔伐，似乎不杀刘涌就是人间最大的不公正。结果是引起了领导层的高度重视，最高人民法院主动启动再审并破天荒提审该案，最终改判刘涌死刑。

当然，司法机关并不甘心屈服于媒体监督之下。于是，司法机关状告媒体侵犯名誉权这样以往不曾想到的案子开始出现。如 1995 年 3 月，《民主与法制》杂志刊登了《一场耐人寻味的官司——〈工人日报〉被诉名誉侵权案》一文，其后不久，深圳福田区人民法院以该文对该案的“审理活动和判决结果肆意歪曲、诋毁，严重侵害了本院名誉”为由，以原告身份向深圳市中级人民法院提起诉讼。1995 年 7 月，深圳中院作出判决，责令《民主与法制》杂志为给福田区人民法院名誉造成的侵权影响而向原告赔礼道歉、消除影响、恢复名誉，并“赔偿原告经济损失 5000 元”。[①] 且不论法院是否享有名誉权或者法院是否可以诉诸民法上的名誉权保护制度，也不说此类审判是否会对公民言论自由权和监督权产生遏制，单单从形式上来看，即法院受理以另一法院为原告、以后者的审判活动为审查对象的民事纠纷，势必使得审判的基本模式受到撼动，从而无法使得人们信服该裁判的公正性与正当性。但是，

---

① 对于该案的具体分析参见冷静：《从法院状告新闻媒体谈起——一起名誉侵权官司所引起的思考》，《北大法律评论》第 2 卷第 1 辑，第 267－280 页。该文从民法学的角度讨论该案件，得出的结论是法院不享有民法上的名誉权，更不应该诉诸名誉权之诉。

现实中此类案件却一再发生，而且多数以媒体败诉结案。[①] 这既从一个侧面说明了媒体监督在实践中确实对法院独立审判产生了一些负面影响，也说明了媒体在司法机关面前的弱势地位。

我国实践中媒体与司法机关的冲突一再发生，现实的案例可谓俯拾即是，其中的原因是多方面的。一方面，媒体工作和司法审判工作的自身内容和特点决定了它们之间天然会产生一定的冲突。以下的几组实证调查获得的数据能在一定程度上说明这种差异的客观存在：(1)关于法庭新闻的功能。被调查的法官群体中的多数观点，即48.3％的人认为，公众关注法庭新闻最重要的目的是“了解法律知识”，而记者们中68％的被调查者认为公众主要是“对有冲突、有悬念的故事感兴趣”。这说明司法界和新闻界对于法庭新闻的社会功能的认识基础是有冲突的。(2)关于当前司法公正的水平。35.4％的法官认为公正率在90％以上，56.9％的法官认为在80％～60％，相应地，43.2％的记者认为公正率在50％以下，43.2％的记者认为在80％～60％。可见记者对于司法公正的信任度远低于法官。(3)关于社会对法官的印象。法官中的多数观点，即45.1％认为是正面形象，如全国十大杰出青年、大连开发区法院某法官，而记者中的多数观点，即47.4％则认为号称“上管天、下管地”山东某法院院长更知名。[②] 导致这些差异的主要原因是媒体和司法的运作特征是相差迥异的。传播学中有一句名言：“媒介即信息。”对于媒体而言，其追求的和彼此间所竞争的主要是更快、更新、更有价值、更有吸引力的信息，对于新奇的追求甚至高过对法律的信仰。媒体更多的是从社会民众的道德情感出发，以社会一般正义观和道德伦理来评价和论说司法行为和司法过程，其任务也就更多的是批判、揭露不公与腐败，更多的是为老百姓代言。而司法机关的运作以服从法律为首要特征，民意和道德只是起到一个辅助或参考的作用，所以法官更多的是将法治新闻、法庭直播等看作是宣传法治的手段。法官的工作内容也决定了其更多的是从正面肯定审判活动和法官形象，自然会对媒体的批评有所排斥，而对于实践中司法公正的评估值也自然比较高。

从另一个角度来看，这种冲突在现阶段的凸显与我国社会的转型密不可分。一方面，市场经济体制改革中，我国的媒体正处于由所谓的“机关报”

---

① 据初步统计，从1994年至2000年，以法官或者法院为原告，状告新闻媒体侵害法院或法官名誉权的案件14起，全部以新闻媒体的败诉(包括判决媒体赔偿或媒体道歉达成和解)结案。

② 参见徐迅：《中国媒体与司法关系现况评析》，《法学研究》2001年第6期，第150－153页。

向自负盈亏的市场主体转型阶段。① 市场导向和利益驱动使得不少媒体为了生存和获利，越来越注重民众的口味和有价值的卖点，而司法审判中的各种错综复杂、悬念迭起的案件无疑是吸引眼球的最宝贵素材；媒体的市场化使得原来媒体、司法“一家亲”并同为政府部门的局面有所变化，司法机关对于媒体的信任度也随之下降，排斥媒体介入的现象加剧，这便激化了司法与媒体间的冲突。另一方面，我国的民主法治进程尚处于摸索阶段，公民的知情权、言论自由权、监督权等基本权利常常还不能充分得到实现，但公民的民主、法治观念却在不断加强，权利意识已经今非昔比。在这种情况下，公民希望借助媒体的力量来维护自身权利的事件发生的频率明显增加，而相关的法律、规则又尚未建立或者是不健全，随之而来的矛盾也就必然增多。

再深一层次来看，这种冲突的出现与我国司法独立本身的不健全有关。在我国，媒体监督产生的作用，很大程度上不是因为司法机关畏惧媒体的报道，而是媒体报道引起了领导层的关注，领导层可能因此而作出批示或政法委出面协调，最终导致司法遵从。因此，媒体监督与司法独立的冲突充分暴露了司法机关独立审判和抵御外界干扰能力之不足。虽然我国法律规定法院是独立审判，但实际上，法院受到的影响是众所周知的：它要接受党的领导，它要接受人大的监督，它要考虑相关部门的一些意见，另外还要面对民意和舆论的压力，不管愿不愿意，客观上司法机关都要面对这样的现实。

第三节　媒体监督司法的形式及其限制

新闻媒体对刑事案件的监督主要可以分为审前媒体监督和审判媒体监督两种类型。媒体对于审判前的监督和审判中的监督的侧重点和表现形式有所不同，所产生的影响也有差异。西方主要国家对媒体监督的限制，在审前阶段和审判阶段也有所不同。

一、审前媒体监督及其限制

如果说审判中和审判后的媒体监督对司法独立的冲击相对较小而且相

① 从传统来看，我国的主流媒体是所谓的“机关报”，该种媒体的最大特点是它要以所属机关的意志为意志，而不能够单纯地按照新闻媒体的规则去运作。这种依附关系导致媒体的官僚化和对民众需求的漠视，其更多的是热衷于经验总结和正面宣传，对于涉及本部门、本地区的批评性报道却罕为所见。这种情况在市场经济下，显然必须改变，实际情况也是正在逐步改变。

对容易被接受的话，那么在审前阶段，媒体的披露和评论对于独立审判，对于犯罪嫌疑人隐私权、名誉权、获得公正审判权等基本权利的影响之大，显然使之成为一个更为突出的问题。审前媒体监督对于司法独立的影响主要体现在导向性宣传上，这种带有一定倾向性的报道或评论会使得法官和陪审员难以在将来的审判中仅仅依据法庭上展示的证据来作出裁判，而试图排除这种影响，如将陪审员长期隔离等，又将耗资巨大。因之，许多国家在保障新闻自由和信息公开的同时，对审前媒体报道作出了相对严格的限制。这种限制可以分为事前限制和事后限制两种类型。

事前限制以美国的“司法限制言论令”(Gag Order)为代表。在美国，为了防止新闻媒体在审前对刑事案件的倾向性报道影响到陪审团的中立审判，损害被告人获得独立、公正审判的权利，不少州采用“司法限制言论令”限制媒体审前的详细报道，但是这种限制令在美国的实践中是不能轻易发布的，并受到严格标准的限制。标志性的判例是1976年的“禁报谋杀案”。该案中，内布拉斯加州法院根据“司法限制言论令”，禁止报纸去报道一个当地闻名的集体谋杀案嫌犯的供词，以保证陪审团公正、独立地审判。然而，美国联邦最高法院推翻了该项判决，布仁南(J. Brennan)法官的意见强调：“我认为，用事前限制新闻自由来保障公正审判，乃是宪法所不能容许的手段；法官手中拥有各种机制，来保证为被告提供基本公正，而避免对同样基本和有益的宪法权利带来如此严厉的侵犯；在一个自由社会，对公共事务的讨论权利不能取决于司法审查官的初始评分。”[①]大法官伯格(Burger)认为，在是否要发布限制命令的时候，应以“明显且即刻的危险”为标准，具体而言，需要检验被呈送到法官面前的证据是否达到：“(1)审前有关案情的强烈、煽动性的公开报道确实存在；(2)其他替代措施，如变更审判地、诉讼延期、分别审理、陪审团选任、警告或隔离陪审团等，都不能抵消审前公开报道的影响；(3)限制令将确实有效地使得陪审团避免接触有偏见的信息。”[②]这三项标准后来成为衡量是否应当发布“司法限制言论令”的主要标准。由于标准的严格性，该案后签发此类限制令的数量大大减少。另一个值得注意的案例发生在1986年，加利福尼亚州试图限制媒体参与审判前的初始听证(Preliminary Hearing)[③]。联邦最高法院认为，加州的初始听证相当于在传

① 张千帆：《西方宪政体系》(上册·美国宪法，第2版)，中国政法大学出版社2004年版，第576—577页。

② 427 U. S. 539, 96 S. Ct. 2791, 49 L. Ed. 2d 683(1976).

③ 还可以译为“预审听证”。

统上公开的正式审讯,因而授权法院限制公共参与的州法违背了宪法第1修正案。[①]

可见,美国虽然确立了对审前媒体报道事前限制的制度,但在实际采用中受到极为严格的限制,这种限制源自公民的宪法性权利而异常强大。实践中,美国法官发布的"司法限制言论令"更多的是针对律师在审前的言论,防止律师通过媒体来造势或施压,如果律师通过媒体发表不负责任的言论,法官可以发布限制令对其进行限制,甚至可以通过蔑视法庭罪来处罚。但对律师的限制也是有限度的:"仅仅适用于那些实际上可能会造成本质偏见性影响的言论,这种限制对各种观点来说是中立的,并平等地适用参与某一未决案件的所有律师,其结果只是将律师的评论推迟到审判后发表。"[②]

事后限制以蔑视法庭罪的形式为代表。该罪名源于英国,并被美国所继承。根据英国《蔑视法庭法》,媒体在审前的舆论可以构成蔑视法庭罪,最高可以判处两年的监禁刑。实践中,判处监禁刑的情况屈指可数,典型的案例如1949年,西尔威斯特·博兰因为一篇关于约翰·海因被逮捕的评论文章而被监禁三个月。一般情况下是判处罚金,如1998年,由于《太阳报》在审前刊发了一篇文章对杀人嫌犯詹姆斯·门卡德进行评论,导致了审判程序的终止,法官认为《太阳报》犯了"一个可怕的错误",构成"严重的蔑视",而对其处以35000英镑的罚款。[③]

值得注意的是,各国在司法实践中逐渐形成了一些关于审前媒体报道的具体限制规则,以下内容应引起我们的关注:其一,关于限制的内容。如英国《治安法院法》第8条规定,当治安法院决定是否将被告人移送刑事法庭审判的时候,不能进行报道,[④]包括是否移送的决定、指控的罪名、地点、时间、保释、法律援助之类的安排,但仅仅披露被指控者、证人和法律代理人的姓名、年龄、住址和职业等除外。其二,关于被告人的选择权和法官的裁断权。英国学者认为规定这些禁令是为了保护被告人,被告人有权放弃该禁

---

① 张千帆:《西方宪政体系》(上册·美国宪法,第2版),中国政法大学出版社2004年版,第580页。

② Wayne R. LaFave, Jerold H. Israel, Nancy J. King, Criminal Procedure(Fourth Edition), West Group,2004,pp. 1074-1075.

③ 参见[英]麦高伟、杰弗里·威尔逊主编:《英国刑事司法程序》,姚永吉等译,法律出版社2003年版,第204—205页。

④ 英国学者认为,在这些审前程序中,只允许控方提出证据,而辩方的作用被限于辩论,因而,任何关于证据的报道都会不可避免地偏向控方。所以,法律禁止媒体对移送程序进行报道。参见[英]麦高伟、杰弗里·威尔逊主编:《英国刑事司法程序》,姚永吉等译,法律出版社2003年版,第205页。

令的保护，如希望报道造成的公开可以导致对辩方有利的证人站出来。如果共同被告人对是否放弃该规则意见不一，那么治安法官就必须从公共利益角度作出决定。[①] 可见，对于审前媒体报道的限制不是绝对的，如果有利于犯罪嫌疑人则限制可能被取消，也就是说犯罪嫌疑人有一定的选择权。[②] 其三，关于是否真名报道，能否传播照片。如为了保护犯罪嫌疑人的肖像权和名誉权，法国对于审前新闻报道中对于犯罪嫌疑人信息的公布作出了严格限制，一般要求匿名报道，对于相关的民意测试等也作出了限制。法国《新闻自由法》第 35 条规定，如果未经利害关系人同意，便传播其照片，(传播人)将被科处 10 万法郎(1.5 万欧元)的罚款。同时，对刑事诉讼中的涉案人是否有罪(或者所受刑罚)进行民意测验或者公布、评论测验结果的，将被处以相同的惩罚。[③]

总的来看，各国在处理审前媒体监督问题时，通过审慎地限制媒体的报道，以求保持舆论自由与独立审判间的一种平衡状态：即事前一般允许媒体自由发表确实的言论，但是这种报道是受到若干规则限制的，并且严格事后处罚措施，媒体要承担不负责任的错误言论所造成的损失的刑事或民事责任。

无疑，审前媒体监督的价值是应当得到充分肯定的，随着审前程序适度公开的理念逐步深入人心，审前程序中的媒体监督也将不断扩大，这对于强化对警察和司法机关的监督，有效遏制司法腐败和司法专横，特别是遏制刑讯逼供，将发挥积极的作用。这对于保障犯罪嫌疑人人权无疑也是有益的。但是审前阶段的报道也是一把双刃剑，处理不当就会伤害到犯罪嫌疑人，如对于嫌疑人照片的刊登，对于具体罪行的报道，很容易让人戴上有罪推定的有色眼镜，不仅使得嫌疑人的名誉权、隐私权等受到侵犯，而且极易使得法官陷入先入为主的成见，危及嫌疑人获得公正审判的权利。因此，我们一方面应当肯定审前媒体监督的价值，同时，相对于审判中和审判后的媒体监

---

① [英]麦高伟、杰弗里·威尔逊主编：《英国刑事司法程序》，姚永吉等译，法律出版社 2003 年版，第 205—206 页。

② 对于审前媒体报道的限制原本不适用于北爱尔兰，英国 2003 年《刑事司法法》对新闻报道限制的适用范围作了一定的扩展。该法第 311 条对"预备性审理的新闻报道上的限制"作出了明确规定，根据该法的立法说明，"本条将新闻报道上的限制的要求扩展到北爱尔兰，包括根据 1987 年刑事司法法对审理时间长或者复杂的欺诈案件举行的预备性审理，以及根据 1996 年刑事诉讼和侦查法对审理时间长或者复杂的非欺诈案件举行的预备性审理。目前，这些限制仅仅适用于大不列颠。"参见郑旭译：《英国 2003 年刑事司法法立法说明》，载陈光中主编：《21 世纪域外刑事诉讼立法最新发展》，中国政法大学出版社 2004 年版，第 164 页。

③ 参见周长军：《刑事侦查阶段的犯罪新闻报道及其限制》，《中外法学》2005 年第 6 期，第 754 页。

督,对审前媒体监督应给予相对多的限制:(1)以尽量不侵犯无罪推定原则为前提。在未被法院定罪之前,为了防止不当的报道或评论引起有罪推定,应当避免使用“人犯”、“凶手”、“罪犯”、“罪大恶极”、“铁证如山”等容易误导民众和侮辱犯罪嫌疑人人格的词汇。(2)在审前阶段,由于案件尚未审结,必须坚持报道与评论分开的原则,一般只能作客观报道,不能任意发表评论意见,更不能给案件随便下结论。对于相关评论应当注明“纯属个人意见”或“不代表本刊意见”。(3)审前媒体报道涉及嫌疑人时应以匿名化为原则,以实名报道为例外,尤其是在未成年人犯罪和轻罪案件中应当匿名报道,以防止侵害犯罪嫌疑人的名誉权。原则上不能刊登犯罪嫌疑人的照片,特别是抓捕过程和讯问过程的照片。(4)如果出现审前报道危及法院独立审判的情况,应当采取司法补救措施,包括回避、更换审判地、延期审理等。(5)以事后限制为主,以事前限制为例外,明确相应的法律责任,即主要通过事后刑事或民事上的处罚来限制不当的审前媒体报道,可以考虑确立蔑视法庭罪。同时,强化和规范媒体行业的自律性处罚。(6)允许法官在事前签发“限制令”以限制某些审前媒体报道,但是严格限制于存在“明显且即刻的危险”,可以以美国的具体标准为参照。

二、审判中的电视直播及其限制

在审判阶段,媒体监督最直接的方式便是电视直播,即通过现代传媒技术将庭审的画面直接展现在民众的面前,这种公开的广度与监督的力度可以说是媒体监督中最大的。在我国的司法实践中,庭审电视直播已经开始出现,各种转播节目则更多,并呈现扩张之势。如 1998 年 7 月,中央电视台首次现场直播了北京第一中级人民法院审理的一起著作权侵权案件引起轰动,稍后的 1999 年 3 月,央视又现场直播了著名的綦江虹桥垮塌案,2001 年 4 月张君案的直播亦引起广泛关注。当下,电视台各类法治节目的盛行,使得这种电视直播或转播有了更大的舞台和市场。而且这已经得到 1999 年颁布的《最高人民法院关于严格执行公开审判制度的若干规定》的认可,该规定第 11 条明确指出:“依法公开审理案件,经人民法院许可新闻记者可以记录、录音、录像、摄影、转播庭审实况。”

然而,电视直播与法庭独立审判之间的冲突又是昭然若揭的,镁光灯下的法庭,任何一句话或者一个举动都会完全暴露在民众面前并成为永久的痕迹,再老练的法官也无法完全摆脱这种压力的影响。因此,虽然法庭审判的电视直播彰显了司法民主,极大地强化了对法庭的监督,但是,对于电视直播,各国一直保持着审慎的态度。如在美国,电视直播或转播刑事案件可能成为上诉到联邦最高法院的理由，最著名的案例是 1964 年的埃斯蒂斯诉得克萨斯州案(Estes v. Texas)，该案就是因为电视转播而被联邦最高法院驳回了定罪。此后，联邦最高法院陆续列举了电视直播或转播审判会造成不公正的一些原因：(1)可能分散陪审员的精力并使得案件看起来像一场庆典，从而可能对陪审员造成影响；(2)可能对证人产生影响，降低已取得证言的质量；(3)可能对法官产生影响，增加其责任感并使其遭受更大的公众压力；(4)可能对被告人造成影响，因为其可能分散精力并可能会减弱其律师辩护的效果。①

随着现代传媒业的发展和审判公开的扩大，对刑事审判的电视报道在许多国家正在逐步放宽。在美国亦是如此，美国各州对法庭审判的电视报道，虽有所控制，但从 20 世纪五六十年代开始逐渐松绑。首先是一小部分州授权对审判可以进行电视转播，紧接着，1978 年的全美各州首席大法官会议通过了一项决议，公布了州法庭上电子报道范围的标准，此后，允许电视转播的州的数字急剧上升。“至 1996 年初，有 47 个州已经通过立法确认可以作某种形式的电视法庭转播。其中 26 个州允许摄、录像机常设于法庭报道。多数州给予法官一种广泛的是否允许报道的酌定权。”②而 90 年代的辛普森案的全球直播被称为“世纪大审判”，吸引了全球数亿人的同时关注，可以说达到了法庭直播的巅峰。需要说明的是，在美国允许法庭电视摄像的州里，很大一部分州在被告人反对的情况下禁止对刑事案件进行转播或直播。大约只有一半的州在被告人反对的情况下还会授权电视转播，这些州将最终决定权交给了审判法官。在由法官裁量的州，法官可以以被告人的正当程序权利、时间的安排、避免分散注意力等理由拒绝电视摄像。美国联邦最高法院的判例表明，最高法院支持由法官裁量，代表性的判例是 1981 年的钱德勒诉佛罗里达案(Chandler v. Florida)。该案中，联邦最高法院的裁判支持对公开的刑事审判程序进行电子媒体和静止摄像报道，而不顾被告人的反对意见。法庭的一致意见强调，“没有人能够提供足够的经验性的数据，以确定仅仅是媒体转播的出现本身就会对程序产生不利的影响”，同时强调，在当前的案件中，电视转播是依照精心制定的指导来做的，这些指导是专门为了确保避免出现埃斯蒂斯案中的过分情形。因此，这一指导包括限制使用设备的类型和样式，确保报道活动不引人注目，以及禁止拍摄陪审团本

---

① Wayne R. LaFave, Jerold H. Israel, Nancy J. King, Criminal Procedure(Fourth Edition), West Group, 2004, p. 1100.

② 陈光中主编：《刑事诉讼法实施问题研究》，中国法制出版社 2000 年版，第 204 页。

身。此外,这些指导还"赋予审判法官积极的责任以保障被告获得公正审判的基本权利"。[1]

在英国,对于电视直播的限制较为严格。根据《蔑视法庭法》,某些与审判有关的特定行为的报道是被禁止的。如披露陪审团的商议过程是一种蔑视法庭行为。法律明确禁止媒体窥探陪审室内所发生的事,基于违反这种规定而上诉的案件不胜枚举。法律还禁止任何人在法庭上使用录音,它同样也禁止对法庭审理过程进行摄像或出版该照片。此外,如果法官已经发布禁止向公众报道案件的命令后,媒体又违反该命令,就构成蔑视法庭罪。同样,如果媒体公开了法庭免除披露的事实(如强奸案受害人或儿童的身份),也将构成蔑视法庭罪。[2] 但是,法官对于电视转播是有一定的裁量权的,"在苏格兰,只要经过高级法官许可,就可以把刑事案件制作成电视节目。这是向公众宣传教育刑事审判制度所采取的另一个步骤"。[3]

大陆法系国家对于法庭影音摄录的态度也经历了一个过程。如在法国,关于庭审辩论是否可以进行录制的问题,曾引起过激烈的争论。这一争论以 1985 年 7 月 11 日旨在规定设立"法院视听档案"的法律而告终结。由这一法律规定的一般规则是,在审判法庭庭审辩论过程中,不允许使用电视(第 308 条),但上诉法院第一院长在听取"视听档案委员会"的意见之后,可以批准在法庭辩论中使用电视。[4] 在德国,庭审之审判程序开始之前及完毕之后所制作的录像为其基本法第 5 条第 1 项第 2 段所允许。为了避免混乱,可以只允许一组摄像人员进入法庭,这组摄像人员同时负有义务,需将其所摄制者免费提供给所有对此有兴趣之无线电及电视机构。但是对于庭审的过程,法院组织法第 168 条第 2 段则禁止录音、录像、无线电录音以及为了公开展示或公开其内容而进行之声响及影像制作。[5]

需要特别指出的是,世界刑法协会第 15 届代表大会《关于刑事诉讼法中的人权问题的决议》第 15 条指出:"公众传媒对法庭审判的报道,必须避免产生预先定罪或者形成情感性审判的效果。如果预期可能出现这种影响,可

---

① Wayne R. LaFave, Jerold H. Israel, Nancy J. King, Criminal Procedure(Fourth Edition), West Group,2004,pp. 1100-1101.

② [英]麦高伟、杰弗里·威尔逊主编:《英国刑事司法程序》,姚永吉等译,法律出版社 2003 年版,第 206 页。

③ 王晋、刘生荣主编:《英国刑事审判与检察制度》,中国方正出版社 1999 年版,第 99 页。

④ [法]卡斯特·斯特法尼等:《法国刑事诉讼法精义》(下),罗结珍译,中国政法大学出版社 1999 年版,第 741 页。

⑤ [德]克劳思·罗科信:《刑事诉讼法》(第 24 版),吴丽琪译,法律出版社 2003 年版,第 443 页。

以限制或禁止无线电台和电视台播送审判情况。”这说明从国际共识来看，是允许电视直播的，但是要受到一定的限制。

从上面的分析中，我们可以看出，各国法律关于法庭审判电视直播的规定虽各有不同，但都对电视直播采取了逐步放开和严格限制相结合的较为灵活的态度。限制电视直播或转播有助于保障法官独立审判，放开和允许电视直播或转播则是扩大庭审监督和程序公开的要求，两者虽有矛盾但并非截然相斥，适当地允许电视直播或转播，但是又给予一定的限制并给法官相当的裁量权，可以说是两者博弈的必然结果。

有的学者认为电视直播弊端重重，其不仅因为会影响到法官的独立审判而在不少国家受到否定，而且我国的直播更多的是渗透出“作秀”的味道。笔者认为，从世界各国对电视直播的态度之发展来看，趋势是逐步放开；对于可能出现的弊端，我们可以通过限制性措施来尽量避免；再加上电视直播对于强化审判公开，扩大民众对于司法审判的监督具有重要意义，因此笔者主张有限制地允许电视直播。立足我国实际情况，借鉴他国经验，我们可以从以下几个方面来限制和规范电视直播：(1)依媒体申请而启动电视直播，申请应当书面提出，并由法院裁定是否准许。法院主动启动的法庭直播难免“作秀”之嫌，也容易导致先定后审或将庭审搞成“样板戏”，意义不大。(2)赋予被告人否决权。这是对于被告人主体性地位的尊重，也是保障被告人人权的需要。同时，法庭应当考虑和征求被害人意见。(3)限制电视直播的案件类型，应当同时具备：①属于法律规定的公开审理的案件；②具有重大社会影响或涉及重大公共利益的；③电视直播不会造成不良社会影响的。(4)从技术上进行限制，直播以不妨碍法庭秩序为原则。具体规则包括：①限制参加庭审直播的媒体的数量，一般限于一家电视台，其获得的影音资料应与其他申请的媒体共享；②按照法庭的要求固定安放摄像设备，设备的安放地点以不直接进入审判人员视线为原则，禁止使用刺眼的灯光设备；③媒体工作人员不能在庭审过程中走动，不能遮挡旁听人员的视线；④在法庭直播开始前禁止对被害人、证人进行采访，以防止影响其作证；⑤被害人和证人有权要求不得录入能够直接辨认其容貌的特写镜头。

第四节 探寻媒体监督与司法独立之间的平衡点

审前媒体监督与法庭电视直播对于司法独立的冲击也许只是媒体与司法的矛盾中比较醒目的冰山一角，要想真正协调好媒体监督与司法独立的关系，必须从全局上宏观反思与掌控，并辅之以微观层面具体规则的构建。

媒体监督与司法独立作为现代法治社会不可或缺的两种产物，交织在一起，难舍难分，在两者的冲突、博弈和契合之中，体现和推进了现代司法民主和司法公正，这是无法回避的现实。这正印证了党的十五大报告所特别指出的，要“推进司法改革，从制度上保证司法机关依法独立地行使审判权和检察权”，同时，又要“把党内监督、法律监督和群众监督结合起来，发挥舆论监督的作用”。也就是说，媒体监督和司法独立不能偏废，很难作出孰轻孰重的简单判断，其中的抉择必须慎之又慎。在此，笔者谈谈自己的一管之见。

第一，必须防止媒体与司法关系的敌对化，以媒体监督与司法独立之间的契合点为纽带，推动两者关系的良性发展。

媒体监督与司法独立之间的冲突与对立在上文中已经作了重点分析，但是这并不代表着两者是截然断裂的关系，虽然两者不能是“一家亲”，却也不必然是刀光剑影。因为媒体监督和司法独立存在着一定的共同价值指向：其一，媒体监督体现了民众参与和监督司法，体现了程序公开，是司法民主的要求，而法官排除外界因素的干扰、独立审判案件本身也是程序民主的基本特征；其二，媒体监督和司法独立都是为了实现司法公正，都是希望通过正当的法律程序来实现社会正义，而“只有被多元化沟通媒体加强了的民主程序才能公开地、公正地收集引起公众注意的各种危险，并使犯错误的可能性降到最低程度，减少犯大错误的机会”。①

这种共同的价值趋向，为两者找到了最大的公约数。为了实现司法民主与公正，法官的裁判要自觉接受大众传媒的监督，要尊重社会的一般正义观和公众舆论，但这并不是说法院应当迎合或迁就大众需求和社会舆论。实际上，有创见性的司法判决不仅可以限制公众舆论的激情与非理性，也可以引导健康的社会舆论，起到法治宣传教育的效果。如电视直播就被认为能在一定程度上起到这种引导和教育的作用。同时，民众通过大众传媒，以个案评价的形式来表达社会一般的公正观和价值观，司法审判完全排斥这种公正观和价值观是不现实的，也是不合乎理性的。毕竟，法官和陪审员是生活在社会之中，司法裁判要经得起这种一般公正观和价值观的评判；毕竟，因应了公众舆论要求的司法裁判才容易得到社会广泛的认同，而且在一个民主的社会，“涉及政策的司法裁决只有在得到相当大部分选民支持的限

---

① ［英］约翰・基恩：《媒体与民主》，卻继红、刘士军译，社会科学文献出版社2003年版，第159页。

度内才能有效和持久”。[①] 如“社会评价”和“社会影响”是多数现代法治国家在量刑要考虑的因素。可见，在司法民主和司法公正的大方向之下，司法的独立审判与社会的舆论监督是有可能形成一定的良性互动的。

需要指出的是，有的学者认为媒体监督会蜕变为“媒体审判”，笔者认为只要处理得当，便不至于此。因为一般情况下，媒体监督显然没有这么强大的力量。我们可以作一番比拟：人们常将法庭上的审判比作足球比赛，控辩双方是公平竞争的对手，法官是居中独立裁断的裁判。在这里，媒体的报道可以看作是场上的拉拉队[②]，拉拉队无疑会对比赛进程产生一定的影响，但是，我们显然也不能因为拉拉队的叫好连连或嘘声四起可能影响到裁判的工作而将裁判的不公和比赛的胜负主要归责于拉拉队吧。缺少了拉拉队，一场比赛也将缺憾不少。如果我们以一颗平常心来看待媒体监督，正确估量媒体监督的作用，也许就不会对其太过畏惧了。“不管正面还是负面，媒体对司法的影响客观上是存在的。因为法院也好、法官也好，生存在社会上，审一个案子，媒体怎么报道，他不可能视而不见、听而不闻。但是从理论上来说，应该造成一种习惯或者是理念：媒体是媒体，判案是判案。”[③]

第二，当前，在我国不仅不是媒体对司法的监督过了头，而是媒体监督还不够。切实扩大和保障新闻自由和媒体监督应成为正确处理媒体与司法关系的前提，特别是在我国这样传统上媒体监督不发达的国度，对于媒体监督的保障尤为具有现实意义。

无论我们如何协调媒体监督与司法独立的关系，都必须切实保障新闻自由和媒体监督的权利。因为新闻自由和媒体监督承载着公民的知情权、舆论自由权、监督权等基本权利，宪政法治的轨道内，新闻自由和媒体监督是绝不可少的。美国的开国元勋杰斐逊的那句名言——“如果由我来决定，有政府而没有报纸，或者有报纸而无政府，我不会任何迟疑的选择后者”[④]，总是让我们警醒。认真对待公民的权利，要求我们必须切实保障新闻自由和媒体监督。约翰·基恩的话同样具有警世作用，他认为，新闻自由就像泰勒普斯(Telephus)之长矛一样，可以治愈由于政治体制造成的创伤：“让人们自由地沟通他们的思想，让他们的义愤像火焰一样铺天盖地，像火药一样散

---

① [美]詹姆斯·M·伯恩斯等：《民治政府》，陆震纶等译，中国社会科学出版社 1996 年版，第 719 页。

② 也有的学者将新闻媒体比作一场球赛的播报员。参见熊秋红：《转变中的刑事诉讼法学》，北京大学出版社 2005 年版，第 199 页。

③ 《专访中国法学会副会长陈光中：改判死缓体现了法治精神》，《新浪观察》2003 年 9 月 2 日。

④ [美]《杰斐逊集》(下)，刘祚昌、邓红风译，生活·读书·新知三联书店 1993 年版，第 1325 页。

落。当他们的激情被点燃时,就该让他们发泄出愤怒。但是这种激情既不巨大也不危险,而是保持在控制之中,它是地火,在爆发成地震和火山之前,它的煽动力是看不见的。"①

必须注意的是,"要不要媒体监督"和"媒体应当怎么监督"是两个不同性质的问题,不能因为实践中媒体监督出现了不当之处,便否定媒体监督的合理性,我们只能是在后一个问题层面上来改善媒体监督。

从我国的实际情况来看,缺乏新闻监督的传统,各种限制还很多,在司法腐败问题还比较严重并且司法的公正性和权威性备受民众质疑的现况下,加强新闻自由和媒体监督更凸显出其时代价值。一方面,传统上,我国对于新闻媒体的管制一直比较严格,媒体监督并不发达。而现代法治社会,"原则上政府应采取不涉及新闻媒体所报道或评论内容的结构性管制措施,因为如果允许政府对新闻媒体提供的资讯加以管制,新闻媒体就可能堕落为政府的传声筒或驯化人民的工具,根本谈不上对国家权力的行使进行监督"②。现实中,对于案件报道的限制是客观存在的,报道要接受层层审查,稍有不适便可能被封杀,这种严格的审查制度,特别是对于案后报道的审查限制,显然是与自由民主的趋势相背离的。另一方面,群众的呼声和司法腐败等现实问题使得加大媒体监督具有现实合理性。群众的语言是鲜活的,许多顺口溜让我们不得不反思:"大盖帽,两头翘,吃了原告吃被告,原告被告都吃完,还说法制不健全","衙门口朝南开,有理没钱莫进来"等等,从中可以看到民众对司法的失望和期望。如果法院理性不足,缺乏合格的法官与公正的程序,司法的公正受到普遍的质疑,则司法独立性的增强反而可能造成法官擅权、专横腐败的灾难性后果。而且,有理性的法院和公正的司法,人民才会放心将权力交给法院,才能形成司法独立的社会环境和政治条件。③现在,人民还不放心,监督多一点,形成一定的外部压力,才能真正推进司法独立。

第三,司法独立必须得到加强。真正做到司法独立,才不会畏惧媒体的声音再大一些。同时,应当确立媒体监督的具体规则,从技术层面规范媒体监督,保持媒体与司法之间的适度张力,维持两者间的一种互动与协作的合理关系。

司法独立作为一项基本的宪法性原则,如果不能得到坚决的捍卫,民主

---

① [英]约翰·基恩:《媒体与民主》,郤继红、刘士军译,社会科学文献出版社2003年版,第4页。

② 熊秋红:《转变中的刑事诉讼法学》,北京大学出版社2005年版,第199页。

③ 龙宗智、李常青:《论司法独立与司法受制》,《法学》1998年第12期,第36页。

法治无疑将岌岌可危。但是，我国司法独立的现况并不乐观。[①] 从外部来看，党政机关和各级领导，包括人大、政协等都可能从各个方面对司法机关施加压力，而媒体监督在很多时候引起司法机关的高度重视，就是因为惊动了领导层并作了相应的批示，如孙志刚案等影响强烈的案件都是如此。从内部来看，司法机关上下级之间的请示、汇报一直存在，由于案件被上级法院推翻或发回重审会直接涉及下级法院和承办法官的考核、升迁等切身利益，在这种利益驱动下，请示、汇报制度便成为一项潜规则，从而使得审级制度被架空。再加上法院内部行政化的运转模式，院领导、审判委员会、庭长等常常会对案件作出指示、意见，法官独立审判的空间难免受到极大的挤压而很难真正只服从于法律和程序。这种现况不改变，司法独立谈何容易，法官抵御不当干扰、严格依法办案谈何容易。这是一个涉及司法体制改革，乃至于政治体制改革的浩大工程。

在真正加强和确保司法独立的同时，我们应当规范媒体对司法的监督。[②] 也就是说，应当确立一定的具体规则，使得媒体在规则的约束下对司法审判进行监督：(1)媒体应加强职业自律，通过规范媒体职业行为尊重和维护司法独立。我国新闻界已经有一些自律性的规定，如在 2004 年底发布的《中国广播电视编辑记者职业道德准则》第 19 条明确规定："案件报道不应影响司法公正和法律判决。不偏袒诉讼任何一方；案件判决前，不作定罪、定性报道；不针对法庭审判活动进行暗访；报道公开审理的案件，应遵循相关法律规定。"但是，这些规则还比较简单而不系统，如没有关于庭审电视直播的明确规则；有的内容表述上不明确，如不公开审理的案件(未成年人案件、强奸案件等)是否在任何阶段一概不准报道；这些规则的效力等级比较低，还有待上升到法律的高度，应积极制定专门的《新闻法》。(2)媒体监督应当突出重点，而不是一味追求广泛地进行电视直播和过分关注案件的实体结果。监督的重点应当集中于：①司法腐败。这是民众最关心的问题，也是当前司法信任危机的源头，对于司法腐败的曝光应成为媒体监督司法的

---

① 对于我国刑事司法领域的司法独立之现况，参见陈光中主编：《刑事诉讼法实施问题研究》，中国法制出版社 2000 年版，第 4—9 页。

② 媒体监督应当得到切实的保障，但是媒体监督不是漫无边际、无所限制的。就如我国台湾学者邱联恭所说："允许公众、媒体对审判进程或裁判内容施加讨论或批评，由此促进司法之民主化，防止司法的官僚化倾向；尤其在司法运作动辄漠视国民需求、疏离民意之社会，这种公评有助于唤醒法官之法律理念，开阔其视野，防止其裁判流于武断、偏颇，确保审判之实体公正与程序公正。当然，这种公评不是没有限度的，它应当也必须在不妨碍独立审判、公正审判的前提下方可适用。"参见邱联恭：《司法的现代化与律师之任务》，台湾五南图书公司 1993 年版，第 171 页。

第一要务。②程序性违法。包括超期羁押、刑讯逼供、审判不公开、违反回避的要求、先定后审等。对于程序性违法的监督不仅意义重大，而且显然不同于对案件应该如何定罪量刑等实体问题发表意见，后者可能直接危及独立审判。③各方面对司法活动的干扰。通过对说情、托关系、施加压力等不当干扰的曝光，为司法机关营造良好的办案环境。④典型案件。以典型案件警示世人、宣传法治。⑤司法人员的其他违法、违纪行为，如玩忽职守、滥用职权等。(3)在新闻自由与司法公正之间存在冲突，应当优先考虑保障司法的公正性，保障被告人的基本人权。如《欧洲人权公约》第 10 条第 2 款作出了如下规定：由于表达自由的实现总是伴随着职责和责任，实现表达自由就可能受到许多形式、条件、限制或处罚约束，诸如：法律规定和民主社会所要求的，从国家安全、领土完整或公共安全考虑的，为了防止避免违法或犯罪，为了保护健康和道德，为了维护声誉或他人权利，为了避免秘密获得的信息被披露，或者为了维护司法权威和司法公正（突出强调）。[①] (4)媒体应当力争报道的客观公正性，绝不能为了吸引注意力故意歪曲事实，对于报道和评论应当相分离。

对于司法机关来说，应在可能的范围内采取各种措施保障独立审判，而不是一味地试图限制社会舆论。主要可以采取以下措施：(1)法官和陪审员的回避与隔离。如果媒体的宣传对法官或陪审员已经造成了影响，形成了先入为主的有罪推定，当事人有权申请其回避，法官和陪审员也有权主动回避。审判应当集中进行，必要时可以将法官和陪审员隔离，以避免媒体和社会舆论的干扰。如著名的辛普森案中，陪审团成员被隔离了 9 个月。(2)变更审判地。如果管辖地普遍受到媒体报道的影响，可以通过指定管辖，由一个受到媒体影响相对较小的法院管辖。(3)延期审理或中止审理。但是这种延期审理或中止审理应当是受严格限制的。如在英国，较为通行的标准是菲利普法官在麦斯韦尔案中提出的："任何时候都不应当中止审判，除非被告人以优势盖然性表明：由于审前舆论传播的程度和性质，他会受到严重的偏见，以致不能进行公正的审判。"[②](4)加强法官职业道德和陪审员的自律性。法官和陪审员在案件审理期间应自觉地不与外界讨论案件，尽量避免在庭外接受与案件相关的信息。实践中，高水平的法官会对媒体报道作

① [英]麦高伟、杰弗里·威尔逊主编：《英国刑事司法程序》，姚永吉等译，法律出版社 2003 年版，第 216 页。

② [英]麦高伟、杰弗里·威尔逊主编：《英国刑事司法程序》，姚永吉等译，法律出版社 2003 年版，第 216 页。

出分析，关键还是看法官以及法院的领导能不能依法办事，能不能真正坚持原则。

第四，就方法论而言，应采用个案中的利益权衡。

我们不好笼统地说，媒体监督和司法独立，谁优于谁，也很难说舆论自由权就高于被告获得独立审判的权利，或者司法独立就高于公民的监督权。既然没有绝对的权利位阶，权利冲突的现实存在和我们设定的法律目的又要求我们给出解决方案，所以要解决发生的权利冲突只能是进行利益的衡量和价值的选择。拉伦茨在《法学方法论》中的研究可以给我们一点启示："司法裁判适用此方法（权利或法益衡量的方法）的范围所以这么大，主要归因于权利之构成要件欠缺清晰的界限，……权利也好，原则也罢，假使其界限不能一次确定，而毋宁多少是'开放的'、具'流动性的'，其彼此就特别容易发生冲突，因其效力范围无法自始确定。一旦冲突发生，为重建法律和平状态，或者一种权利必须向另一种权利（或有关的利益）让步，或者两者在某一程度上必须各自让步。于此，司法裁判根据它在具体情况下赋予各该法益的'重要性'，来从事权利或法益的'衡量'。"①

个案利益权衡要求在具体的个案中就相冲突的权利、价值之间进行比较和考量，然后作出相对优先的评判。如电视直播与独立审判之间，无法作出决然的判断和取舍，逐步放开庭审电视直播是大的趋势，但是鉴于电视直播对庭审法官和陪审团的影响，广泛地搞电视直播弊端不少，多数国家的做法是赋予法官是否同意庭审电视直播的裁量权，即法官根据案件的性质和当事人的要求，判断并决定是否进行直播。在作此种比较和考量时，最终的结论也并不是非此即彼的，而是要考虑以下三个方面的情况：一是考虑是否存在可以替代的机会或措施。如果存在可以替代的措施，如法官和陪审员的回避和隔离、改变审判地等措施，便不应当采用直接限制媒体监督的方式。二是考虑对相对权利的损害程度。也就是说，一个权利优先于另一个权利不能超出可容忍的限度。如允许庭审的电视转播并不是说可以将法庭变成一个舞台，而是应当在通过限制采录设备、限制拍摄角度等方法尽量避免干扰法官和陪审员的审判。三是考虑媒体言论自由的不同层次，如言论的内容、言论传播的方式、发表新闻权受到采集新闻权的约束程度等，都会影响对言论自由和媒体监督的保护程度。②

---

① [德]拉伦茨：《法学方法论》，陈爱娥译，商务印书馆2003年版，第279页。

② 参见[美]巴顿·卡特等：《大众传播法概要》，黄列译，中国社会科学出版社1997年版，第14—18页。

第七章　刑事司法中公权力的界碑

丹宁勋爵说过："在这里给你们讲的故事是法律上的界碑。它们像标明着原则界线的石碑。它们像我们祖先用以辨明方向的灯塔。它们为后代确立了法律的进程。"[①]刑事司法中的公权力是我们控制犯罪、维护社会秩序、解决社会纠纷所必需的强制力，但是这种强制力如果使用不当，则危害之大可能要远超过一般的犯罪对社会的危害。刑事司法中的公权力的适用必须有一个基本的法律边界，这是不能逾越的边界，这也是民主法治社会所必须有的界限，否则失控的公权力将变成为现代的利维坦。

第一节　刑事司法中私权对公权的制约

私权是相对于公权的一个概念，以民众之私来制衡国家之公，是防止国家走向专治暴政的需要。民众之私并非就是一己之私，哪怕在某些情况下是一己之私，也可能成为制衡不当行使的国家公权力的正义之利器。所以，正义不在于定性为公，还是定性为私，而是要看其本质是否符合公平、正当的要理。

一、当事人参与权与公权

当事人有效而富有影响力地参与到刑事诉讼中去，体现了诉讼过程对当事人的尊重，是对作为主体的人的尊严的尊重。当事人是人，是拥有权利

---

① [英]丹宁勋爵：《法律的界碑》，刘庸安等译，法律出版社 1999 年版，前言。

和义务的诉讼主体，他们在法官面前不是任人摆布的客体或物，他们也并非只需要消极服从。相反，当事人作为自由的公民或假定为无罪的公民，在法庭上，既要承担需要履行的义务，也享有应受保护的权利。当事人应当有权自由表达自己的观点和意见，也有权要求法官认真聆听他们的陈述[①]，这种权利应当受到法律的充分保障。在这一意义上来说，"法官的意志从来就不是绝对至高无上的，他总是受到当事人意志和行为的制约（即使在刑事程序中也是如此），受到他们的启动、劝导、抵抗和认可等行为的制约。当事人双方之间也是如此，在该过程的每一个步骤，从对方和法官那里受到的刺激都塑造且制约着他的意志和行为。"[②]当事人有效参与和陈述观点还充分体现了对人的言论自由权的尊重与保障。伏尔泰说过，他不能同意驳斥他的人的意见，可是他却要誓死保卫对方驳斥他的意见的自由。[③] 即使是罪大恶极的罪犯也应当有表达自己的意见的自由，更何况是普通诉讼当事人。这种对他人表达意见的自由之保障是一个民主社会的底线要求。

当事人在刑事诉讼中的参与同其他诉讼形态相比较，更具有必要性和紧迫性。"人们应当得到亲自参加听证的机会，这个原则几乎是得到普遍公认的。……对听证的最严格的要求发生在刑（事）法中，因为会带来监禁(incarceration)和污名(stigma)的刑罚，通常情况下都是能施加在个人身上的最为严重的一种负担。"[④]当事人，特别是被追诉人，在法庭上面临着人身自由等最基本权利被剥夺的危险，如果其不具有基本的防御权和辩护权，不能有效地通过自己的参与影响最终的裁判结果，那么，对他们来说显然是不公平的。对于被害人同样如此，作为案件的最直接的受害者，如果不能有效地参与到诉讼中去，不能充分表达自己的诉求和意见，则很难抚平其受伤的心灵。

更进一步来看，当事人的参与使得诉讼中控诉、辩护、裁判三方的关系发生直接的变化，使得公权力受到一定的限制，从而使得刑事诉讼构造更趋

---

① 听取当事人的意见，在英美法上是古老的自然正义原则的要求。据称上帝当初在作出决定之前就听取了亚当的辩护，上帝说："亚当，你在哪里？难道你没有偷吃我诫令你不能偷吃的那棵树上的果子吗？"参见[英]韦德：《行政法》，徐炳等译，中国大百科全书出版社1997年版，第135页。

② [意]皮罗·克拉玛德雷：《程序与民主》，翟小波、刘刚译，高等教育出版社2005年版，第59页。

③ 龚祥瑞：《比较宪法与行政法》，法律出版社2003年第2版，第89页。

④ [美]贝勒斯：《程序正义——向个人的分配》，邓海平译，高等教育出版社2005年版，第48页。

民主与科学。[①]

一方面，当事人积极有效地参与到刑事诉讼中去，改变了控诉和辩护两造的关系，使得控辩平衡成为可能。无论是被追诉人还是被害人，在刑事诉讼中无疑都处于弱势地位：被追诉人作为弱小的个人，面临着强大的国家机器和公权力施加的巨大压力，被追诉人的人身自由往往被限制，甚至面临着生命被剥夺的危险；被害人作为犯罪的直接受害者，面对实施侵害者，被害人显然是最值得同情的弱者，如果得不到国家的有效帮助，被害人甚至很可能再次被害。从控辩平衡原则来看，主要是集中在法庭审判阶段，强调的是被告人及其律师与国家追诉机关之间的平衡问题。[②] 作为弱者的被告人应当受到法律的特别保护和权利保障的倾斜，以使得被告人在审判中在律师的帮助下享有充分的参与权，拥有抵御控诉机关指控的基本权利。这种倾斜性保护是维持控辩平衡的必然要求，也是防止审判成为控诉机关一言堂、一边倒的指控活动的必然要求。对于被害人，从理论上来讲，其在审判中的参与权很大程度上是由国家控诉机关来代表的。但是，控诉机关所站的立场与被害人是有所不同的，如控诉机关更关心定罪量刑的结果，而被害人可能更关注赔偿问题。这种立场上的差别使得实践中控诉机关漠视被害人的利益，使得被害人被控诉机关视为指控犯罪的工具，使得被害人在法庭上独立表达意见的权利被剥夺，甚至因此二次受害的现象屡屡发生，这便让我们不得不充分审视被害人的参与权问题，充分考虑在保持控辩平衡的前提下，协调控诉机关与被害人的关系，以维护被害人的切身利益。

当事人的参与将具体落实到当事人在刑事审判中的权利。贝勒斯将公正的刑事审判中当事人所应当享有的基本权利归纳为以下几个方面的要求：在合理时间内进行公开审判、通知、充分的应诉准备时间、获得辩护、提出证人和质疑不利证人的机会、无罪推定、不自证其罪的特权、无双重危险，以及上诉权。[③] 这些权利主要是针对被告人的，这也是基于被告人的特殊地

---

① 刑事诉讼构造是近年来诉讼法学者非常关注的一个理论范畴。在国内，1992 年，李心鉴首先系统地研究了刑事诉讼构造问题，其代表作《刑事诉讼构造论》成为研究该问题的典范。简言之，刑事诉讼构造就是刑事诉讼中控诉、辩护、裁判三方的诉讼法律关系。参见李心鉴：《刑事诉讼构造论》，中国政法大学出版社 1992 年版，第 7－16 页。

② 在审前阶段，也存在控诉和辩护的关系问题，但是，相对于审判阶段而言，由于审前阶段追诉犯罪、查明案情的特殊要求，国家追诉机关在侦查中保持一定的强势地位是各国审前程序构造的普遍特点，差别只是这种强势的表现方式和程度有所不同。当然，这并不意味着当事人在审前阶段中不应当享有充分的参与权，也不意味着控辩平衡原则只适用于审判阶段。

③ ［美］贝勒斯：《程序正义——向个人的分配》，邓海平译，高等教育出版社 2005 年版，第 48 页。

位和权利倾斜的需要。这些权利有的得到《公民权利和政治权利国际公约》等国际公约的确认从而成为国际刑事司法准则,有的写入各国的宪法或刑事诉讼法从而成为各国公认的正当程序的底线要求。虽然,公约或各国的法律对于上述权利的具体表述有所不同,但是,基本精神却是触类旁通、有目共睹的。[①] 当事人只有在充分享有上述权利的基础上,才能有效参与审判,才能使得控辩平衡成为可能。

另一方面,当事人的有效参与有助于裁判方摆正居中、中立裁判的位置。刑事审判的理想构造是控辩平等对抗,法官居中其中又居于其上中立裁判的等腰三角结构。法官能否在这个等腰三角形中摆正顶角的位置,直接关系到当事人的合法权益。法官需要清醒地认识到自己的位置,做到克己、自律,以扮演好不偏不倚的中立裁判者的角色。但是,仅仅靠法官清醒的头脑和严格的自律显然是不够的,特别是在我国这样一个有着公检法一体、法官追诉犯罪倾向浓重的传统之国度,缺乏了当事人充分而有效的参与,法官很容易蜕变成积极的纠问者,从而使得诉讼构造体现强职权主义的色彩,也就很难维系诉讼构造的平衡。相反,当事人,特别是被告人在法庭上通过积极的参与,表达自己的主张和观点,维护自身的权利,从客观上能监督和促使法官摆正位置,达到兼听则明的效果。也正因此,法官"应当听取双方当事人的陈述"作为自然正义的两大要求之一,[②]在诉讼理论中具有不可撼动的地位。这与戈尔丁所主张的"对各方当事人的意见均应给予公平的关注"、"纠纷的解决者应当听取双方的论据和证据",[③]也是相契合的。

此外,需要强调的是,笔者认为,在现代刑事诉讼中,当事人充分而有效地参与诉讼,实现诉讼构造的优化的核心在于当事人必须得到律师的有效帮助。当事人自身哪怕拥有再多的权利,在诉讼过程中,由于其对于法律掌握极为有限,自我救助能力也极为有限,而且被告人人身自由往往受到一定限制,如果没有律师的帮助,法律所规定的一切美好的权利皆很难得到真正实现。在现代刑事司法中,诉讼过程的复杂的技术机制,对于熟悉掌握法律的专家来说,是实现正义的良途,而对于未经过任何训练的当事人来说,他

---

① 关于这些得到世界各国公认的正当程序标准可以参见以下著作:[加]丹尼尔·普瑞方廷、陈光中主编:《联合国刑事司法准则与中国刑事法制》,法律出版社 1998 年版;陈光中主编:《〈公民权利和政治权利国际公约〉批准与实施问题研究》,中国法制出版社 2002 年版;陈光中主编:《〈公民权利和政治权利国际公约〉与我国刑事诉讼》,商务印书馆 2005 年版;杨宇冠:《人权法——〈公民权利和政治权利国际公约〉研究》,中国人民公安大学出版社 2003 年版。

② 自然正义的另一大要求是"不得作自己案件的法官"。

③ [美]戈尔丁:《法律哲学》,齐海滨译,生活·读书·新知三联书店 1987 年版,第 240 页。

们在一定意义上类似于无法律行为能力者。尤其是在对抗制庭审模式下，控辩强对抗的状况决定了被告人如果没有律师的帮助，很容易因没有还手之力而沦为控诉方的待宰羔羊、刀下鱼肉。而律师凭借专业法律知识、职业经验和对法庭程序的熟悉，能够为实现当事人的平等武装、控辩的平等对抗提供可能。也许还不仅如此，克拉玛德雷对律师在诉讼民主中的作用作了更高的评价，他认为："在司法过程中，律师代表自由；他们也许是现代民主核心原则的生动象征：为获取正义，人们必须走自由之路；自由是获取更大正义的必要工具。……对专制者来说，律师是危险的；他是批判理性的象征，是所有服从主义的反抗对手的象征；在压迫性和道德沦丧的政制中，自由的最后避难所是律师协会。"①

二、被追诉人权利保障与公权

近年来，刑事诉讼领域的人权保障问题随着我国的民主法治进程而日益引起我们的关注。通说认为，刑事诉讼中的人权保障，除了通过打击犯罪以保护人民的权利不受犯罪分子侵害以外，主要包括：(1)保障犯罪嫌疑人、被告人和被害人等当事人以及其他诉讼参与人的诉讼权利得到充分的尊重和行使；(2)保证无罪的人不受到刑事追究和惩罚；(3)保证有罪的人得到公正的惩罚。② 可见，刑事诉讼中的人权保障的内涵是十分丰富的。这种认识对于我们在刑事诉讼中全面保障犯罪嫌疑人、被告人、被害人以及其他诉讼参与的权利，避免只顾一点不及其余，是大有裨益的。但是，对于这种全面性的认识，如果理解不当，便可能模糊刑事诉讼人权保障问题中的轻重缓急，毕竟，国家专门机关在追诉犯罪的过程中，最容易侵犯的是犯罪嫌疑人、被告人的权利。即被告人权利是与国家刑事司法公权力最直接针锋相对的，如果我们不将被追诉人权利保障问题视为刑事诉讼人权保障的核心，则刑事诉讼人权保障将很容易陷入混乱，各种权利的冲突问题也就很难得到正确的认识和解决。如被告人权利保障与被害人权利保障的冲突便是一例，被害人权利的无限膨胀很可能对被告人权利保障造成致命的挤压。

也就是说，我们在讨论刑事诉讼中的人权保障时必须有所侧重，即应当以被追诉人的基本权利保障作为正当程序的底线。这与英国学者米尔恩的人权研究是有共同之处的，他指出："我要论证的经得起理性辩驳的人权概念不是一种理想概念，而是一种最低限度标准的概念。更确切地讲，它是这

① [意]皮罗·克拉玛德雷：《程序与民主》，翟小波、刘刚译，高等教育出版社2005年版，第61页。

② 陈光中主编：《刑事诉讼法》，北京大学出版社、高等教育出版社2002年版，第10页。

样一种观念:有某些权利,尊重它们,是普遍的最低限度的道德标准的要求。”[①]刑事诉讼中的人权保障不是要理想化地构建各种权利保障的宏伟蓝图,而是要重点着力于最低限度的被追诉人权利保障问题。刑事诉讼的基本精神便在于控制国家权力的无限膨胀,保障被追诉人的基本权利,通过彰显被追诉人的基本权利,制约国家权力,使得国家职权真正服务于公民的权利,以维护、促进而不是损害人权的保障。刑事诉讼法在这一过程中发挥着重大的作用,其突出体现在以下两个方面:其一,刑事诉讼法从本质上来看是一部“控权法”,是以规范刑事诉讼中的国家权力为主要内容的法律。由于国家权力有强大的国家机器作为后盾,具有巨大的强制力,而被追诉人的个人权利相对弱小。如果不着力于强化和保障被追诉人的个人权利,那么在国家权力与公民权利之间就会失去平衡,和谐的状态也就会被打破。因之,对被追诉人权利的尊重和保障对于制约国家公权力,防止公权力走向腐化和异化,防止社会平衡的被打破,维护社会的和谐、有序,有着举足轻重的价值。从这一角度来看,国家在追诉犯罪时,其权力必须规范于适当的法律程序之内,以使国家权力和公民个人权利之间保持适度的张力,以防止国家凭借其强大的司法权力压迫公民个人的权利。这种张力的存在是刑事司法良性运转的保证,也为司法民主与社会和谐提供了宝贵的空间。其二,刑事诉讼法是保障被追诉人权利的重要武器。刑事诉讼过程本身并不是对犯罪人的惩罚,而是决定其是否有罪、是否应当予以惩罚的过程。国家专门机关与被追诉人作为刑事诉讼中的双方,力量是很悬殊的。这就自然形成了双方在参与诉讼能力方面的严重不平衡,这种力量对比上的不平等现象很容易导致审判不公和被追诉方权利被侵犯。为了防止被追诉人成为任人宰割的客体,必须扩大被追诉方在诉讼中的参与,保障庭审中的控辩平等对抗。因之,为了调整诉讼双方的不平等状况,刑事诉讼法有必要赋予被告人一系列诉讼权利,以与国家的力量相制衡,从而形成一种平衡与和谐的状态。

当前,理论界对于刑事诉讼人权保障问题进行了一系列的研究,对于刑事诉讼中被追诉人的一些基本权利的认识有所深化并提出了许多相关的改革举措,刑事司法实践中被追诉人人权保障也正在经历着发展和强化。限于本文的主题,笔者在此无意投入对这些具体权利的深入研究,而是希望从宏观的角度,开阔刑事诉讼人权保障的视野,以便我们更好地把握刑事诉讼中被追诉人人权保障的方向,从而为刑事诉讼公权力的内涵和行使划定一

---

① [英]米尔恩:《人的权利与人的多样性——人权哲学》,夏勇等译,中国大百科全书出版社1995年版,第7页。

定的界限。现从以下两方面,略谈思路。

思路之一是联合国刑事司法准则为我们加强刑事诉讼中的被追诉人人权保障,特别是被追诉人的基本权利保障提供了参照系。

尊重人权是一项基本的国际法原则。近年来,以联合国为代表的国际社会,越来越关注刑事诉讼中被追诉人人权保障问题,一系列公约都涉及该问题。较有代表性的人权宪章包括《世界人权宣言》、《公民权利和政治权利国际公约》等,近期出台的《打击跨国有组织犯罪国际公约》、《联合国反腐败公约》等亦包含有颇多刑事司法的基本准则,而这些准则为刑事诉讼中被追诉人人权保障提供了基本参照系。

其中,尤其需要我们注意的是《公民权利和政治权利国际公约》。该公约作为联合国制定的国际人权宪章的一个重要组成部分,富含刑事诉讼人权保障的意旨和具体规则。我国已于1998年10月签署加入了《公民权利和政治权利国际公约》,现正等待全国人大常委会批准。近期,我国政府领导人多次公开表示要尽快批准《公民权利和政治权利国际公约》[①],2005年10月19日在我国政府颁布的第一份《中国的民主政治建设》白皮书第七部分"尊重和保障人权"中明确指出,对于《公民权利和政治权利国际公约》,"目前,中国有关部门正在加紧研究和准备,一旦条件成熟,国务院将提请全国人大常委会审议批约问题"[②]。可见,《公民权利和政治权利国际公约》在我国的批准和实施将不会太远,而批准和实施公约必将对我国民主法治建设产生重大影响。[③]

---

① 2004年1月27日,中国国家主席胡锦涛在法国国民议会大厅发表演讲时指出:"中国政府正在积极研究《公民权利和政治权利国际公约》涉及的重大问题,一旦条件成熟,将向中国全国人大提交批准该公约的建议。"(《人民日报》2004年1月29日)此外,2004年5月,温家宝总理在访欧期间,2005年9月,中共中央政治局常委罗干在北京召开的第22届世界法律大会上,都作了类似的郑重表态。

② 《中国的民主政治建设》,《人民日报》2005年10月20日。

③ 这里还涉及国际法和国内法的关系问题。由于我国现行刑事诉讼制度与这些国际公约的规定存在较大的差异,因而当我国立法的规定与国际公约的规定出现矛盾时如何适用法律将是我们不得不面对的一个重要问题。由于对国际条约的签署和批准是国家向国际社会作出的庄严承诺,因此,笔者主张确立国际法优先原则,即在中国国内法与国际条约的规定出现冲突时,除我国声明保留的条款外,应当优先适用国际条约的规定。如俄罗斯新刑事诉讼法典对国际法优先原则作出了规定。我国民法、民事诉讼法、行政诉讼法中亦适用国际法优先原则。如我国《民事诉讼法》第238条规定:"中华人民共和国缔结或者参加的国际条约同本法有不同规定的,适用该国际条约的规定,但中华人民共和国声明保留的条款除外。"一旦我们在刑事诉讼中确立国际法优先原则,那么,联合国有关国际公约所确立的刑事司法国际准则更是将会对我国的刑事诉讼人权保障问题产生直接的影响。

《公民权利和政治权利国际公约》的精神便在于尊重和保障公民的个人权利，特别是被追诉人的权利，协调个人权利与国家权力的关系，以达到一种和谐的状态。一方面，该公约的核心内容便是规定了人的尊严、平等和国家保障人权的义务。因为该公约中每一条权利都体现了人的尊严；每一个人都应当有与他人平等地享有该公约所载的权利，不得因身份不同而受歧视；国家有义务保障每个人都能享有该公约所载的权利，如果一个人的权利受到侵犯，国家有义务提供补救。[①] 如被视为被追诉人宪章的无罪推定原则被规定于《公民权利和政治权利国际公约》第 14 条第 2 款，即"凡受刑事控告者，在未依法证实有罪之前，应有权被视为无罪。"人权事务委员会针对无罪推定原则指出："对保护人权十分重要的假定无罪[②]的规定，含义常常甚不明确，在某种情况下可能变成无效。假定被告无罪，证明指控的责任将落在原告身上，被告则假定是无辜的。指控若未能得到确实证明不得假定被告有罪。此外，假定无罪的规定还包含获得该项原则所规定的待遇的权利。因此，所有公共当局不应对审判结果作出任何预料。"[③]另一方面，该公约对于被追诉人权利的规定，是相对于国家的公权力而言的，是为国家的公权力划定了一定的界限，以防止其无限膨胀而侵犯到公民的基本人权。这种权利与权力的界分，为公民个人权利和国家权力的和谐相处、共生共荣，提供了重要保障，从而也为我们推进司法民主提供了基本的参考系数。如对于刑事司法中的人身自由权的保障，《公民权利和政治权利国际公约》第 9 条明确规定："人人有权享有人身自由和安全。任何人不得加以任意逮捕或拘禁。除非依照法律所确定的根据和程序，任何人不得被剥夺自由。"对于被逮捕的被追诉人的权利，公约还提出了具体的保障要求：①被告知逮捕理由的权利，即任何被逮捕的人，在被逮捕时应被告知逮捕他的理由，并应被迅速告知对他提出的任何指控。②迅速审查的权利，即任何因刑事指控被逮捕或拘禁的人，应被迅速带见审判官或其他经法律授权行使司法权力的官员，并有权在合理的时间内受审判或被释放。③提出诉讼和及时释放的权利，即等候审判的人受监禁不应作为一般规则，但可规定释放时应保证在司法程序的任何其他阶段出席审判，并在必要时报到听候执行判决；任何因逮捕或

---

① 参见杨宇冠：《人权法——〈公民权利和政治权利国际公约〉研究》，中国人民公安大学出版社 2003 年版，第 13 页。

② 无罪推定有时又称为假定无罪，此处照原文引用，故保留"假定无罪"，与"无罪推定"意义相同。

③ 人权事务委员会第 13 号一般性意见。中文本全文参见杨宇冠主编：《联合国人权公约机构与经典要义》，中国人民公安大学出版社 2005 年版，第 188－191 页。

拘禁被剥夺自由的人,有资格向法庭提起诉讼,以便法庭能不拖延地决定拘禁他是否合法以及如果拘禁不合法时命令予以释放。④获得赔偿的权利,即任何遭受非法逮捕或拘禁的受害者,有得到赔偿的权利。

思路之二是刑事诉讼中被追诉人人权保障问题尚待上升到宪政的高度。宪政问题与刑事诉讼中的人权保障息息相关,许多被追诉人的基本权利从本质上来看属于公民的宪法性权利。

现代刑事诉讼发展的历史实际上就是被追诉人人权保障不断彰显的历史。但是,被追诉人人权保障中的艰难和困惑却并没有随着刑事诉讼法的逐步完善而烟消云散。我们不断地反思和实践:仅仅靠刑事程序法的保障够不够?近年来,我国刑事诉讼中被追诉人人权保障应当说取得了很大的成绩,特别是在1996年修改刑事诉讼法中我们确立被追诉人的主体性地位、律师在侦查阶段提前介入、免予起诉的取消等等举措都凸显了保障人权的精神。[①] 但是,总体来看,我们在被追诉人人权保障方面要走的路还很长,许多制度层面的东西并没有得到很好的贯彻,更多理念的解构和重塑问题还没有得到解决。我们强调了公权力的自律、检察监督,还在刑事诉讼法中规定了许多被追诉人的具体权利,但是在实践中依然乏力,这些都需要我们静下心来反思。

当前,随着我们对宪法与刑事诉讼法关系的认识的不断深入,我们对于刑事诉讼人权保障的认识也逐步有所深化。特别是对于被追诉人的基本权利,不再仅仅被视为刑事诉讼问题,而是将其与宪法联系在一起。如法国的《人权宣言》、美国的《权利法案》、加拿大的《自由与权利大宪章》等都规定了刑事诉讼中的一系列基本权利,这些宪法性权利成为捍卫被追诉人基本人权的强大屏障。可以说,没有宪政层面的强力支持,离开国家宪政的全面进步,仅仅靠刑事诉讼法的规范,许多基本人权根本无法获得神圣的地位。甚至我们可以将这种现象称为刑事诉讼的宪法化,阿马教授则将此称为“宪法性刑事程序”[②]。从而宪政视野为我们能站在更高的角度研究刑事诉讼中的被追诉人人权保障问题提供了更为开阔的思路。

以无罪推定原则为例,我们将无罪推定视为刑事诉讼的一项基本原则,但是往往忽略了这一原则从本质上来看应当成为一项宪法性原则。这也是

---

① 参见崔敏:《中国刑事诉讼法的新发展》,中国人民公安大学出版社1996年版。该书对于这些问题有详尽的论述。

② [美]阿希尔·里德·阿马:《宪法与刑事诉讼基本原理》,房保国译,中国政法大学出版社2006年版,第267页。

国际通行的做法，如美国、加拿大、法国、意大利等国宪法对无罪推定原则都作出了规定，俄罗斯新的联邦宪法也明确写入了这一原则。多数国家的刑事诉讼法都明确规定了或者蕴涵有无罪推定的意旨，一些原本没有作出相应规定的国家也在近期作出了改革。[①] 我国《刑事诉讼法》第 12 条体现了无罪推定原则的基本精神，但是还有差距，我们应在此次修改刑事诉讼法时明确写入无罪推定条款。但是，更为重要的是，应当将无罪推定原则写入宪法，从而能在宪政层面使得无罪推定原则不仅成为保障被追诉人的宪章，而且成为国家权力不能任意侵犯公民权利的界线，从而使其真正成为民众能够享有安宁与和谐生活之基础。

三、被害人权利保障与公权

被害人权利作为刑事诉讼中另一种非常重要的权利，往往被我们看成与刑事诉讼中的公权力是一致的。因为公权力的介入本身便被看作是代表和帮助被害人实现正义的力量。但是，也正是在这种观念下，被害人的权利常常被国家的利益或者刑事司法机关自身的利益所掩盖或替代，成为刑事诉讼中最容易被遗忘的部分。实际上，刑事诉讼中被害人的权利与公权力之间既有一致的方面，也有不完全一致的方面，甚至有直接矛盾的方面。我们对于被害人权利的保障也因此成为制衡刑事诉讼中公权力的另一种界限。

我国刑事诉讼法传统上基本属于大陆法系，我们一直比较强调对被害人诉讼权利的保障，1996 年修改刑事诉讼法时又对被害人诉讼权利进行了明显的强化。具体来说，被害人不仅拥有报案、控告权，包括公诉转自诉在内的自诉权，对不立案、不起诉的申请复议或申诉权，对一审判决的申请抗诉权和对生效裁判的申诉权，通过提起刑事附带民事诉讼请求赔偿权等直接或间接启动各类诉讼程序的权利，而且具有委托诉讼代理人维护自身合法权益，申请回避，获知有关的诉讼信息，参加法庭调查，向被告人、证人发

---

① 在法国，1789 年《人权宣言》第 9 条以及 1958 年 10 月 4 日的宪法序言中，都规定了“任何受指控犯罪的人，在未依法确定其有罪之前，推定其无罪”，但是并没有正式纳入刑事诉讼法典。2000 年 6 月 15 日的法律将无罪推定原则正式写进法国刑事诉讼法典的序言部分，载明“每个犯罪嫌疑人或被追诉人在其被确认为有罪之前均推定为无罪。侵害其无罪推定的行为，根据法律规定的条件防止、补救和惩处”。前苏联的诉讼法学界普遍认同无罪推定原则，但法律上从未明确加以规定，俄罗斯新刑事诉讼法典第 14 条根据新宪法规定，确定了无罪推定原则及其相关内容。在我国台湾地区，2003 年修订刑事诉讼法，在证据法部分的首条增加第 1 项“被告未经审判证明有罪确定前，推定其为无罪”。

问和质证，调取新的物证或通知新的证人出庭，申请新的勘验和鉴定，参加法庭辩论，对证据和案件情况发表意见等参与到诉讼程序中去的权利。

然而，即便是法律规定了如此多的权利，实践中被害人似乎还是没有感觉到拥有了足够的权利和获得了公安司法机关的充分尊重。原因何在？这只能说明我们在设计具体制度时或是不到位，或是不合理。笔者认为主要存在以下两方面的问题。

一方面，对于被害人权利的认识存在差误：(1)被害人的自诉权并非越大越好，赋予被害人对公诉案件的自诉权得不偿失。因为，公诉转自诉使得被害人在公诉案件中要承担举证责任，这不仅不符合诉讼原理也不大可能真正解决不拥有公共资源和调查、强制权力的弱势被害人的告状难问题，反而可能增加被害人对公权力不作为的痛恨。(2)被害人的诉讼参与权亦非越大越好，参与不当或是措施不到位反而会伤害被害人。如有的被害人实质上不愿意过多参与诉讼程序，性犯罪案件中这种情况就很多。[①] 又如被害人参与侦查和庭审程序，很大程度上可能更加激化被害人的复仇欲望，如果缺乏有效的保护措施也可能使得被害人处于新的危险之中，而公安司法人员的不良工作作风或是急躁、不耐烦态度也可能激发被害人更大的绝望。被害人参与诉讼程序需要一系列的配套措施，如被害人及其代理人由于不享有阅卷权和要求公安司法机关说明理由的权利，被害人的参与可能处处碰壁，也不可能准备充分和富有影响力地参与到各诉讼阶段中去。此外，被害人及其代理人在法庭上的积极参与行为，不管是否真正有效，实际上是将强大的国家公诉机关和充满复仇欲望的被害方联合起来，夹击本来就处于最不利地位的被告方，从而易导致诉讼构造的失衡。

另一方面，被害人在诉讼中还要承担一系列的法定义务，这使得被害人难上加难。这些义务主要包括：被害人有如实向公安司法机关陈述案件事实的义务，接受公安司法机关对其进行人身检查的义务，接受传唤的义务，在法庭上接受询问和回答问题的义务，等等。乍一看，这些义务是为了帮助被害人讨回公道所必需的，但是，我们仔细分析就会发现，被害人在这些程

---

① 吉登斯的社会学研究发现，女性之所以不愿向警方报告性暴力事件有许多原因。大部分遭到强奸的女性，要么希望把此事彻底忘记，要么不愿意参与医疗检查、警方询问和法庭盘诘这样一些会令人感到羞辱的过程。这种法律过程常常要花费很长时间，并会令人生畏。就审判程序来说是公开进行的，受害者还必须与被告进行面对面的对质。强奸时阳物进入的证据、强奸者的身份以及这种行为是在没有得到女方同意的情况下发生的事实，都必须一件件摆出来。女性可能会觉得她才是受审的人，尤其是她自己的性生活史受到公开审查的时候，而这种情况经常发生。参见[英]安东尼·吉登斯：《社会学》(第4版)，赵旭东等译，北京大学出版社2003年版，第220—221页。

序中鲜有自主权，甚至可能沦为国家追诉犯罪的工具。犯罪嫌疑人、被告人保持沉默和获得律师帮助的权利等现在已经越来越多地得到人们的认可，而我们却常常忽略被害人还必须在公安司法机关面前不停地回忆痛苦的被害史，特别是对于性犯罪被害人和未成年被害人，这一系列的义务常常使得被害人反复回忆和陈述其痛苦的回忆，甚至造成犯罪学理论上的所谓“二次被害”。此外，在办案中对被害人态度粗暴，对被害人吃拿卡要等司法丑恶现象的屡禁不止，更是将被害人推入了痛苦的深渊，使他们感觉到“被遗弃在黑暗中”。

可见，我们鼓励被害人参与诉讼，甚至将此作为一种义务，恐怕并不能达到加强被害人保障的初衷。我们应当在保障控辩平衡的前提下合理地加强被害人诉讼权利保障，而不是一味追求“被害人与被告人权利对等”，也就是说被害人的诉讼权利并不是简单的越大越好。

根据控辩平衡原则，控诉和辩护两大职能作为一对相互矛盾和冲突的诉讼职能，应当保持相对的平衡，任何一项职能过分弱小或过分强大都可能打破控辩平衡，从而对程序的公正性和合理性带来消极的影响。[①] 因此，我们在设计和完善我国的被害人人权保障制度时，既不能使得我们的司法体系只知道为作奸犯科者着想和服务，也不能让被告人承受公诉方和被害方的双重夹击而使得我们的程序丧失基本的正当构造。也就是说，对被害人诉讼权利的加强不能以恶化被告人的诉讼地位为代价。我们应当将视野更多地投向被害人知情权、监督权、获得保护权等相对消极的诉讼权利，适当限制被害人的积极攻击之权利。具体来说，应当着重解决以下若干问题：

在公诉范围内缓解“告状难”问题。实践证明采用公诉转自诉并不能有效地解决“告状难”问题，要求被害人凭借私权去收集证据证明犯罪更不合理。这种不受限制的自诉权，只会给诉讼构造带来不必要的紊乱。实际上，不管是德国的强制起诉制度，还是日本的准起诉制度，都是使被害人能有权监督公诉的启动，最终都还是在公诉的范围内追诉犯罪。在德国是被害人可以向法官申请司法审查，从而命令检察官提起公诉，在日本是由法官指定律师作为公诉人支持公诉。也就是说，被害人所要做的是督促公诉权的行使，而不是替代公诉机构的职能，更不是由被害人承担举证责任。再则，从世界范围来看，限制自诉是大的趋势，如我国台湾地区在2003年修改刑事诉

① 参见陈瑞华：《刑事审判原理论》，北京大学出版社1997年版，第258页

讼法时对自诉作出了较大的限制，规定了强制律师代理制度。[①]

确保被害人的知情权。被害人作为诉讼当事人，理应有权了解和知悉办理案件的全过程，这样才能使被害人在心理上获得踏实感，并对司法产生信任。如英国政府的白皮书《所有人的公正》(Justice for All)提出要确保到2005年被害人能够在网上跟踪其案情的进展情况。[②] 当被害人认为司法机关就案件所作的决定不符合法律规定时，被害人应有权请求该司法机关展示其决定的理由，以体现诉讼民主，并对司法机关的职权行为进行监督。被害人至少应当有权了解以下决定及其理由：①不予立案；②撤销案件；③对一审裁判不抗诉；④判决；⑤驳回申诉；⑥减刑、假释；⑦刑满释放。有权获知以下信息：①对案件的调查和检控的进展情况；②法庭程序；③在法庭上自身享有的权利；④犯罪人的信息和状况。同时，被害人获知以上信息的渠道应当是畅通、便利的。

加强诉讼中对被害人名誉权和隐私权的保护。对被害人名誉权、隐私权的保护体现了司法关怀人性尊严的法情感。被害人作为犯罪行为的直接受害者，其权利不应该被淹没在所谓国家社会的公益之下，更不能为了打击犯罪而让被害人受到新的伤害。如在我国台湾，检察机关在侦办性侵犯案件时，强调减少被害人的重复陈述，一般只对被害人询问一次被害的经过。[③] 在法国，2000年的修法中为加强对被害人形象和尊严的保护，规定了一个新的轻罪，即未经当事人同意，而传播重罪之案情或者传播严重侵害受害人尊严的轻罪案情的图像资料的，即构成此罪。[④] 在英国，对于被害人出庭作证，正在尝试采用减少压力的方式，如减少正式性、设置屏障、录像交叉询问等。

---

① 我国台湾地区刑事诉讼法第319条作出了修改，确立了自诉强制律师代理制度。这主要是基于台湾的司法实践中常常出现自诉人因为不具备法律专业知识或误解法律，甚至是为了恫吓被告的目的，而滥行自诉权的问题。这不仅增加了法院的工作负担，也使被告深受不必要的讼累之苦。鉴此，作出了此项改革，这也是配合"当事人进行主义"加重起诉者的举证责任，使自诉案件退为辅助地位的需要。同时，与强制律师代理相适应，此次还明定了自诉状必须记载的事项，即在刑事诉讼法第320条中明确规定自诉状除了规定被告的基本情况外，还应当记载犯罪事实及证据并所犯法条，其中犯罪事实部分还应记载构成犯罪之具体事实及其犯罪之日、时、处所、方法。参见胡铭：《我国台湾地区刑事诉讼法近期修正要点及其理念基础检视》，载陈光中主编：《21世纪域外刑事诉讼立法最新发展》，中国政法大学出版社2004年版，第466页。

② 最高人民检察院法律政策研究室编译：《所有人的正义——英国司法改革报告》，中国检察出版社2003年版，第32页。

③ 刘邦绣：《由犯罪被害人观点检视现行刑事司法制度》，台湾《刑事法杂志》第46卷第4期，第84—85页。

④ 赵海峰：《法国刑事诉讼法典的重大改革评介》，《欧洲法通讯》第一辑，法律出版社2001年版，第164页。

但是，同时，《1999年青少年司法和刑事证据法》指示法官这样告诫陪审团：他们要考虑必须确保通过特殊措施作证的事实不会对被告人造成偏见。[①]这一提示显然有利于保持陪审团的中立和保障被告人的防御权。

合理对待被害人及其代理人在法庭上的积极参与权。联合国《为罪行和滥用权力行为受害者取得公理的基本原则宣言》中关于被害人参与庭审的权利的规定是："让受害者在涉及其利益的适当诉讼阶段出庭申诉其观点和关切事项以供考虑，而不损及被告并符合有关国家刑事司法制度。"这里所肯定的被害人参与庭审的权利仅为出庭陈述意见和有关事项以供法庭考虑。可见，宣言中公诉案件被害人参与庭审的权利十分有限，并且考虑到了被害人权利与被告人权利的平衡问题。参考该宣言，就被害人具体的参与权来说，被害方是否有权直接询问证人和讯问被告人，是否有权直接参加辩论等问题值得探讨。也许为了不使得被告人处境恶化，在保障被害人的知情权和庭审旁听权的同时，让公诉人更多地考虑被害人的利益和意愿，事先征求被害人的意见并接受被害人的监督，在法庭上通过公诉人表达被害人意见和主张，比让被害人直接上法庭作证更有利于保持诉讼构造的平衡。如美国2004年《犯罪被害人权利保护法》强调了检察官对被害人意愿的尊重，即规定："在联邦地区法院涉及释放、认罪、量刑的任何公开程序中，或者在任何假释程序中，被害人享有意见被合理听取的权利；被害人享有与本案中的控方律师进行商议的合理权利。"

再让我们换一个视角来看刑事诉讼中的被害人权利保障问题。如果说我国被害人的诉讼权利保障存在问题需要调整的话，那么对于我国被害人"诉外"[②]权利保障而言，主要是需要拓宽。毕竟我国被害人还享有一系列的诉讼权利，而对于被害人的"诉外"帮助和保护却是近乎于空白。我国没有建立刑事被害人的国家补偿制度，对于被害人的刑事赔偿，往往要么极为有限要么得不到兑现，使得被害人获得赔偿的强烈愿望常常成为泡影。不管是官方的还是民间的被害人援助都还没能及时有效地开展，相应机构和组织亟待成立，公安司法机关工作人员、医疗保健、社会服务及其他有关人员没有或很少接受帮助被害人的相关培训，全社会同情被害人，在心理、健康、

---

① [英]麦高伟、杰弗里·威尔逊主编：《英国刑事司法程序》，姚永吉等译，法律出版社2003年版，第223—231页。

② 笔者认为，刑事诉讼中的被害人权利可以分为"诉内"权利和"诉外"权利两大类，其中的"诉外"权利是相对于诉讼权利而言的。详见胡铭：《刑事被害人人权保障之再思考》，《上海政法学院学报》2005年第4期。

物质等多方面帮助被害人的氛围和精神尚待弘扬。如此现况下，多数被害人还只能依靠自己或是亲友走出被害的苦痛和绝望。可见，拓宽和有效地开展被害人“诉外”权利保障具有现实紧迫性。

考虑通过“诉外”渠道加强被害人权利保障，首先应当扩大保障的范围。[①] 一般认为，刑事被害人是犯罪行为中人身、财产以及其他权益遭受侵害的人。但是，受害有很多方式，比如容留他人吸毒，乍一看好像没有被害人，吸毒者往往是自愿，甚至是乞求犯罪人容留其吸毒，但是，实质上，容留他人吸毒的行为对于公民的身心健康，对于社区的正常秩序，对于吸毒者家人的恶劣影响都是显而易见的。因此，这里的“受害”应当有直接和间接之分，自愿和被迫之分，个人和社会、国家之分。如果我们只从狭义上理解受害，也就是将被害人界定为人身或财产等权益受到犯罪直接侵害的人，那么，许多实际的受害者就很有可能不被纳入权利保障的视野。例如，犯罪造成被害人死亡或是重大伤残，对于被害人的亲人，特别是其受养人的伤害，也许更甚于被害者本人，他们的利益显然不应被忽视。这种对被害人的广义理解在国外也是有相应的立法例的，如美国 2004 年《犯罪被害人权利法》将被害人扩展为“直接或以最接近的方式遭受犯罪侵害的人，如果被害人系未成年人、无资格、无行为能力或者已经死亡，其法定的监护人或者不动产的代表人、家庭成员以及法庭认为合适并加以指定的人可以取得被害人在该法中的各项权利”。所以，笔者主张在帮助和恢复被害人权益时从广义上把握概念，即被害人应当包括凡是利益受到犯罪侵害，其追究犯罪，获得赔偿和补偿的愿望被认为是合理的人员。这样才能使对被害人的帮助和权益恢复最大限度地发挥作用，体现社会正义和社会温暖。

就拓宽被害人“诉外”权利保障的具体方向问题，从被害人的心理来看，其不仅想严惩罪犯，而且迫切地想获得经济上、物质上、精神上的补救和补偿。被害人的很多要求和愿望不能通过诉讼解决，这就需要社会以负责任的方式帮助这些受到犯罪迫害的弱者。同时，由于对被害人“诉外”权利保障和帮助一般不涉及挤压被告人的权利，因此在近年来越来越受到世界各国的青睐。实际上，政府和民间都可以而且应该为被害人做得更多，我们主

---

① 同样是被害人的概念，我们在对待被害人“诉内”权利和被害人“诉外”权利时，在范围上可以作不同的理解。在涉及被害人在诉讼中的直接参与时，应当适当限制被害人的范围，从狭义上来理解，即限定于直接受到犯罪行为伤害的人，以尽可能防止被害方的积极参与对诉讼构造和被告人权利保障造成的不利影响。而在涉及“诉外”权利保障时，从广义上理解更为有利于被害人权利保障之实现。

要可以从以下若干方面进行努力：

分流案件，充分发挥非诉讼争端解决方式的作用。非诉讼方式（ADR）被广泛地运用于解决民事纠纷，但其在刑事领域的价值和运用一直被忽视。这一点正在日益引起国际社会的关注。如联合国《为罪行和滥用权利行为受害者取得公理的基本原则宣言》第7条，明确列举了调解、仲裁、常理公道与地方惯例等非诉讼解决刑事争端的方法。德国在1986年的修法中引进了被害人与加害人之间的调解制度。联合国经济与社会理事会2000年第14号决议提出"在刑事案件中使用恢复性司法项目的基本原则"，[①]英国、美国、加拿大等国当前也正在进行恢复性司法的尝试，如有的地方提出如果犯罪者完全承认他们有罪，并同意参加面谈的话，他们就可以不经过法庭审判，这被视为既有利于犯罪人的改造，又有利于抚慰被害人的方法。[②] 在我国，非诉讼方式特别是调解制度实际上有着良好的传统和经验，将其引入刑事案件，无疑将有助于改善被害人与被告人的关系，有助于向被害人提供补救和赔偿。

建立被害人补偿制度。国家和社会对于犯罪对被害人造成的损害应当承担一定的责任，毕竟，犯罪是一种严重的社会问题，而不仅仅是个人问题。正因此，世界各国在被害人无法从罪犯或其他来源获得充分的补偿时，就由国家对被害人给予补偿。如1998年，欧洲理事会通过了《暴力犯罪被害人补偿公约》，现在，国家补偿制度在欧洲已经基本普及。国家补偿主要适用于遭受严重罪行造成重大身体伤害或身心健康损害的被害人，以及在被害人死亡或身心残障时，其家属、特别是受养人。一般的方式是由国家设立专项的国家补偿基金，并辅之以设立其他社会基金。我国并没有确立国家补偿制度，虽然受到经济因素等制约，但是我们先在特定案件范围内施行国家补偿是可行的，并可在条件允许时逐步扩大补偿的范围和金额。

完善被害人赔偿制度。罪犯理应向受害人、他们的家属或是受养人作出公平的赔偿。我国通过刑事附带民事诉讼解决赔偿问题，但是实践效果并不好。这既与赔偿范围较窄，精神损害赔偿没有纳入其中有关，也与公诉方和被害方的出发点有所不同有关，还与被害人意愿表达途径不畅、执行难

---

① ［英］麦高伟、杰弗里·威尔逊主编：《英国刑事司法程序》，姚永吉等译，法律出版社2003年版，第473页。

② 对于恢复性司法的概念界定，各国的学者尚未达成共识，联合国的文件中也未明确。一般认为是从修复犯罪行为造成之损害出发的一系列价值、目标、程序，恢复性司法不关心事实，而是对已经承认的犯罪作出适当的反应，即其范围主要是量刑，而不是刑事审判。

等有关。从性质上来看，被害人的赔偿问题属于民事侵权责任，基于有利被害人权益恢复之考虑，用独立的民事侵权责任之诉来解决赔偿问题应纳入我们的视野。如美国的辛普森案，被告人辛普森在刑事案件中无罪告释，但却由于证明标准不同等原因在民事诉讼中一败涂地，从而使被害方在赔偿方面获得了一定的抚慰。我们需要认真考虑刑事附带民事诉讼与独立的民事侵权责任之诉的关系。刑事责任和民事责任之目的有异，刑事责任主要关注报应和预防，并以社会责任为主要着眼点，民事责任的目的则主要是填补被害人的损害和平复侵害结果。这种目的之不同对于结果必然会有所影响。民事侵权之债采用的是连带责任，而附带民事诉讼则无此说。[①] 共同犯罪中的赔偿问题更为复杂，如一部分罪犯归案并被附带民事诉讼处罚之后其他罪犯又归案受审，赔偿问题怎么协调？共同罪犯中的一个人在开庭前死亡，对其的刑事诉讼相应终止，但是在民事上其确有财产可以追究，怎么办？共同犯罪的部分加害人被不起诉，被害人就其侵权责任提起民事诉讼，附带民事诉讼与此类独立的民事诉讼如何协调？这些问题都需要我们认真考量。

成立专门的被害人援助、保护机构。如法国于1986年成立了“国立被害人援助调解中心”，办理有关被害人的援助和保护事项以及相关的研究工作。日本于1999年设立了“全国被害人支援网”，在东京还成立了“强奸救援中心”，专门帮助强奸犯罪的被害人。据美国司法部犯罪受害人办公室统计，全美有超过8000个组织对刑事被害人提供援助。[②] 一般说来，被害人保护机构提供的服务包括：提供信息、电话热线、陪同被害人出庭、面对面咨询、被害人自助小组、被害人代理服务等。从主体来看，政府的被害人援助、保护机构与民间被害人援助、保护组织是相互补充的，我们应在政策和法律上鼓励民间被害人保护和帮助的开展，形成全社会普遍关心被害人、帮助被害人的氛围。此外，我们还需要从实证的角度对于被害人救助的投入等问题作更为细致的研究。

增强被害人援助和保护的专业性。警察、司法、医疗、社会服务以及其他有关人员应接受专门培训，掌握被害人心理、被害人语言、被害人需求、被害人健康、相关法律等多方面知识。研究被害人遗属、强奸被害人、儿童被

---

① 对于民事侵权责任的探讨参见郑玉波：《民法债编总论》(修订二版)，中国政法大学出版社2004年版，第115—122页。

② 美国司法部犯罪受害人办公室(Office for Victims of Crime, U. S. Department of Justice)，参见彭伶：《刑事被害人的知情权保护比较研究》，《法律适用》2005年第9期，第94页。

害人、老年被害人等不同种类被害人的特点，有针对性地开展援助，特别关注心理治疗、精神抚慰和情感交流。

综上，被害人人权保障应当彰显其自身的独立品格。我们应当尽力避免将被害人诉讼地位无限拔高或将被害人简单地视为证人，而是应当在当事人与证人之间探寻被害人在诉讼中的准确定位。就如有的学者所批评的，大陆法系的被害人诉讼地位的提高，是导致被告人地位始终不高的一个重要原因。而英美法系由于传统上一直对被害人诉讼权利保障重视不足，现在开始更多地关注被害人的“诉内”权利，调整被害人的诉讼地位，如美国2004年出台的《犯罪被害人权利法》从八个方面加强了被害人的权利。① 同时，在合理定位被害人在诉讼中的地位，特别是在庭审中的地位的基础上，从“诉内”权利保障和“诉外”权利保障两个不同的视角看待被害人权问题，优化前者，拓宽后者，使得公权力在刑事诉讼中应当更多地考虑被害人的利益，从而为公权力的适当行使形成了一个相对的界限。

第二节　刑事司法中公权对公权的制约：司法审查与侦查权

权力对权力的制衡是防止权力滥用的必然要求。在此需要思考一个问题：司法机关、立法机关、行政机关，到底谁最值得信任？这一问题很难说清楚。相比较而言，根据西方的有关调查研究，公众对司法部门比对政府部门更有信心。如在美国，在1966年、1973年、1974年、1976年、1978年和1979年所进行的一系列民意测验中，ABC新闻一哈里斯调查发现人们“高度信任”最高法院，这是无论国会还是行政机关都无法相比的。② 虽然，如本文第一章所述，在我国，司法机关近年来的形象有所贬损，司法腐败问题有所升级；虽然，从总体上来看，权力都有被滥用的倾向，对任何权力都不能盲目地信任，但是，这不意味着怀疑一切，而是说应当合理地配置和监督权力。司法权作为相对于立法权和行政权弱小的一项权力，无限膨胀并侵害公民的

① 这八个方面的权利包括：安全保障权；获得通知权；参与程序权；听取意见权；与检察官进行商议权；获得完全和及时赔偿权；避免不合理程序延误权；受到公平对待的权利以及人格尊严和隐私受到尊重权。

② [美]克里斯托弗·沃尔夫：《司法能动主义——自由的保障还是安全的威胁?》(修订版)，黄金荣译，中国政法大学出版社2004年版，第87页。

权利的可能性相对较小。合理的法官遴选机制的确立也使得法官的威望和素养要高于一般的行政人员。在此基础上，现代法治理念相信，“独立的司法系统是对个人权利免受政府侵害的可靠保障，而这种保障的实现主要是通过法院运用不同形式的司法审查的权力。如果当政府行为损害了公民权利，公民个人投诉法院时，法院有权根据宪法或法律，独立地审理政府机构的行为，那么个人就获得了撤销政府决定、恢复合法权利的机会”。[①] 这也自然使得司法审查成为现代法治国家一种相对合理的选择。

一、刑事诉讼中的司法审查的正当性基础：司法权对行政权的控制

在刑事诉讼中，法院对侦查行为的合法性审查，是刑事诉讼中的司法审查的核心。侦查机关作为国家的犯罪追诉机关，侦查权的属性是一个有争议的问题。特别是在我国，公安机关、检察机关和法院在传统上向来被视为一个系统，即政法系统。从人员配备和组成来看具有同源性，在职能上都是为了维护社会秩序和为现代化建设保驾护航，在称谓上被统称为公安司法机关。这种一致性使得侦查权的特性容易被抹杀，即认为警察和法官没有什么本质上的区别，司法审查的必要性也就不容易凸显。而如果我们将侦查权明确地定位为行政权，由中立、消极的司法机关来审查行政权行使的合法性，便有了基本的理论支持。

在现代法治社会，侦查权无论从功能、程序、组织等方面来看，都体现出行政权的属性。[②] 从功能上来看，侦查权是为了查明案件事实真相，积极主动地获取犯罪证据和抓捕犯罪嫌疑人，以及及时地惩罚犯罪、维护社会治安，而不具有司法机关的裁判性；从程序上来看，为了提高侦查的效能，侦查机关采用的是行政的方式，而不是消极、中立的司法方式；从组织上来看，侦查机关采用的是严格的上下一体、上令下从的组织形式，警察在侦查中必须服从上级的命令，而不具有司法的独立性和终局性。当然，侦查行为与一般的行政行为还是有所差别的，如其受到刑事诉讼程序的规范，又如其可以采取长期剥夺人身自由的强制措施，而且在我国，刑事诉讼中的侦查行为也不属于行政诉讼的受案范围。但是，这些不是本质的区别，从总体上来看侦查权具有一般行政权的特性。

著名行政法学者韦德认为行政权有两个固有的特点：“第一，它们都受到法律的限制，没有绝对的和不受制约的行政权力；第二，也是必然的结果，

---

① 张千帆：《西方宪政体系》（上册·美国宪法，第2版），中国政法大学出版社2004年版，第24页。

② 参见陈瑞华：《问题与主义之间》，中国人民大学出版社2003年版，第27页。

任何权力都有可能被滥用。"[①]对于"滥用",韦德认为,该词并不当然具有坏意、恶意这样的贬义,政府部门可能会像其他人一样容易误解他们的法律位置;同样,他们所实施的法律通常是复杂和不明确的,所以滥用权力是不可避免的。因此,法律提供各种方法去制止滥用尤为必要。[②] 对于审前的侦查行为,更有甚之,就如埃尔曼所提醒我们的:"警察被委以相对大的事实上的自由处置权,不仅在警察国家或极权制度下是这样,在其他地方亦复如此。这可能导致警察对权力的滥用和企图将法律操于他们之手。"[③]

行政法治原则是行政法上的一项基本原则。[④] 韦德将法治的含义归纳为以下几个方面:基本含义是,任何时间都必须依法而行;第二层含义是,政府必须根据公认的、限制自由裁量权的一整套规则和原则办事;第三层含义是,对政府行为是否合法的争议应当由完全独立于行政之外的法官裁量;第四层含义是,法律必须平等地对待政府和公民。[⑤] 行政法治原则要求政府机关和政府工作人员在法律规定的范围内活动,依法办事;政府机关和政府工作人员若违反法律、超越法律,应该承担法律责任。法治的本质就是人民高于政府,政府服从人民,人民的基本权利高于国家权力。法院通过司法审查来控制侦查权是法治原则的基本要求。法治要求法院阻止政府机关和政府工作人员滥用权力,并建立防止滥用自由裁量权的一整套规则,政府行使权力的所有行为,即所有影响他人法律权利、义务和自由的行为都必须说明其严格的法律依据,受到影响的人都可以诉诸法院,如果法律依据不充分,法院将撤销此行为,当事人就可以不去理睬它,而不会产生任何后果。为此,"法院采用了许多引人注目的方法,从法律的字里行间找弦外之音,既从实体法,也从程序法上发展把行政权力控制在恰当导向之内的普通原则。"[⑥]侦查机关作为拥有强大侦查权的政府机关不仅有权力而且应当有责任,如果其渎职或滥用权力,就必须强迫其履行职责或纠正违法行为,法院的司法审查正是起到了这种作用。这种中立的审查,是对行政权的限制,为公民权利

---

① [英]威廉·韦德:《行政法》,徐炳等译,中国大百科全书出版社 1997 年版,第 5 页。

② [英]威廉·韦德:《行政法》,徐炳等译,中国大百科全书出版社 1997 年版,第 5 页。

③ [美]埃尔曼:《比较法律文化》,贺卫方等译,清华大学出版社 2002 年版,第 145 页。

④ 行政法治原则是宪法中的法治原则在行政法领域的具体化。行政法治原则要求各级政府部门依照法律行使职务,依法办事;控制行政机关的自由裁量权;要求政府对违法、侵权行为承担法律责任;政府要尊重人民的各项权利,特别是那些最根本的人权:在实施行政行为时充分尊重行政相对人的人格,切实保障公民的各项基本自由,切实保障公民的各项政治权利。

⑤ [英]威廉·韦德:《行政法》,徐炳等译,中国大百科全书出版社 1997 年版,第 25—27 页。

⑥ [英]威廉·韦德:《行政法》,徐炳等译,中国大百科全书出版社 1997 年版,第 26 页。

保障提供了最有效的救济，而权利与救济不能分割，救济的性质决定了权利的性质。司法审查使得公民的基本权利真正具有了权利的属性，从而赢得了神圣。对此，韦德举了这样的例子作为佐证："在英国，如果一个人被警察逮捕，他可以就非法拘禁提起普通侵权诉讼，控告逮捕或关押他的警察官，或控告下令逮捕他的人，如同该警察是普通公民。人身保护令可以使他释放，如需要，也可以不论该警察官应向谁负责的问题。"[①]

在此，笔者将侦查权定位为行政权，引入行政法治原则，将司法权对行政权的制约作为刑事诉讼中的司法审查的正当性之主要基础。这并非排斥司法审查在刑事诉讼中的其他正当性基础。我们还可以从以下若干方面来论证刑事诉讼中的司法审查的正当性：(1)刑事诉讼中的司法审查体现了分权制衡理念，是对权力的外部制衡，是权力对权力的制衡；(2)刑事诉讼中的司法审查承载了正当法律程序的要求，是不得担任自己案件的法官这一最基本的正当程序理念的要求；(3)刑事诉讼中的司法审查是保障人权的需要，通过限制和约束侦查权，为公民人权保障提供了屏障和救济途径；(4)刑事诉讼中的司法审查是司法最终裁决原则的要求，使得直接限制或剥夺公民的人身自由权、财产权、隐私权等权利的侦查措施有了中立的裁判者。

二、刑事诉讼中的司法审查的基本模式

刑事诉讼中的司法审查主要有三种模式：一是事先审查，即通过司法机关对侦查部门涉及公民基本权利的侦查措施进行事先的审查和批准来限制和约束这些带有强制性的措施的适用，主要的表现形式是司法令状；二是事中审查，即在涉及公民基本权利的侦查措施实施的过程中，司法权介入审查并给予相应的救济，代表性的形式是人身保护令制度；三是事后审查，即通过对违反法定程序的刑事诉讼行为作出证据排除、行为无效等裁决以严厉制裁程序性违法，代表性的形式是程序性制裁。

第一，事先审查。司法审查对于人身权、财产权等基本权利的保障在普通法国家最常用的是司法令状，这也被称为司法令状主义。令状(Writ)是法院发出的要求接受者做所命令的事情的一项书面命令。[②] 在美国，逮捕需要由治安法官根据控告或者侦查人员提交的经宣誓的提请签发令状申请书，经审查确认存在合理根据(Probable Cause)才能签发逮捕令。公民的人

① [英]威廉·韦德：《行政法》，徐炳等译，中国大百科全书出版社1997年版，第36页。

② [美]彼得·G·伦斯特洛姆编：《美国法律辞典》，贺卫方等译，中国政法大学出版社1998年版，第41页。

身权、财产权受到宪法保护，逮捕的条件受到严格的限制。根据美国宪法第4修正案的规定，除非存在“合理根据”，否则不能签发逮捕令。根据美国联邦最高法院有关判例和法律学者的一般解释，所谓“合理根据”，是指根据执法人员所了解的事实和情况或者所得到的可以合理信赖的信息，足以使一个正常而谨慎的人相信犯罪正在发生或者已经发生。实践中掌握，即事实和材料使一个正常理智的人相信嫌疑人有罪的可能性要大于无罪的可能性。①

司法令状作为刑事诉讼中最常用的司法审查方式，二战之后，随着人权保障的勃兴，在大陆法系得到了广泛适用，近年来亦有不断强化的趋势。在德国，自从1974年废除预审制度以来，法官在审查阶段不再直接领导侦查而是主要负责司法审查。侦查阶段设有专门的侦查法官负责司法审查，所有涉及限制公民自由、财产、隐私权的强制性措施一般都必须接受法院的司法审查，由法官来作出决定。审前羁押的令状由侦查法官签发，而当正式的指控已经提起时则由审判法院签发。② 侦查法官隶属于地方法院，其办公地点一般就设在警察局或拘留所，以便能及时地作出审查。在俄罗斯，新刑事诉讼法典确立了司法审查原则，根据该法第10、12、13条的规定，只有经过法院决定，才能正式羁押人(临时拘捕时间不得超过48小时)；才能对住宅进行勘验和对住宅进行搜查和提取物品(但在刻不容缓的特别情形除外)；才能限制公民的通讯、电话和其他谈话、邮件、电报和其他通讯秘密的权利；才能搜查、扣押邮件和电报以及在邮电机构提取邮件和电报、对电话和其谈话进行监听和录音(但在刻不容缓的特别情况下除外)。不过，侦查员、调查员必须经过同级检察长同意才能向法院提出申请。也就是说，一些重要的侦查行为或强制措施必须经过检察长和法院两道程序批准，才能实施。③ 在日本，确立了任意侦查原则，该原则要求尽量使用任意性侦查手段，以任意侦查为原则而以强制侦查为例外。日本刑事诉讼法第179条规定：“为了达到侦查目的，可以进行必要的调查。但是，如本法无特别规定的，不得进行强制措施。”也就是说，侦查分为任意侦查和强制侦查，强制侦查原则上应当依据法

---

① 参见卞建林：《美国刑事诉讼简介》，载《美国联邦刑事诉讼规则和证据规则》，中国政法大学出版社1996年版，第7页。

② 参见[德]托马斯·魏根特：《德国刑事诉讼程序》，岳礼玲等译，中国政法大学出版社2004年版，第100—101页。

③ 苏联时期的检察机关为法律监督机关，权力相当大，有权批准或决定采取正式羁押(逮捕)等严重限制人身自由权及其他诉讼措施。参见陈光中：《俄罗斯联邦刑事诉讼法典序》，载《俄罗斯联邦刑事诉讼法典》，中国政法大学出版社2003年版，第4—5页。

官签发的令状而实施，具体包括逮捕、羁押、搜查、勘验、扣押等。并且这一点得到了宪法上的支持，即日本宪法第 33 条和第 35 条规定，没有法官签发的令状，原则上任何人均不得被逮捕，也不得侵入、搜查以及扣押任何人的住所、文件以及所有物品。①

特别值得注意的是，在法国，2000 年刑事诉讼法的修改对司法审查作出了重大调整。这次修法被称为是对 1958 年刑事诉讼法典最为雄心勃勃的改革之一。② 法国 2000 年 6 月 15 日法律设立了专门的"自由与羁押法官"(Juge de libertés et de la détention)。此项改革的目的是限制预审法官相对过大的权力，对先行羁押这一强制措施实行双重监督，进一步保障当事人的人身自由权利。③ 根据法国刑事诉讼法第 137-1 条的规定，自由与羁押法官为在职法官，由大审法院院长任命，与院长、第一副院长和副院长为相同等级。其重要职责是决定或者延长先行羁押，并对释放请求作出决定。自由与羁押法官通过对审辩论作出裁定，而且，先行羁押措施一般是在预审法官和自由与羁押法官均同意的情况下，才能实施。因为按照案件办理程序，预审法官首先必须同意，才能向自由与羁押法官转送附有大审法院检察长先行羁押请求的案件材料，之后由自由与羁押法官通过说明理由的裁定，将处理结果告知预审法官。如果预审法官不同意，案件不可能移送。根据法国刑事诉讼法第 137-4 条规定："在受理大审法院检察长试图采取先行羁押措施的请求之后，如果预审法官认为采取先行羁押措施的理由不充分，并决定不将诉讼卷宗转送自由与羁押法官，应当立即作出说明理由的裁定，并通知大审法院检察长。"在移送审判时，维持先行羁押的决定，仍属预审法官的权力。法律同时对自由与羁押法官的权力作了限制，规定该法官不能参加其处理过的刑事案件的审判，否则审理无效。④ 同时，法国刑事诉讼法明确规定了检察官有权对警察机关实施拘留的情况进行监督，并将这种监督制度化。即 2000 年 6 月 15 日的法律修改了刑事诉讼法第 41-2 条，规定"大审法

---

① 参见[日]田口守一：《刑事诉讼法》，刘笛等译，法律出版社 2000 年版，第 28 页。

② 参见赵海峰：《法国刑事诉讼法典的重大改革评介》(上、下)，载《欧洲法通讯》(第 1、2 期)，法律出版社 2001 年版，第 157－177，187－208 页。

③ 在法国，先行羁押措施原是预审法官的权限。法国预审法官的职能一是负责领导，指挥对部分轻罪和所有重罪的侦查；二是决定采取剥夺人身自由的羁押措施。对是否应当保留重大刑事案件必须经过法院预审的制度，法国刑事法理论界和司法实践部门存在争论。但面对重大刑事犯罪案件，特别是国际金融犯罪和恐怖犯罪等重大刑事犯罪案件的威胁，保留预审法官的意见不仅被法律采纳，而且有所加强。

④ 刘新魁：《〈法国刑事诉讼法典〉2000 年以来的重大修改》，载陈光中主编：《21 世纪域外刑事诉讼立法最新发展》，中国政法大学出版社 2004 年版，第 224－225 页。

院检察长对拘留措施实施监督,其在认为有必要时可随时巡查拘留所,并且每季度至少应当巡查一次”。[①]

第二,事中审查。这种模式以人身保护令为其代表性制度。从本质上来看,人身保护令亦属于司法令状,而且人身保护令是普通法国家保障人身自由权的一种最重要的令状。[②] 人身保护令制度源于13世纪的英国,到15世纪该制度得到了广泛的应用。最初,人身保护令是一种要求政府表明拘留某个人的理由的命令,主要针对的便是审前羁押。在13世纪的英国,当时的人身保护令旨在阻止发生政策性过失行为,特别是不经过各种审理就不适当地拘禁被监禁者。它的目的在于强制监管人员把被拘留者带到法官面前,法官将审查拘留理由的充分性。如果法官发现该人被不适当地拘留,法官可以通过人身保护令命令释放被监禁者。美国继承并发展了人身保护令制度,将公民申请人身保护令的权利上升为一项宪法性权利,从而使该制度获得了宪法层面的强大支持。美国宪法第1条第9款规定:“不得中止人身保护令状的特权,除非发生叛乱或入侵时公共安全要求中止这项特权。”[③]在批准宪法第14修正案之后,美国国会把人身保护令的适用扩大到已被州法院判定有罪并被监禁的人。从整体来看,美国的人身保护令所保护的权利范围是很广的,如果被告人认为其任何一项宪法赋予其的权利(如律师帮助权、反对自证其罪权等)在刑事诉讼过程中被剥夺,都可以要求联邦法院颁发人身保护令以获得释放。据统计,目前每年大约有接近一万件申请人身保护令的案子递交到联邦地区法院。[④] 被告人可以首先向联邦地区法院递交申请,如果地区法院不发布释放令,其还可以上诉到联邦上诉法院,如再失败,还可以请求联邦最高法院来审查。也正因此,人身保护令制度在英美被认为是保障公民人身自由的一项最重要的制度,并被法学家们称为“伟大

---

① 需要说明的是,为避免巡查过于频繁,不久,法国刑事诉讼法对该规定又作出了调整,即2002年3月4日的法律又将至少巡查一次的周期从“每季度”改为“每年”。

② 人身保护令在英文中表述为“Habeas Corpus”,该词是一个来源于拉丁文的术语,直译的意思是“你有身体”,实际上说的就是保护每个人的人身自由不受任意剥夺。

③ 林肯总统在美国南北战争的早期曾经试图中止人身保护令,但在梅里曼案(Ex parte Merryman,17 Fed. Cas. No. 9487:1861)中,法院判决,中止人身保护令完全是国会的一项特权。国会随后授权林肯依其裁量权中止人身保护令。没过几年,在米利甘案(Ex parte Milligan,4 Wallace 2:1866)中,该行为再次遭到异议,最后联邦最高法院作出判决,一致认为总统在任何情况下都不能中止人身保护令。5名法官组成的多数派坚持国会也无权中止。此后,在美国一直都无人再试图停止人身保护令。参见[美]彼得·G·伦斯特洛姆编:《美国法律辞典》,贺卫方等译,中国政法大学出版社1998年版,第291页。

④ 李义冠:《美国刑事审判制度》,法律出版社1999年版,第144页。

的令状”。[①]

在大陆法系，德国对于强制措施的审查中，有一种很有特色的制度，即自动人身保护令制度。根据德国刑事诉讼法第 117 条规定：“待审羁押已经执行了 3 个月，被指控人在这期间既未申请羁押复查也未对羁押提出抗告的，应当依职权进行羁押复查，但被指控人如果有辩护人时除外。”被羁押人还可以就申请撤销羁押而上诉到宪法法院。按照德国学者的解释，“这种司法审查的理论基础是：刑事诉讼中的职权调查原则固然要求法官追求实体真实这一诉讼目标，但并不要求为了达到此目标而可以不择手段或不考虑任何其他代价。”[②]

此外，《欧洲人权公约》确立了一种新的类似于人身保护令的制度。根据《欧洲人权公约》的规定，任何穷尽本国救济途径的条约国公民，如果认为缔约国的审前羁押等行为违反了该公约所指出的人权与基本自由，都可以在 6 个月内提起申诉。这便为欧洲公民提供了一条申请对限制人身权、财产权等基本权利的行为进行救济的新渠道。[③] 也就是说，在国内的司法审查程序穷尽后，欧洲公民仍然可能将本国政府放到欧洲人权法院的被告席上，以捍卫个人的合法权益。通过这种国际化的司法审查，欧洲人权法院已经作出了不少很有影响力的判决，其对于欧洲人权保障的推动作用是有目共睹的，“意大利刑事诉讼法典、法国刑事诉讼法典和德国刑事诉讼法典在修订过程中，都考虑了欧洲人权法院对许多案件的判决，在非法所得证据的证明力、电话窃听的条件和程序、严格庭前羁押的条件和程序、扩大律师活动的范围和权利等许多内容上都采纳了欧洲人权法院的观点”。[④]

第三，事后审查。这种模式通过事后制裁来遏制违反法定程序的刑事

---

① [美]爱伦·豪切斯泰勒·斯黛丽、南希·弗兰克：《美国刑事法院诉讼程序》，陈卫东、徐美君译，中国人民大学出版社 2002 年版，第 612 页。

② 卞建林、刘玫：《外国刑事诉讼法》，人民法院出版社、中国社会科学出版社 2002 年版，第 21 页。

③ 就具体程序而言，希望提出申诉者可以从欧洲人权法院书记处获取申请指南和申请表。个人可以自己提交申诉，但当申诉被宣布为可接受后，要求有法定代理人以便出席庭审。为此，欧洲理事会已设定了一套法律援助方案来帮助无法聘请法定代理人的申诉者。对于个人申诉，将指定一位报告起草人(rapporteur)。该报告起草人经过对事件的初步审查后决定是否把该申诉交由三人委员会或法庭。三人委员会可无记名投票决定并宣布案件不可接受或注销，这样便不再作进一步审查。如果个人指控没有被三人委员会宣布不可接受或报告起草人直接把案件提交到法庭，则法庭要断定案件的可接受性及法律依据，并作出裁定。经过审理之后，法庭可以宣告某国的国内法律或政府行为违反国际人权标准或欧洲人权法。其法律后果是有关国家必须采取相应的措施，或修改本国法律，或改革有关制度，并对受害公民作出必要的补偿或赔偿。这就为公民提供了一条新的司法救济途径。参见胡铭：《刑事申诉论》，中国人民公安大学出版社 2005 年版，第 115－116 页。

④ 程荣斌主编：《外国刑事诉讼法教程》，中国人民大学出版社 2002 年版，第 70 页。

诉讼行为，即通过排除侦查人员违反法律规定而取得的证据等严厉的程序性制裁来彰显程序的独立价值，维护法定程序的刚性和权威性。关于程序性制裁在后文中将作集中讨论，在此暂不展开论述。

总而言之，司法审查的三种主要模式有着自身的特定，构成了司法审查的立体结构，为全面保障公民的基本人权，限制和规范国家侦查权的行使奠定了基础。从发展趋势来看，强化对侦查行为的司法审查，以保障公民的人身权、财产权等基本人权已经不再是个别国家的典型制度，而是日益向国际化发展，从而成为一项基本的国际刑事司法准则。如《公民权利和政治权利国际公约》第 9 条明确规定："任何因刑事指控被逮捕或拘禁的人，应被迅速带见审判官或其他经法律授权行使司法权力的官员，并有权在合理的时间内受审判或被释放。……任何因逮捕或拘禁被剥夺自由的人，有资格向法庭提起诉讼，以便法庭能不拖延地决定拘禁他是否合法以及如果拘禁不合法时命令予以释放。" 1994 年召开的第 15 届世界刑法大会通过的《关于刑事诉讼法中人权问题的决议》第 8 条规定："影响被告人基本权利的任何政府措施，包括警察所采取的措施，必须有法官的授权，并且可受司法审查。"第 9 条规定："除第 8 条所述情况外，任何由警察采取的措施或起诉机关的关于强制措施的决定，均应在 24 小时内取得法官的认可。"也就是说，侦查或控诉机关采取侵犯公民人身权、财产权、隐私权等基本权利的强制措施时，原则上应事先获得法官签发的令状。

三、构建和完善我国刑事诉讼中的司法审查机制的基本构想

最终，我们要将视角落脚于我国刑事诉讼中的司法审查机制问题。为了加强我国刑事诉讼中的人权保障，推进司法民主进程，我们必须对现行刑事诉讼中的司法审查机制进行大刀阔斧的改革。这一改革是一个系统的工程，不仅涉及刑事诉讼法的修改，更重要的是直接涉及公检法之间的权力与利益的再分配，而且关涉若干宪法问题，因此，难免阻力重重。笔者的基本思路是，我们既要顾及当前的实际情况，循序渐进地进行制度改革，又不能囿于现实困难而使得改革丧失前瞻性，这便使得我们应作出的是一种相对合理的选择。

我们应当考虑所建立的司法审查机制应适应于审查者的能力。刑事诉讼中的司法审查机制的建立，必须符合审查者的能力。如果是由法官来负责审查审前程序中诉讼行为的合法性，那么必须有足够的法官，并且这些法官必须具备完成审查任务所必备的法律素养和工作能力。否则，即使法律上作出了修改，也无法在实践中有效运作。所以，司法审查机制的建立绝不

单单是法律修改问题,而且涉及许多具体问题。如俄罗斯联邦新刑事诉讼法典确立了司法审查原则,即事先经法院批准才能实施羁押、搜查、窃听等强制性侦查措施。为此,俄罗斯2002年7月24日颁布的法律对于法官的编制等问题作出了重大的调整,该法规定,"为了保证刑事诉讼和民事诉讼监督审的改革",普通管辖的联邦法院法官将增加3000人,而"为了保证刑事诉讼中扣押和搜查的批准事宜",应增加907人。法院机关辅助人员的数量还要增加4500人。这便使得俄罗斯联邦法官的数量增加了24%,为法官服务的辅助人员增加了12%,用于法官和其他各类法院工作人员的开支也会相应增加。[①] 我国在构建刑事诉讼中的司法审查机制时,也必然要涉及司法人员的数量和培训、物质资源的投入等问题,制度设计必须是我们当前所能承受的,而不能过于理想化。

我们应当考虑所建立的司法审查机制的操作应为社会和民众所接受。刑事诉讼中的司法审查机制及其相关改革,将对我国的刑事司法制度造成极大的变革和冲击。这种变革在一定程度上与我国的传统意识是有差异的。无论是侦控人员还是普通老百姓,对于严厉打击犯罪,都有较大的认同感,如果我们贸然建立类似于美国的排除规则或者广泛地建立绝对的诉讼行为无效制度,使得仅仅因为程序上的违法而大量导致罪犯逃脱法网,侦控人员和普通老百姓都会很难接受。这不仅会引发侦控人员和老百姓的不满,而且会导致被害人上访、申诉,甚至引发极端行为,也就无法真正解决社会矛盾。但是,我们也应该看到,"传统显然是个可以寻找根本价值观的地方,但其存在的问题也很明显。首先,人们已开始认识到'传统'能被用来支持几乎所有的理由"。[②] 传统不应当成为我们排斥新制度和拒绝司法改革的理由,制度设计上的适度超前性,以理论和制度带动法治观念的转变同样非常重要。因此,我们既要考虑侦控人员和老百姓的承受能力,又要用现代法治和司法民主的理念来设计带有前瞻性的司法制度。

我们应当考虑所建立的司法审查机制的运作是有效的。建立刑事诉讼中的司法审查机制源于司法实践的需要,是解决刑讯逼供、超期羁押等程序违法行为的现实要求。也就是说,制度的设计必须能够解决现实问题,而不能是摆花架子、做表面文章。如对于非法证据的排除,即使规定了非常严厉

---

① [俄]古岑科:《〈俄罗斯联邦刑事诉讼法典〉中文版序言》,载《俄罗斯联邦刑事诉讼法典》,黄道秀译,中国政法大学出版社2003年版,第2页。

② [美]约翰·哈特·伊利:《民主与不信任——关于司法审查的理论》,朱中一等译,法律出版社2003年版,第59页。

的排除规则，甚至是"毒树之果"也要排除，但是，只要没有对非法取证的证明责任问题作出科学的规定，或是要求被刑讯者承担证明刑讯逼供存在的严格责任，那么，任何严厉的排除规则也只是犹如半空中的悬月而根本无法触及。对此我们是有教训的，如1996年修改刑事诉讼法我们引进了对抗式庭审模式的部分内核，但是对于庭前证据展示、律师权利保障、证人出庭等问题没有作出相应的合理设计，结果刑事案件中律师辩护率反而下降，没有律师参与的对抗式庭审的结果显然违背了修法时强化对抗的立法初衷，甚至可以说反而使得被追诉人处于更为不利的窘境。以往的教训告诉我们，在完善刑事诉讼法时不仅要规定详尽的司法审查机制，而且需要构建合理的配套规定，以增强法律的可操作性，保证司法审查机制的有效运转。

在考虑到以上因素的基础上，再让我们来看看我国刑事诉讼中的司法审查机制之现况，以便我们提出一个相对合理的改革思路。在我国刑事诉讼中，司法审查处于一种极度弱化的状况，这主要表现在以下两个方面。

一方面，国家赋予侦查机关充分的信任和广泛的权力，内部审查是主要的控制手段。我国现行制度中，逮捕以外的强制措施和侦查手段都由公安机关自行审查决定。如对于拘留，《公安机关办理刑事案件程序规定》第106条规定："拘留犯罪嫌疑人，应当填写《呈请拘留报告书》，经县级以上公安机关负责人批准，签发《拘留证》。"第107条规定："对于被拘留人，公安机关应当在拘留后24小时内进行讯问。发现不应当拘留的，经县级以上公安机关负责人批准，签发《释放通知书》……"这种内部的审查、批准和监督的作用是非常有限的，因为公安机关追查犯罪这一主要职能决定了其很难全面兼顾打击犯罪和保障人权之双重目的，侦查人员的职业决定他无法摆脱一定的心理倾向性，即查获一个犯罪嫌疑人，他就会努力证明那就是罪犯；查明一个犯罪事实，他就会推测还有其他罪行；查明一个罪犯，他就会努力去挖可能存在的同案犯，等等。[①] 也就是说，将关系公民基本权利的强制性侦查措施的审查权交给公安机关自己行使是非常危险的。同时，犯罪嫌疑人的诉讼权利受到很大的抑制，犯罪嫌疑人的口供是最重要的证据来源，犯罪嫌疑人没有沉默权，并贯彻"坦白从宽，抗拒从严"的刑事政策，律师在侦查阶段的介入只是对犯罪嫌疑人的法律帮助而不是行使辩护权，其权利非常有

① 这种由职业养成的心理倾向性就像学生考试想得高分一样实属正常，其体现了侦查人员对国家的效忠，对职责的坚守，而负面效应却是往往表现出对无罪、罪轻、公民权利的轻视，表现出普遍存在"有罪推定"的倾向。

限。在这种情况下,被追诉方对侦查机关的侦查行为的制约便显得势单力薄,这种权利与权力的不平衡极易使被追诉方处于极为不利的地位,在侦查活动中成为任人摆布的客体,从而使得整个侦查活动充满了行政制罪色彩而缺少诉讼的必要构造。

另一方面,侦查活动中缺乏中立的裁判者,犯罪嫌疑人权利受到侵害无法获得及时、有效的救济。我国的侦查构造基本上是由公安机关、检察院(追诉方)和犯罪嫌疑人及其律师(被追诉方)①两方组成,没有中立的司法机构主持的司法审查和制约机制,从而背离了诉讼三角构造的基本要求。在事前,唯一具有一点司法审查性质的是检察机关对逮捕的审查和批准程序,但是由于检察机关自身的追诉色彩,这种审查的作用是很有限的。在事中,当犯罪嫌疑人或其律师发现侦查程序违法时没有有效的救济途径,这与司法实践中刑讯逼供、超期羁押、非法扣押等现象屡禁不止是有直接关系的。这正好印证了"无救济就无权利"这一法律格言。虽然我国的刑事诉讼法规定了检察院对侦查程序的合法性进行审查,但由于对各种强制措施和专门性调查活动的监督主要是通过审查公安机关移送的材料来查明,而公安机关移送的材料往往并不能直接、全面反映侦查活动的实际情况,因此这种审查活动的作用是很有限的。在事后,我国的司法解释虽然确立了非法言词证据排除规则,但是实践中由于相关制度不完善等众多原因,就连刑讯逼供获得的口供都很少能被排除,更不用说是非法实物证据了。

针对我国当前的实际情况,笔者认为应当设计一套切实可行的并且能够解决现实问题的司法审查机制。毕竟,民主法治的最核心问题也许并不在于构建什么样的制度是最理想的,而是在于考虑到人的天性和在各种社会条件制约的情况下,什么样的民主是最可行的,以及这种民主制度能够带来怎么样的效果。在此,笔者勾勒的基本思路如下:

应当建立对于强制性措施的事前司法审查机制,将普通刑事案件中强制性措施的司法审查权交给检察机关,但对于检察机关自侦案件则由法院来审查。② 逮捕、搜查、扣押、监听等强制性措施直接涉及公民的人身权和财产权等基本人权,是司法审查重点应当关注的问题。我国现行立法规定,检

---

① 在许多案件中,实际上只有犯罪嫌疑人面对强大的警察和检察官的追诉。在我国司法实践中,律师很少参与侦查程序,即使参与,由于其权利非常有限又存在会见难、取证难等一系列的问题,也很难发挥作用。

② 这里不仅涉及我国刑事诉讼法已经确立的五项强制措施,而且还包括尚未纳入刑事强制措施体系的搜查、扣押等带有很大强制性的措施。因此,笔者这里用"强制性措施"而不用"强制措施"。

察机关拥有批捕权,这是检察机关对侦查进行监督的最主要手段,而对于搜查、扣押、监听等措施则都由侦查机关自己决定,缺乏基本的监督。一般说来,按照国际惯例,司法审查应当由法院负责进行。但是,考虑到在我国,宪法确立了检察机关既是法律监督机关又是与法院并列的司法机关,由检察机关承担对审前强制性侦查措施的司法审查,比较容易被接受,在人员配备和机构设置上的变动也相对较小。而且,"只要检察机关法律监督机关的性质不变,取消其批捕权就无法监督公安机关的活动"。[①] 但是,检察机关自侦案件的强制性措施审查应该交给法院,因为在自侦案件中,由检察机关自己侦查、自己审查其行为的合法性,难逃自己作自己案件的法官之嫌疑,无法保持中立性的底线要求。

在扩大检察机关的司法审查权的同时,为了防止这种权力的滥用,应增加切实有效的救济途径,即建立事中的司法审查机制。对于涉及公民人身自由权的强制性侦查措施,当事人应有权申请法院作中立的司法审查,我们可以将其称为中国式的人身保护令制度。以审前羁押为例,应当将超期羁押是否存在或继续羁押的理由是否成立的审查权交给法院。对检察机关批准逮捕的决定不服,被逮捕的犯罪嫌疑人、被告人可以要求法院作审查,也即由法院作出最终裁决。具体的审查模式可以设计为听证程序,通过具有对辩性质的听证程序,给被羁押者以说话的机会,并使其富有影响力地参与到是否继续羁押的决定程序中去。法院在听证审查后应当作出裁定,以决定继续羁押还是立即释放被羁押者。

对于事后审查,我们的当务之急是构建合理的非法证据排除规则,并逐步建立、拓宽和完善程序性制裁机制。对此,后文将进一步展开讨论。

从长远来看,刑事诉讼中的司法审查机制可以将步子迈得更大一些。这种改革是建立在近期改革的基础上的循序渐进,涉及司法机关的权力分配和司法改革的全局而很难一蹴而就。因此,应当将其定位为我们的远期目标。其核心在于回归司法审查权的司法属性,将司法审查权交由法官行使。检察机关作为控诉机关,天然具有追诉犯罪的倾向。从本质上来看,检察机关至少不属于典型的司法机关[②],由检察机关负责审前阶段的司法审查,很难保持超然的中立性和消极性。因此,世界各主要国家一般都是由法

---

① 参见陈光中:《〈刑事诉讼法〉再修改若干问题之思考》,《中国司法》2004年第1期,第28页。

② 对于检察机关的性质,学界一直有争议,有的学者认为检察机关属于司法机关,有的认为检察机关属于准司法机关,有的认为检察机关属于行政机关,有的认为检察机关属于法律监督机关。但是,公认的是法院是最典型的司法机关,具有中立性、消极性、终局性等司法机关的典型特征。

官来行使司法审查权。但是,如果推行这样的改革,势必要大量增加法院的工作量,这便需要较大的人力物力投入,而且需要宪法作出相应的修改。另外,对于非法实物证据排除的扩大、全面的程序性裁判机制的构建等也都是我们努力的方向。

当然,改革我国现行的刑事诉讼制度,建立完善的司法审查机制,仅仅靠推行上述举措是远远不够的。改革证据制度、完善刑事强制措施的体系和具体制度、调整警检关系、扩大犯罪嫌疑人和被告人及其律师在侦查阶段的权利、增强司法机关的独立性和中立性等相关的改革如果不跟上,便不可能真正建立完善的司法审查机制。更重要的是,这其中不但关系到我国司法体制的整体建构,而且关系到执法人员的素质是否能够适应,尤其是执法观念的更新。如果程序只是可有可无的东西,一切为获得实体上的结果服务,那么必将以惩罚犯罪为第一要务,侦查机关为了查明真相、获取证据而滥用强制性侦查措施就有了现实合理性,而程序只能是沦为附庸,司法审查也就失去了其存在的支点。

第三节　刑事正当程序为公权力圈定的界限

权利对权力的制约、权力对权力的制衡,为刑事司法中的公权力的行使划定了界限,但是,这种界限最终要通过刑事正当程序来实现。

一、正当程序的独立价值

法的价值就是法律对作为主体的人的需要、目的等的满足与实现,是主客体的一种统一。[①] 我们一般将程序的价值分为外在价值和内在价值,前者又被称为程序的工具价值,即程序是达到或实现惩罚犯罪这一实体法上的目的之手段;后者是指程序本身所拥有的、独立的、内在的优秀品质。程序的独立价值即程序的内在价值。程序的价值是多元化的,既不能仅仅依据程序主体的意志、愿望和需求,也不能仅仅以法律功能、作用、有用性为标

① 张文显主编:《法理学》,法律出版社 1997 年版,第 278—279 页。

准，而必须是两者有机结合的整体。我们在传统上重视程序的工具价值[①]，将发现真实、打击犯罪作为刑事诉讼的首要任务，而将程序主体的需求和人权保障的要求作为可有可无的价值，将国家利益和社会秩序看作是超过个人权利的价值，而要求个人人权保障作出这样那样的让步。于是，刑讯逼供等严重违反程序的行为在打击犯罪的号角下大行其道，正当程序难免被视为国家打击犯罪的障碍，形同虚设或者巧立名目地规避正当程序也就无法避免。正当程序便无法真正成为刑事诉讼的基本品格，程序也便永远只能是一种工具。申言之，彰显程序的独立价值是我们当前正确认识和定位程序法的价值的关键所在。

理解程序的独立价值，关键在于理解人的主体价值和人格尊严问题，在于将人定位为程序中的主体而不是实现某种外在目的之手段。从历史的角度来看，法的主体性之确立有一个发展过程。它经历了一个由理念存在到实然享有，由少数人为主体到多数人为主体，由主体性不充分到主体性充分，由适用的领域有限到广阔这样一个历史过程。这种过程随着文艺复兴和宗教改革运动的兴起而经历着变化，并在启蒙时代发生质变。在这一时期，理性的思维促使着人的自主性和积极性在宗教、法律、文学、政治事务等领域全面复苏，自由、民主和科学思想逐渐成为主流意识。启蒙思想家们通过反对世俗专断和教会独裁，以社会契约论为知识手段，鲜明地提出了“天赋人权”、“主权在民”、“三权分立”等主张，他们要求建立民主政体，以使人的权利和主体性地位在制度上、实践上得到确立和保障。其中，康德对于推进法的主体性问题研究作出了关键性贡献。康德认为，法哲学是主要研究以内在法（伦理义务）为前提的有关外在立法、外在法律义务关系的法理学，是可以由外在立法颁布的；它的基础是内在的不可颁布的权利（包括自身的权利和相对的他人的权利），只有在既有权利又有义务关系的具有法律人格的人与人之间，才称得上真正的法律关系。既然每个人都有绝对的平等的权利，那么最好的法律的原则也就是对他人如对自己，对他人的义务和对自己的权利相一致，以促成每个人的权利。康德坚信，主体的地位一旦确立

① 程序工具主义是我国诉讼法学界长期流行的一种观点。其源头在于以边沁为代表的功利主义哲学流派。功利主义认为，程序法的唯一功能是保护实体法，这一观点可看作是后来“重实体、轻程序”理论的典型代表。从历史发展的角度来看，程序工具主义充分认识到刑事诉讼法对刑法实施的保障作用，应该说是有一定的历史贡献的。但是其立论的哲学基础是功利主义，单纯强调程序法对实体法的有用性，没有认识到程序法的全面价值。这种无视程序独立价值的观点，没有深刻认识程序法的价值和存在意义，必然导致程序相对于实体的边缘化，无法为非法证据排除规则等现代刑事诉讼制度提供理论支持，理应在刑事诉讼现代化进程中退出历史舞台。

了，最主要的任务便完成了，再强调法治便是最好时机："如果这一观念通过逐步改革，并根据确定的诸原则加以贯彻，那么通过一个不断接近的过程，可以引向政治上至善的境地，并通向永久和平。"①这种主体性要求"一切从人出发，以人为中心，把人作为观念、行为和制度的主体；人的解放和自由，人的尊严、幸福和全面发展，应当成为个人、群体、社会和政府的终极关怀；作为主体的个人和团体，应当有公平、宽容、诚信、自主、自强、自律的自觉意识和观念"。②

人的主体性要求程序尊重人的尊严价值而不是将人作为一种实现实体目的之手段。可以说，评价法律程序正当性的主要标准是它使人的尊严获得维护的程度。这种体现于法律程序本身之中的价值，是以人类普遍的人性为基础而提出的，其要求社会尊重每个人作为目的的个体之存在，不能对他任意贬低或奴役，不能把他视为实现社会目的或他人目的之手段。对于这种通过法律程序本身而不是裁决结果所体现出来的价值，被称为"尊严价值"，主要由"平等"、"可预测性"、"透明性"、"理性"、"参与"、"隐私"等价值要素组成。这些价值能否在法律实施中得到实现，完全取决于裁决制作活动采取什么样的形式和程序。也就是说，独立于裁决结果的程序价值的基础，被尊严价值理论解释成尊重人的尊严，即维护法律程序自身的公正性、人道性或者合理性，其最终目的在于使那些受裁决结果直接影响的人的尊严得到尊重。

从直觉意义上来看，尊严价值是增强裁判的可接受性的需要。人们在诉讼中是否受到尊重之感受，是其是否接受裁判结果的一个关键性要素。尽管人们参与诉讼主要是追求结果的胜利，但是诉讼过程中受到不公正的对待，会给诉讼参与人造成情感上的伤害。"这一原则（参与原则）有助于解决争执，因为能参与诉讼的当事人更易于接受判决；尽管他们有可能不赞成判决，但他们却更有可能服从判决。"③虽然，通过辩论等积极的参与，当事人之间的意见可能还是不一致的，裁判可能仍然存在这样那样的问题，但是，这种参与体现的是对公民个人权利的尊重，毕竟，"民主程序优于所有其他决策类型，不是因为它们既保证了一致意见的形成，又保证了'好的'决策，而是因为它们为受特定决策影响的公民提供了重新考虑这些决策的质量以

① 转引自张秀英：《西方法哲学中的主体性变迁》，《宁夏社会科学》2000 年第 3 期，第 35 页。
② 张文显：《法哲学范畴研究》（修订版），中国政法大学出版社 2001 年版，第 389－390 页。
③ ［美］贝勒斯：《法律的原则》，张文显等译，中国大百科全书出版社 1996 年版，第 35 页。

及这些决策无意造成的结果的可能性”。[①] 相反，即使在获得胜诉的情况下，人们也会因为程序的不公正而感到自己尊严的丧失或被冒犯，感到自己作为独立的人没有得到应有的重视。这显然说明，那些会使人们产生不公正感的程序特征尽管有时是模糊不清的，但确实是存在的。对社会而言，单纯依靠武力确立行为模式，并不能够真正使人们遵守法制。以反恐措施为例，虽然恐怖犯罪是最严重的犯罪，因而以美国为代表的西方国家在“9·11”事件之后纷纷出台了反恐怖法案，对恐怖犯罪采用高压的特别程序，但是实践证明这些举措并没有真正有效地遏制恐怖犯罪。[②] 可见，诸如反恐措施这样以国家最强力为后盾确立起来的行为规则，非但没有真正使得人们信服，使得恐怖犯罪者真正接受相应的处罚，反而由于压迫的存在，使人们普遍处于“敢怒不敢言”的状态，甚至使得恐怖分子更加肆无忌惮地报复。显然，以“恐怖的程序”对待“恐怖的犯罪”，难以真正恢复正义的价值。也就是说，离开正当程序约束的打击犯罪行为并不能真正解决纠纷，而只能在表面上压制犯罪行为，甚至可能使得矛盾更加激化。如果打击犯罪这一实体要求一旦被视为法律程序运作的唯一目标，就必然变得具有压迫性，使公民的个人权利让位于一时的、表面的或政治性的社会功利。“程序正义的真正价值基础在于对被裁判者人格尊严和道德主体地位的尊重”[③]，尊严理论的最大价值恰恰在于能够保证程序的正当性，使得我们真正回到对个人尊严的关注以及对隐私、言论自由等宪法价值的尊重这一正确轨道上来。从而充分表达出宪法的内在精神，使得对宪法上的尊严价值加以维护成为正当程序的

---

① [英]约翰·基恩：《媒体与民主》，郤继红、刘士军译，社会科学文献出版社2003年版，第158－159页。

② 如美国《爱国者法》和《军事命令》中的许多条款是经不起正当法律程序原则审查的。首先，反恐措施使得酷刑、非人道待遇大行其道，使得被追诉人的基本人格尊严受到侮辱，从而激发了广泛的反抗，如关塔那摩便已经成为这种反抗的代名词。其次，反恐措施危及程序正义对人身自由权的保护。反恐怖法的许多规定，违背了任何人在被定罪前应当被推定为无罪的基本程序正义理念，一旦被贴上“恐怖分子”嫌犯之标签，便不再受到最基本的自由权利保障。其最极端的做法是《军事命令》主张采用军事法庭审判所谓恐怖分子，这便可能规避刑事诉讼程序和证据制度中的所有基本内容。再次，反恐措施使得程序正义对公民隐私权的保护被大大削弱。如广泛适用国外情报监控令，放宽对监听、搜查的限制等措施，无疑将深层次地侵入个人的私生活和思想领域。另外，反恐措施使得移民和外国人的人权保障游离于程序正义之外。这是非常可怕的，人权本不分贵贱，无论是美国人还是移民或是外国人都应当享有作为人的最基本的尊严与权利，对于移民和外国人的歧视性政策显然是对法治的背离。See 107TH CONGRESS 1ST SESSION H. R. 3162 , In the senate of USA October 24, 2001. Detention, Treatment, and Trial of Certain Non-Citizens in the War Against Terrorism(the Military Order), 66 Fed. Reg. 57, 833, 2001.

③ 陈瑞华：《走向综合性程序价值理论》，《中国社会科学》1996年第6期，第130页。

核心功能。

也许有人会说,社会普遍福祉和多数利益要高于个人权利,打击犯罪是为了社会秩序和国家利益,因此,打击犯罪的要求当然可以让公民个人的自由作出某些让步。这种多数逻辑是很自然的想法。从表面来看,这种要求无可厚非,但是,多数真的应该有完全决定权吗?我们必须谨记,人民是由多数加上少数组成的,如果多数人有要求少数人牺牲自己的基本尊严的权利,那么这一部分人就会沦为非人民而被排除出法律的保护,那么任何奴役、酷刑等非人道的做法也就有了合理性了。在这种逻辑中,奴隶制对许多人来说,也许也是合理的。因之,强调少数人的尊严和权利保障是任何法治社会所必须注意的,法治必然要求我们保障包括少数在内的全体公民所拥有的权利。也正是因此,罗尔斯的两个正义原则中特别强调平等和保护最少受惠者的利益。罗尔斯认为:"正义否认为了一些人分享更大利益而剥夺另一些人的自由是正当的,不承认许多人享受的较大利益能绰绰有余地补偿强加于少数人的牺牲。所以,在一个正义的社会里,平等的公民自由是确定不移的,由正义所保障的权利决不受制于政治的交易或社会利益的权衡。"①在他看来,正义是社会制度的首要价值,"每个人都拥有一种基于正义的不可侵犯性,这种不可侵犯即使以社会整体利益之名也不能逾越"。②这种自由主义观念和上述直觉理论构成了尊严价值的两大基础。

可见,那种对自由的平等拥有可以使人的自尊得到维护,即使是出于促进社会福利和多数利益方面的考量,其也不应被放弃或成为交易的对象,更不能基于"多数原则"而被否决。正当法律程序所维护的应当是人的基本自由和尊严,而不仅仅是某种利益。包括参与、平等、理性等在内的程序价值的正当性是完全可以得到理论上的证明的,那就是它们从不同的角度维护了当事者作为人的尊严,使他们真正成为富有影响力地积极参与裁决制作过程的程序主体,而不是消极等待官方处理、被动承受国家追究的程序客体,从而具有自主地决定个人命运的选择机会。这种情况下,即使与当事者能否获得胜诉毫无关系,也有助于维护他作为人的尊严,使他受到一个道德主体所应得到的尊重,并在心理上承认裁判过程和裁判结论的公平性;同时,这也有助于维护法律程序的内在道德性,使公共权力被限制在合理的程度之内,这种内在道德性即使对事实的查明和实体法的正确适用毫无影响和促进,也有利于论证程序本身的正当性。

---

① [美]罗尔斯:《正义论》,何怀宏等译,中国社会科学出版社 1988 年版,第 3—4 页。

② [美]罗尔斯:《正义论》,何怀宏等译,中国社会科学出版社 1988 年版,第 3 页。

那么，公正的程序是如何使得程序参与者在诉讼中感受到自身价值和尊严受到尊重的呢？概括而言，程序的这种价值主要通过以下几个方面发生作用。

一是通过公正的程序确保当事人的主体性。当事人的主体性要求在刑事司法制度的构建与运作中，通过公正的程序来尊重当事人的意愿，保障其权利和自由，维护其尊严，让其发挥决定、支配和主导作用，避免沦为客体。在刑事诉讼中，任何被追诉人在被中立的法院判定有罪之前，都应被推定为无罪，从而享有一系列的诉讼权利。尤其是控方负举证责任、反对强迫自证其罪、疑罪从无等规则，使得程序参与者主体性权利得到认可，这也是对国家权力的一种限制。

公正的程序体现了当事人多样化的主体性价值和需求。不同的主体并非都具有同样的价值，就好像并非人人都认为只要是阳光雨露就一定是好的。事实上，对于一个在炎炎烈日之下急需一片遮阳地的人来说，阳光对他并不是什么好东西。同样，当事人的需求是不同的，典型的例子是被害人和被告人的需求便大相径庭。同样的法对同一主体的价值在不同时期也是不完全相同的，甚至是截然相反的。任何价值都是相对于一定状况下的一定主体来说的，主体特性的多样性决定了程序设计的多样性要求，如和解、简易程序、辩诉交易、普通程序等不同的程序便体现了这种主体多样性需求。否认这种主体性、多样性，往往会以一部分人的利益标准代替其他人的具体的多样性的利益标准，以对一部分人的价值实现作为对所有其他人的价值实现。

二是通过公正的程序确保当事人的参与性。“是否有当事人和其他诉讼参与人参加，以及他们参加的深度、广度和透明度，是衡量诉讼民主、公正的重要标志。”[①]当事人需要公正的程序保障其富有影响力地参与法院解决争议的活动。人们至少有理由期望，在作出关于他们切身利益的判决之前，法院应听取其意见，即他们应当拥有发言权。至少，某人被允许参与诉讼也表明别人尊重他，即他受到了重视。[②] 参与作为一种活动，应当同时包含以下几个要素：(1)参与是一种行动，而不仅是单纯的心理感应或欲望的冲动，参与者必须亲自通过身体活动参加到一种过程中来，而不能只是作为旁观者静观过程的进行而无所作为；(2)参与的目的在于影响或改变结果的状态，使其按照自己喜欢的标准得以形成，亦即以达到自己欲望和要求的结果

① 陈光中主编：《刑事诉讼法》，北京大学出版社、高等教育出版社 2002 年版，第 2 页。

② [美]贝勒斯：《法律的原则》，张文显等译，中国大百科全书出版社 1996 年版，第 35 页。

为目的;(3)参与必须是自主和自愿的,而不能是被迫、非自愿或由他人以各种方式控制的。①

当事人富有影响力地参与到刑事诉讼中去,为了维护自身的合法权益而防御、抗争,这种过程本身便是正当程序的体现。通过这种参与,当事人才能真正成为诉讼中的主体,特别是被告人才能摆脱作为诉讼客体的不公和不利地位。从参与过程来看,当事人的这种参与是个人成为他自己的主人的过程,给了他在决定自身命运时和其他人同等的发言权。这种发言权对于个人的尊严和价值来说是非常重要的,就如罗尔斯所言:"进行商讨和把每个人的信仰和利益都考虑进来的公开意愿,奠定了公民友谊的基础,形成了政治文化的精髓。"②当然,当事人的这种参与不是没有限制的,其必须在正当法律程序的规制下进行。"当事人和其他诉讼参与人也只有严格遵循程序的要求进行诉讼活动,才能有效地维护自己的诉讼权利,更好地发挥自己在诉讼中的作用,确保刑事诉讼的顺利进行。刑事诉讼的严格程序化,体现正当程序的要求,这是诉讼民主的基本要求。"③

三是通过公正的程序保障程序参与者的平等性。公正的程序能够确保所有的程序参与者受到平等的对待。普通公民作为诉讼中的参与者,其平等权体现在以下三个方面:(1)普通公民作为诉讼的参加者,处于当事人或诉讼参与人的地位,其在程序中的主体地位是平等的;(2)所有程序参加者依法享有的权利是平等的,根据法律面前人人平等这一基本原则,法律对所有公民提供的保护和实施都是一视同仁的;(3)公民参与诉讼活动的机会和条件是平等的。面对同等的规则,程序参与者在平等的机会中存在,这也有助于获得一个值得认可的正义结果。

更重要的是,平等性要求法官平等地对待被告方和控诉方,这对于被告方具有重要的意义。这意味着被告人与国家追诉机关在诉讼地位上处于平等状态,他的诉讼请求、实体权益将受到与控诉方同等的重视。这有助于被告人获得公平感和受尊重感,也有助于被告人的主体地位和人格尊严真正受到切实的承认和尊重。

二、正当程序在我国刑事司法中的困境

程序价值的提升,是一个民主法治国家的主要标志之一。但是,在我国

---

① 参见陈瑞华:《刑事审判原理论》,北京大学出版社 1997 年版,第 62 页。

② [美]罗尔斯:《正义论》,何怀宏等译,中国社会科学出版社 1988 年版,第 231 页。

③ 陈光中主编:《刑事诉讼法》,北京大学出版社、高等教育出版社 2002 年版,第 2 页。

并未真正确立程序法定原则[①]，程序的刚性不足，这便为程序性违法打开了方便之门。从司法实践来看，程序虚无主义和程序的软弱性时不时会体现出来，并直接体现为刑事司法实践中的一系列问题。让我们来看看这些具体的问题：

首先，许多涉及公民基本人权的刑事诉讼行为没有法律依据，这既不利于公安司法机关合法、高效办案，也无法防止侵犯公民人权行为的发生。这些急需明确法律依据的刑事诉讼行为主要包括：

(1)辨认。辨认是指侦查人员为了查明案情，在必要时让被害人、证人以及犯罪嫌疑人对与犯罪有关的物品、文件、尸体、场所或者犯罪嫌疑人进行辨认的一种侦查行为。我国刑事诉讼法通篇无法找到关于辨认的规定，但是，辨认却是实践中经常使用，并且行之有效的侦查手段。《公安机关办理刑事案件程序规定》中对辨认制度作出了具体规定，但是，其毕竟不是法律规定，不能作为法律依据，否则就违背了程序法定原则。

(2)诱惑侦查。诱惑侦查又称警察圈套、陷阱侦查，是指在案件侦查过程中，侦查人员根据已经掌握的线索设置诱饵，引诱侦查对象实施犯罪行为，进而侦破案件、拘捕被诱惑者的侦查行为。这种侦查方式在实践中屡见不鲜，是世界各国打击毒品犯罪、恐怖主义犯罪等严重犯罪的重要武器，深受侦查人员的青睐。但是，使用不当难免有引诱善民犯罪之嫌，而我国刑事诉讼法并未对此作出规范。

(3)犯罪心理测试。犯罪心理测试俗称测谎，就是心理测试专家在分析案情的基础上，向被测人提问，形成被测人心理、生理反应，通过分析被测人对每个问题的反应来捕捉被测人的心理痕迹的鉴定过程。从这门技术的原理和操作规程看，心理测试技术是通过对皮肤电、脑电波、脉搏、血压、呼吸等参量的测试来揭示被测人的心理变化，而这些变化一般只受植物神经系统的支配而不受大脑意识的支配。随着该技术的不断成熟，其日益得到国

---

① 程序法定原则在我国的立法中主要有两大体现：其一，2000 年通过的我国《立法法》第 8 条规定："下列事项只能制定法律：……(5)对公民政治权利的剥夺、限制人身自由的强制措施和处罚……(9)诉讼和仲裁制度"；同时，该法第 9 条规定，有关犯罪与刑罚、对公民政治权利的剥夺和限制人身自由的强制措施和处罚、司法制度等事项，不得授权国务院以行政法规的形式来加以规定。我国立法法中的这两条规定明确对刑事程序中的强制措施与司法制度两项内容实行了法律保留，体现了刑事诉讼中的程序法定原则，但是没有涉及其他刑事诉讼人权保障的程序问题。其二，我国刑事诉讼法第 3 条规定："人民法院、人民检察院和公安机关进行刑事诉讼，必须严格遵守本法和其他法律的有关规定。"这一规定体现了程序法定原则的精神，但是并不明确。其缺陷主要有二：一是缺乏对刑事诉讼程序的法律渊源的规定；二是没有明确违反法律程序的制裁后果。

际社会的认可。[①] 我国的实践中,运用该技术破案已经有了不少成功的案例,[②]但是,在刑事诉讼法中并没有相关的规定,将该技术的运用写入刑事诉讼法是规范该技术的使用的需要,也是充分发挥其作用的需要。

(4)监听。监听是指侦查机关未经当事人许可,对其通话和信息交流的内容进行听取,主要表现为对电话或是在居所、办公室、交通工具内安装监听器进行监听。监听直接涉及公民的隐私权,但是,“在毒品腐败与收受贿赂的侦查中,如果没有有效的侦查方法时,必须依靠监听侦查手段”。[③]因此,世界各主要国家都在刑事诉讼法中对监听作出专门规定,[④]并普遍要求把监听作为一种迫不得已的“最后手段”。我国刑事诉讼法对于监听问题只字未提,实践中适用监听的随意性很大,对于监听的对象、适用的案件范围、实质要件、权限、监听结果的处理、具体实施程序等问题都亟待法律规范。

(5)电子信息截留。电子信息截留是指侦查机关未经当事人许可,对当事人的电子邮件、电磁记录等现代信息交流方式进行监控,截留相关信息的侦查行为。随着计算机网络的兴起,通过侵入当事人的私人电脑系统、截留网络信息等方法获取电子信息,包括电子通讯记录、语音信箱、IP 地址等信息,已经成为现代侦查线索的重要来源。当然,信息截留也同样侵犯了当事人的隐私权,必须通过法律严格信息截留的范围和具体程序等问题。

(6)强制采样。强制采样是指侦查机关在当事人拒绝的情况下,采取强制手段采集人体内的体液,主要包括尿液、血液、精液和呼气等。强制采样作为一种强制性侦查行为是侦破案件的需要,在我国,没有法律的明确授权,却在毒品、强奸等案件中广泛采用。一般认为,在案件具有严重性、存在嫌疑、该证据极为重要并不存在替代方法的情况下才可以强制采集体液,如果缺乏这样的规范性限制,强制采样便很容易侵犯公民的人身权。

---

① 据统计,现在 50 多个国家在刑事司法实践中运用测谎技术的准确率已达到 98%以上。参见樊崇义等:《刑事证据前沿问题研究(续)》,载何家弘主编:《证据学论坛》(第 2 卷),中国检察出版社 2001 版,第 217 页。

② 在我国,自从 1992 年国内首次运用心理测试技术破获“1·14 杀人案”以来,全国 28 个省、自治区、直辖市的公安、检察等有侦查权的部门已安装配备了 100 多台心理测试系统,参与测试疑难重大特大案件 5000 多起。中国人民公安大学心理测试中心、公安部第四研究所等单位先后举办了 10 多期全国性犯罪心理测试技术与应用专业人才培训,共培训各地技术人员 500 多人。心理测试技术已经在中国大地上生根发芽,并取得了令人瞩目的成果。

③ [日]田口守一:《刑事诉讼法》,刘笛等译,法律出版社 2000 年版,第 76 页。

④ 目前,美、英、加、澳、法、德、日、意等国刑事诉讼法都对监听问题作出了明确规定。具体参见孙长永:《侦查程序与人权》,中国方正出版社 2000 年版,第 131—161 页。

(7)卧底侦查和特情的采用。卧底侦查和特情的采用主要是指侦查人员隐匿其真实身份,打入犯罪人员或组织的内部,或是发展普通公民或犯罪组织内部人员,以查明犯罪、收集证据。这种秘密侦查手段是侦查特殊案件的必要手段,但在我国刑事诉讼法中也无法找到依据。

此外,对于侦查羁押、搜查、扣押、冻结等侦查措施,刑事诉讼法虽然作了规定,但多数比较粗略。

其次,司法解释、内部规定突破刑事诉讼法的内容,司法实践中的改革违背刑事诉讼法的规定,严重背离了程序法定原则。有学者称此为"司法立法"。①

一方面是司法解释、内部规定突破法定程序的问题。在我国,最高人民法院、最高人民检察院、公安部都有关于实施刑事诉讼法的解释或规定,这些解释或规定在实践中往往取代立法机关制定的刑事诉讼法,有的规定明显是对刑事诉讼法的突破,有的规定甚至直接与刑事诉讼法相抵触,以至于程序法定原则遭到破坏。如《公安机关办理刑事案件程序规定》第 112 条规定:"犯罪嫌疑人不讲真实姓名、住址、身份不明,在 30 日内不能查清提请批准逮捕的,经县级以上公安机关负责人批准,拘留期限自查清其身份之日起计算,但不得停止对其犯罪行为的侦查。"而根据我国《刑事诉讼法》第 128 条,对于犯罪嫌疑人不讲真实姓名、住址,身份不明的,羁押期限自查清其身份之日起计算,适用的是逮捕以后的羁押,而不能在拘留中适用。又如根据我国《刑事诉讼法》第 58 条的规定,取保候审的期间最长是 12 个月,监视居住的期间最长是 6 个月。而公安部的内部规定和最高人民法院、最高人民检察院各自的司法解释都将本部门适用取保候审的最长期间规定为 12 个月,监视居住的最长期间规定为 6 个月,从而使得实践中三机关的取保候审可以长达 36 个月,监视居住可以长达 18 个月,大大突破了现行刑事诉讼法的规定。

另一方面是司法实践中的改革尝试突破现行的法定程序。典型的例子是 2002 年牡丹江市铁道法院就一起故意伤害案作出了国内对于辩诉交易的

① 参见宋英辉主编:《刑事诉讼原理》,法律出版社 2003 版,第 77 页。

第一次尝试。[①] 该案虽然是一个小案子，却是一石激起千层浪，引起了国内对辩诉交易的广泛讨论。这种改革尝试对于我们深入研究辩诉交易制度及其在我国的可行性是有价值的。但是，在刑事诉讼法作出相应修改之前，突破法律框架，作如此尝试却是违背法定程序原则的。如果我们任由司法实践部门搞各种突破刑事诉讼法的改革尝试，那么法律的严肃性何在？程序的刚性又如何维持？

再次，许多涉及公民基本人权的程序规范不是由立法机关制定，而是由行政机关出台相应的规则并自己实施，这种规则难免以方便行政机关执法为核心思路。如我国的收容遣送、收容教育、强制治疗、强制戒毒、劳动教养等措施传统上被认为是公安机关维护社会治安的重要手段，但是却一直缺乏立法机关制定严格程序对其进行规范。有学者将这些措施统称为保安措施[②]，有学者则将这些措施称为公法的第三领域[③]，不管名称如何，其直接涉及公民基本人权保障，涉及如何限制和规范国家公权力的行使，而不得不引起我们的充分重视。2003 年的孙志刚案使得收容遣送制度终于退出历史舞台，这可谓是我国政治、司法民主化的一大进步。[④] 观一叶落可知秋，收容遣

---

① 孟广虎案的基本情况如下：2002 年 4 月 11 日，黑龙江省牡丹铁路运输法院开庭审理孟广虎故意伤害案。根据牡丹江铁路运输检察院的指控，2000 年 12 月 18 日晚，被告人孟广虎在黑龙江省绥芬河火车站北场内，因车辆争道而与吊车司机王玉杰发生争执。随后，孟打电话叫来了 6 个人，与王玉杰等人发生互殴，致被害人王玉杰脾脏破裂、小腿骨骨折，经法医鉴定为重伤。公诉方建议辩护人同意采用案件管辖法院准备试用的“辩诉交易”方式审理此案。辩护人在征得被告人同意后，向公诉机关提出了“辩诉交易”申请。而后，控辩双方进行了协商，达成三点合意：被告人承认自己的行为构成故意伤害罪，愿意接受法院的审判，自愿赔偿被害人因重伤而遭受的经济损失，请求法院对其从轻处罚；辩护人放弃本案具体罪责事实不清、证据不足的辩护观点，同意公诉机关指控的事实、证据及罪名，要求对被告人从轻处罚并使用缓刑；公诉机关同意被告人及其辩护人的请求，建议法院对被告人从轻处罚并可适用缓刑。控辩双方达成协议后，由公诉机关在开庭前向法院提交了“辩诉交易”申请，请求法院对双方达成的“辩诉交易”予以确认。牡丹江铁路运输法院受理了该申请后，由合议庭对双方达成的“辩诉交易”进行了严格的程序性审查，认为该“辩诉交易”协议及申请文本内容齐全，签字、印鉴清晰，格式规范，决定受理。同时，法院又组织被告人和被害人双方就附带民事赔偿进行庭前调解，并达成了由被告人赔偿被害人人民币 4 万元的协议。在开庭审理中，法院对控辩双方达成的“辩诉交易”予以确认，以故意伤害罪判处被告人孟广虎有期徒刑三年缓刑三年。至此，国内第一例试用“辩诉交易”方式审理的刑事案件宣告结束，整个开庭时间仅用了 25 分钟。参见《聚焦国内‘辩诉交易’第一案》，《人民法院报》2002 年 8 月 8 日。

② 参见陈兴良：《刑种通论》，人民法院出版社 1993 年版，第 555－563 页。

③ 参见陈瑞华：《问题与主义之间》，中国人民大学出版社 2003 年版，第九章。

④ 孙志刚案引发了一场轰轰烈烈的讨论，最终，收容遣送问题引起了中央的高度重视，温家宝总理 6 月 18 日亲自主持召开国务院常务会议。会议审议并通过了《城市生活无着的流浪乞讨人员救助管理办法（草案）》，宣告实行了 20 多年的收容遣送制度正式被废除。参见《谁为一个公民的非正常死亡负责》，《南方都市报》2003 年 4 月 25 日。

送的许多弊端实际上也是其他保安措施的通病。同收容遣送一样，我国的保安措施往往缺乏法律依据，或是缺乏具体的操作规程，适用的随意性、差异性很大，侵犯人权的现象时有发生。以劳动教养为例，劳动教养可以不经过司法途径就剥夺公民的人身自由长达4年之久，这在当今世界可以说是极为罕见，这也成了国际社会攻击我国人权问题的主要话柄。又如，已经被刑事诉讼法废除的收容审查曾经造成的危害也是人所共知。随着收容遣送的废除，不少人认为可以暂时松一口气了。但是，废除收容遣送这样一种保安措施所带来的空白和问题怎么来解决，如何处理严重影响社会治安的"危险人员"和介于刑事处罚和行政处罚之间的这类社会不稳定因素是我们必须考虑的现实的问题。由于我们对这些问题缺乏全局考虑，乃至于近期某些地区因城市治安的恶化，有人又提出应当恢复收容遣送制度。因此，笔者认为，虽然废除收容遣送是大势所趋，但是，如果不站在一个统筹规划的高度，对各种保安措施通过立法机关制定正当法律程序来统一而有序地进行改革，如果还是头痛治头、脚痛治脚，难免挂一漏万，改革未必就能达到预期的效果。

最后，也是最根本性的一个问题，违反法定程序的行为没有相应的程序上的制裁性后果。如果程序性违法没有相应的法律后果，那么程序法永远无法真正树立起权威，程序性违法也就无法从根本上杜绝。我国司法实践中刑讯逼供等问题都与程序性制裁的缺失直接相关。对此，笔者将在下文专门讨论，在此不再赘述。

三、刚性程序的必然选择：确立程序法定原则

所谓程序法定原则，是指公安司法机关的职权及其追究犯罪、惩罚犯罪的程序，都只能由刑事诉讼法来加以明确规定，刑事诉讼法没有明确赋予的职权，公安司法机关不得行使，公安司法机关在刑事诉讼中不得违背法定的程序，如果违反程序性规定将承担法定的后果。① 罪刑法定原则与程序法定原则构成了法定原则的双重内涵。法国学者认为，"法定原则并非仅仅约束有关规定犯罪……因为，本义上的法律，也就是立法权力机关通过的法律，还确定着有关刑事诉讼程序的规则并创设新的法院制度……"②我们一向将

① 有的学者认为，应当将程序法定原则称为程序合法性原则。参见陈卫东、程雷：《刑事程序合法性原则论纲》，《法律科学》2004年第1期，第85—93页。

② [法]卡斯特·斯特法尼等：《法国刑事诉讼法精义》(上)，罗结珍译，中国政法大学出版社1999年版，第10页。

罪刑法定原则视为刑法的首要原则，但是对程序法定原则却一直重视不足。实质上，程序法定原则在程序法上的价值不低于罪刑法定原则在实体法上的价值，应当被我们确立为刑事诉讼法的核心原则。“这样做的目的是为了避免发生任何专断行为，以便受到追诉的个人能够进行自我辩护，防止个人受到不公正的有罪判决，或者说，避免犯罪人遭到法院的错误判决。”[①]甚至在适用上，程序法定原则比罪刑法定原则适用得更宽。因为法定原则在实体和程序上的适用严格程度是有差别的。实体法的规定多数不利于被告人，因此应当严格解释，不溯及既往。而“制定程序性法律是为了保证正确司法，所以，这种法律原则上被看成是有利于犯罪人的法律，它可以即行得到适用，并且可以对其作扩张解释”。[②]

首先，在我国刑事诉讼法中写入程序法定原则是该原则在我国真正确立的第一步，即在此次刑事诉讼法再修改中应当在刑事诉讼法中单独规定程序法定原则。这项原则应包括以下两项内容：(1)人民法院、人民检察院、公安机关进行刑事诉讼，应当严格遵守刑事诉讼法和其他法律所规定的程序；(2)司法人员严重违反法定程序对案件所作出的处理决定，不论是否正确，都不具有法律效力。[③]

其次，将涉及公民基本人权的刑事诉讼行为纳入法律，剥夺行政机关制定涉及基本人权的程序之权力。程序法定原则对于公民基本人权的保护突出体现在其下位原则侦查法定原则的确立。该原则要求侦查权的范围和侦查的具体程序必须依据法律规定，也就是说必须在刑事诉讼法中对侦查制度进行明确化，不能以部门规章或是司法解释任意扩张侦查权，也不能以实践中的习惯作为侦查权的依据，即法律没有授权就不得实施带有强制性的侦查措施。对于辨认、诱惑侦查、监听等强制性侦查手段应当纳入刑事诉讼法的规定，对于搜查、扣押等带有明显强制性而法律规定又很粗略的侦查措施，应加强法律规制和可操作性。对于劳动教养、收容教育、强制戒毒等带有行政强制或行政处罚色彩而又直接关涉公民基本人权的措施，亦应当纳入法定正当程序的规范和约束之中，并在此前提下进行废止、完善等改革。

再次，规范司法解释。在存在法律冲突、法律漏洞或者法律含义不明确

---

① [法]卡斯特·斯特法尼等：《法国刑事诉讼法精义》(上)，罗结珍译，中国政法大学出版社1999年版，第10页。

② [法]卡斯特·斯特法尼等：《法国刑事诉讼法精义》(上)，罗结珍译，中国政法大学出版社1999年版，第10页。

③ 参见陈光中：《刑事诉讼法再修改之基本理念——兼及若干基本原则之修改》，《政法论坛》2004年第3期，第6页。

的情况下，当然是需要司法解释的，但是在司法解释的过程中，司法机关不得通过解释任意扩张自身权力或者随意限制公民权利。在对法律的理解发生疑问的情况下，应当本着有利被追诉人的原则进行解释，而不是从方便公安司法机关办案的角度进行解释。对于司法改革的试点或尝试，必须在法律允许的框架内进行，对于突破法律的试点应当慎重对待，应经过最高立法部门的统筹、批准，然后实施试点，而不是由地方司法机关自己设计、实施这些突破性的改革尝试。

最后，应当通过完善刑事诉讼法，明确程序性违法的制裁后果。这应当成为完善刑事诉讼法时一以贯之的思路。

此外，应当注意的是程序法定原则是有例外的，这种例外主要是当事人的同意。当事人同意放弃一定的程序性权利，体现了当事人的处分权。所谓刑事诉讼当事人处分权，是指刑事诉讼当事人所享有的决定是否行使以及如何行使诉讼权利的自由，具体体现为对有关程序利益问题进行判断和选择的权利。[①] 这种处分权是当事人主体性的体现。虽然，这种处分权相对于民事诉讼当事人处分权要小得多，特别是由于我国没有建立辩诉交易制度，当事人不能放弃自己的实体性权利。但是，对于程序性权利，当事人是有一定的处分权的，如对于程序的启动、程序的变更、程序的参与权等，这种刑事诉讼中的有限的处分权构成了程序法定原则的例外。

四、程序性制裁：程序违法必须有后果

谁都不会怀疑实体违法应当有后果，老百姓都知道“杀人偿命、欠债还钱”，违反刑法当然要承担相应的后果。但是对于程序违法，很多人却把它看作是可以原谅的小瑕疵，认为这只是工作方法问题，或者在工作任务重、压力大的时候就可以走点“捷径”，规避“让人心烦”的程序。于是，程序法成了可有可无，甚至是让人讨厌的碍手碍脚的东西。这样能行吗？程序法定原则的核心要求便是违反法定程序必须承担相应的后果，否则的话，即使有完善的刑事诉讼法，有严格的程序和详尽的规则，程序法定仍然会沦为一句空洞的口号。就如有学者指出的，“按照程序正义价值改革法律程序，这是程序提升其价值含量从而具有更大道德性的问题；而制裁那些程序性违法行为，这是刑事诉讼法得到实施、而不至于流于形式的问题”。[②]

程序性制裁是指司法机关依据宪法和法律，对刑事诉讼中的程序性问

① 陈卫东、胡之芳：《关于刑事诉讼当事人处分权的思考》，《政治与法律》2004 年第 4 期，第 123 页。

② 陈瑞华：《问题与主义之间》，中国人民大学出版社 2003 年版，第 108 页。

题进行评价、判断，在此基础上作出的具有法律效力的程序性处理，并对违反法定程序的行为给予明确的程序性后果。“刑事诉讼中的程序制裁制度的实质在于为那些公民权利受到警察、检察官或法官侵犯的嫌疑人、被告人，提供一种有效的权利救济途径，并使实施过程序性违法行为的官员，受到相应的程序性制裁。”[①]程序性制裁是相对于实体性制裁而言的，实体性制裁措施主要包括刑事制裁、民事制裁和纪律制裁以及国家赔偿等，而程序性裁判是通过对那些违反法律程序的侦查、起诉、审判行为宣布为无效、使其不再产生所预期的法律后果的方式，来惩罚和遏制程序性违法行为。

法律规则应当有严密的逻辑结构，一般认为，法律规则由假定、处理和法律后果三部分构成，或者由行为模式和法律后果两部分组成。[②] 无论是三部分说还是两部分说，法律规则都必然有法律后果这一要素，也就是说法律规则必须有对遵守规则或违反规则的行为予以肯定或否定的规定。这种后果有很多种形式，既包括行政纪律处分、民事责任、刑事责任、国家赔偿等实体性后果，也包括宣告诉讼行为无效的程序性后果。

在此以杜培武案为例[③]，让我们来看看我们现有的制裁措施是否达到了预期的目的。该典型案例让我们不得不面对令人深思的现实：警察竟然对自己人都能刑讯逼供，那么一般的犯罪嫌疑人的境遇可想而知。被告人及其律师在一审、二审中反复提出刑讯逼供问题，但是法院置若罔闻，更是没有排除非法证据。要不是杨天勇抢劫杀人团伙案的告破，杜培武的冤情怎么昭雪？我们不得不对我们的刑事诉讼程序进行反省。该案一开始就有检察机关的介入，拘留、辨认现场、批捕都有检察官在场，受害人也向检察机关

① 陈瑞华:《问题与主义之间》，中国人民大学出版社 2003 年版，第 109 页。

② 参见张文显主编:《法理学》，法律出版社 1997 年版，第 65—66 页。

③ 杜培武案的基本情况如下:1998 年 4 月 20 日下午，昆明市公安局民警王晓湘及昆明市石林县公安局副局长王俊波被人枪杀，二人尸体被人发现于一辆昌河微型警车上。22 日下午，王晓湘的丈夫、昆明市戒毒所干警杜培武被怀疑为杀人凶手，并被拘禁审查。6 月 30 日晚至 7 月 19 日，办案人员对杜进行了刑讯逼供，杜被迫承认自己杀了“二王”。7 月 28 日，被捕后的杜培武向昆明市检察院提交了“刑讯逼供控告书”。29 日，检察官当着两名管教干部及上百名在押犯的面为杜验伤、拍照。1998 年 12 月 17 日，该案开庭审理。杜当庭展示身上伤痕，并要求检察官出示拍摄的照片，但未得到理睬。1999 年 1 月 15 日，该案再次开庭。为引起法官注意，杜将藏在腰部的、刑讯逼供时被打烂的一套衣服展示出来，但他的这一举动也未能引起法官的“注意”。1999 年 2 月 5 日，昆明市中院认为律师辩护是“纯属主观、片面认识的推论，无充分证据予以支持，该辩护意见本院不予采纳”；对杜在法院上对自己没有杀人的辩护，则认为是“纯属狡辩，应予驳斥”。遂以杜犯故意杀人罪判处杜死刑，剥夺政治权利终身。1999 年 3 月 8 日，杜向云南省高院提出上诉。同月 20 日，云南省高院做出终审判决，改判杜为死缓，剥夺政治权利终身。2000 年 4 月，以杨天勇为首的抢劫杀人集团被破获，承认“二王”一案系他们所为，与杜没有任何关系，本案才真正得以告破。

申诉过警方有刑讯逼供行为，驻监所检察官曾为此拍过照片和取证，但这些细节都未引起重视。当纠错希望和机会转到法院后，杜培武当庭申诉遭到刑讯逼供，并曾把血衣带到法庭，仍未受到注意。当杜培武的一审死刑判决下达后，杜培武再次大呼冤枉，在向高级人民法院上诉时提出，他是被刑讯逼供才违心承认杀人的，但还是没用。虽然，二审鉴于该案疑点难释而刀下留人，改判杜培武死缓，但是法院的这样的纠错能力，这种疑罪从轻的做法，显然不符合正当程序的要求。我们不得不承认环环相扣的刑事诉讼程序出了问题：刑讯逼供屡禁不止，程序性违法得不到应有的救济、检察监督效果不佳，审级制度难以发挥纠错职能，疑罪从无成了疑罪从轻……

在该案中，我们可以看到，由于错案最终被揭露，办案人员因为实施刑讯逼供受到了纪律处分和刑事追究，杜培武也获得了高于一般赔偿标准的国家赔偿。但是，这些都是以错案被发现为前提的，如果杨天勇不是"运气不好"碰巧落网并主动作了供述，那么杜培武也许永远无法雪冤，当初承办该案的侦查人员仍然会因为"破获"该案而获得立功嘉奖和职务晋升。这种针对错案而追究办案人员的法律责任的制度，是有着自身的缺陷的，使得办案人员很容易抱有侥幸心理，为了自己的切身利益或职业需要而铤而走险。实际上，办案人员因为刑讯逼供等违法取证行为获得的利益是非常巨大的，一旦案件告破，将对其的业绩和仕途发展产生直接影响，如果不能及时破案则要承担巨大的压力。相反，因刑讯逼供而承担纪律责任、刑事责任的几率并不高，一般只会在像杜培武案这样发现严重的实体错误时才可能出问题。在这种情况下，在"高产出、低风险"的切身利益驱动下，在功利主义的逻辑下，刑讯逼供等程序违法行为便有了生存的广阔空间。

作为一种责任机制，制裁通常应具有三项功能：一是对违法行为的实施者进行谴责和惩罚，剥夺违法行为的收益；二是预防和阻却其再次实施违法犯罪行为；三是对违法行为的受害者进行抚慰和补偿，从而化解社会冲突，恢复社会正义。① 就这三个方面的功能来看，杜培武案生动地告诉我们，实体性制裁与程序性制裁的功能是有所不同的，只建立实体性制裁无法有效地抑止程序违法。

首先，通过刑事制裁、民事制裁和纪律制裁对违反法定诉讼程序的行为进行惩罚实际上只剥夺了侦控人员个人通过实施违反法定程序的行为而获得的部分收益，而侦控人员通过破获案件所获得的利益并没有被完全剥夺。

① 参见陈永生：《刑事诉讼的程序性制裁》，《现代法学》2004年第1期，第91页。

如刑讯逼供的结果是破了案，刑讯者可以被处罚，但国家从中获得的利益的并未予以剥夺，这便很容易使得国家纵容刑讯逼供等违法行为。也就是说，刑事制裁、民事制裁和纪律制裁很难涉及国家的利益。此外，刑事制裁只能适用于最严重的程序违法，不可能成为对程序违法的一种广泛救济途径。而程序性制裁通过宣告诉讼行为无效，主要是剥夺了国家在违法行为中的收益，从而使得违法者个人和国家都受到相应的制裁。

其次，实体性制裁由于没有彻底剥离违法行为的利益，使得违法行为仍然有利可图，便很难对违法行为作出一个比较彻底的阻却。而对于警察、检察官和法官违反法律程序的行为，通过宣告其诉讼行为失去法律效力，使其不会产生原来所预期的法律效果，这便能起到"釜底抽薪"之功效，使得程序性违法者通过违反法律程序所可以取得的诉讼效益被最终剥夺，从而使其违反法律程序的动力受到削弱。由此，"程序性违法者原来所预期的侦查破案、公诉成功和顺利作出裁判的结果，也就得不到相应的实现"。[①]

再次，纪律处分、民事责任和国家赔偿只能使受害人得到精神上和物质上的抚慰，但是却不能恢复受害人被剥夺或受到损害的诉讼权利，也不能因为程序违法而得到实体上的救济，更不能恢复公安司法机关因为违法行为而降低的权威性。而程序性制裁能够使得受害人在诉讼权利上得到弥补，甚至获得实体上的实际利益，对于违法行为的宣告无效，也为重塑公安司法机关的威信提供了契机。

可见程序性制裁是对违反程序的行为最有效的制裁方式，也最能够捍卫程序法定原则，从而使得正当法律程序真正成为保障人身权、财产权等基本人权的利器，体现司法民主的精神。

从我国的立法和司法实践来看，程序性制裁条款存在严重的缺失。单从刑事诉讼法字面上来看，我国刑事诉讼法中关于人权保障的条款并不算少，但是长期以来，这些条款大都没有规定相应的程序性法律后果，而是依赖纪律处分、刑事责任、民事责任等程序外的措施来维系，实践中往往收效甚微，使得不少重要的程序规则沦为宣言或口号，这便使得这些人权保障条款不能成为程序性裁判的基础，也不能为程序法定原则提供强力支持。例如，虽然我们规定了"严禁刑讯逼供和以威胁、引诱、欺骗以及其他非法的方法收集证据"，但是刑事诉讼法中没有规定相应的程序性后果。虽然，《最高人民法院关于执行〈中华人民共和国刑事诉讼法〉若干问题的解释》第 61 条

① 陈瑞华：《程序性制裁理论》，中国法制出版社 2005 年版，第 158 页。

规定了对非法言词证据的排除[①]，但是，这么重要的问题本应当以法律的形式予以确认，而且在实践中能够根据该司法解释排除证据的情况寥寥无几，这显然无法对刑讯逼供形成根本性的震慑作用。同时，该规定本身具有不合理性，将刑讯逼供与威胁、引诱、欺骗相并列，并一视同仁地作为排除言词证据的依据，显然过于理想化，当刑讯逼供还大行其道，当威胁、引诱、欺骗还是基本的预审、讯问方式，不加区别地排除，怎么可能真正实现？又如对证人出庭、羁押期限、告知义务等刑事诉讼法的相关规定都没有配之以相应的程序性后果。

我国刑事诉讼法明确规定了程序性制裁的代表性条款是该法第191条，该条规定："第二审人民法院发现第一审人民法院的审理有下列违反法律规定的诉讼程序的情形之一的，应当裁定撤销原判，发回原审人民法院重新审判：(1)违反本法有关公开审判的规定的；(2)违反回避制度的；(3)剥夺或者限制了当事人的法定诉讼权利，可能影响公正审判的；(4)审判组织的组成不合法的；(5)其他违反法律规定的诉讼程序，可能影响公正审判的。"也就是说，在违反法定程序时，二审法院应当作出撤销原判、发回重审的程序性制裁。但是这种发回重审的制裁方式本身也存在一定的问题，实践中，由于发回重审和撤回起诉没有限制，常常发生反复发回重审，非但没能起到保护被追诉人的立法初衷，反而导致了程序倒流、重复追诉和羁押期限的延长。

针对上述现况，我们必须完善现有的程序性制裁机制，建立合理的程序性制裁体系，并逐步扩大程序性裁判的范围。对于当前来说，我们急需解决的问题是规范二审中发回重审制度和建立非法证据排除制度。

对于二审中发现程序违法裁定发回重审而言，虽然体现了程序性制裁，但是，由于不受限制的发回重审导致了程序倒流，可能构成对被告人的重复追诉，所以必须给予一定的限制，如以两次为限。同时，应给予被告人以选择权，即被告人有权选择发回重审还是由二审法院作出裁判。

对于非法证据排除，笔者主张采用相对排除，即对于非法获取的言词证据加以排除，而对于实物证据则赋予法官自由裁量权，酌情处理，体现一定的弹性。如在英国，法官有权根据违法程度、案件的性质、公益的保护以及被害人的愿望等因素综合加以酌量考虑。但是，我们在完善非法证据排除规则的过程中，应当逐步扩大对非法实物证据的排除。可以想象，对于实物

---

① 该条规定："严禁以非法的方法收集证据。凡经查证确实属于采用刑讯逼供或者威胁、引诱、欺骗等非法的方法取得的证人证言、被害人陈述、被告人供述，不能作为定案的根据。"该规定体现了非法言词证据排除规则，从本质上来看属于程序性制裁。

证据采用相对排除，赋予法官裁量权，在我国的传统司法理念不出现大的转变之前，法官对于排除非法实物证据势必保持一种极为慎重的态度，必然导致很少会排除实物证据。如果只排除非法言词证据，不排除或很少排除非法的实物证据，非法证据排除规则显然是不够完整的。这样一来，非法证据排除规则就不能很好地起到遏制非法取证和保障人权的作用。因之，随着非法证据排除规则的日渐深入人心，应当通过细化非法证据排除的具体规则，逐步扩大通过非法搜查、逮捕、扣押、监听等取得的证据和作为“毒树之果”的非法证据的排除。此外，我们需要特别注意非法证据排除中的证明责任。对于刑讯逼供等违法取证行为，让被告人举证难度很大，如果不能合理分配证明责任，则即使建立了非法证据排除规则也很难真正发挥作用。[①] 解决这一问题有两种思路：一种思路是主张证明责任的倒置，由侦查机关承担证明责任，相应地，追诉方为了事后在法庭中证明取证的合法性，必须在取证时就采取措施，如在讯问时同期录音、录像，让律师在场见证等；另一种思路是可以适当降低这方面举证的证明标准，如被刑讯人举证只要达到“优势证据”即可。

随着民主法治进程的推进，程序性制裁的范围应逐步扩大，使得程序性裁判成为贯穿刑事诉讼始终的一种审判中的审判，使得当事人获得救济程序性违法的更为广泛的途径。也就是说，我们需要考虑逐步建立比较全面的多层次的程序性裁判机制。既然程序性裁判作为司法权对整个刑事诉讼程序的一种控制形式，其裁判的范围应涵盖刑事诉讼中的一切程序性问题，只要这些程序性问题存在合法性或合理性审查的必要，程序性裁判便应当作用于它们并发生相应的法律效力。程序性制裁对于刑事诉讼条件、刑事诉讼行为、刑事诉讼证据等都应当发挥应有的作用。从各国的司法实践来看，程序性制裁的主要方式有终止诉讼、撤销原判、排除非法证据、诉讼行为绝对无效、诉讼行为相对无效、从轻量刑等六种形式。[②] 我国现有的程序性制裁形式比较单一，不利于根据不同的情况，有针对性地适用制裁措施。今

---

① 以刑讯逼供为例，该类案件中的证据一般有如下特点：(1)常常是只有一对一的证据，也就是说只有一个刑讯逼供者和一个受害人，除了他们两人，可以说就只有天知、地知了，那么谅你受害人再叫冤也是枉然。(2)刑讯逼供留下的痕迹物证往往很快就被消灭掉，也就是说刑讯逼供者往往都知道怎么逃避法律制裁，怎么及时消灭本来就很少的物证来保护自己。(3)刑讯逼供的过程隐蔽，也就是说刑讯逼供往往发生在特定场所，如公安机关的办公室、看守所等，一般不可能让普通群众进入，即使有其他警察在场，又怎么可能让其主动指证自己的“战友”？因此，让被告人举证证明刑讯逼供非常困难。

② 参见陈永生：《刑事诉讼的程序性制裁》，《现代法学》2004 年第 1 期，第 92—93 页。

后，我们还应当对刑事程序性裁判的启动程序、裁决程序、证明责任和证明标准以及刑事程序性裁判的救济形式等进行更为深入的研究。

第四节　合理地组织对犯罪的反应：以刑事政策为例

刑事司法要面临的首要问题便是对犯罪作出反应，无论是打击犯罪还是保障人权，都是对犯罪作出反应的一种方式和表现。那么，面对犯罪，我们要作出如何的反应呢？是将犯罪人视为人民的公敌甚至是阶级敌人，全力扩张公安司法机关的权力，不顾一切地从重从快打击犯罪，还是将犯罪看作是一种社会常态的现象，理性而有区分地看待各种犯罪形态，人道地对待犯罪人？这种对犯罪的反应，在很大程度上决定了刑事司法中公权力的行使。其中，我国的刑事政策在刑事司法体系中具有极其重要的地位，对于公安司法机关具有导向性作用。以“严打”、“坦白从宽、抗拒从严”、“命案必破”为代表的我国现行刑事政策对于严厉打击犯罪发挥了很大作用，但是却也可能成为引发刑讯等程序违法的内在诱因。这背后有国家、社会、个人三重利益的强力支持，有功利主义价值观的伦理支撑。在价值博弈中，协调功利与正义的关系，合理地组织对犯罪的反应，以完善我国现行的刑事政策是遏制刑讯的必然要求。

一、刑事政策的导向与刑讯

“刑事政策就是社会整体据以组织对犯罪现象的反应的方法的总和，因而是不同社会控制形式的理论与实践。”①刑事政策作为社会整体对犯罪的反应，其理性程度和价值选择直接关涉国家打击犯罪的手段与方式。如果社会整体对于犯罪的反应比较缓和，体现在实体方面便会趋向轻刑化和非犯罪化，体现在程序方面便会强调程序的正当性和被追诉人的权利保障；如果对于犯罪的反应比较剧烈，体现在实体方面便会趋向重刑化和犯罪化，体现在程序方面便会简化程序、扩大警察和司法机关的权力。可见，一个国家的刑事政策对于该国的刑事司法制度及其具体运作将产生巨大的影响。特别是在我国这样一个一向重视公共政策对社会的导向性作用的国家里，刑

① ［法］米海依尔·戴尔玛斯-马蒂：《刑事政策的主要体系》，卢建平译，法律出版社2000年版，第1页。

事政策对刑事司法产生的影响尤为显著。对于刑讯问题亦是如此,对于犯罪的反应的缓急程度及其在国家刑事政策中的具体外化,对于刑讯现象有着直接的影响。

下文便以我国三项典型的刑事政策为实例,剖析刑事政策对刑讯问题之影响。

其一,依法从重从快打击严重刑事犯罪。

"依法从重从快打击严重刑事犯罪"简称为"从重从快打击刑事犯罪"或"严厉打击刑事犯罪",这一刑事政策体现在司法实践中便是"严打"。从重从快打击刑事犯罪这一刑事政策肇始于 20 世纪 80 年代初,当时的中央针对严重恶化的社会治安形势提出了这一方略,并开始了声势浩大的"严打"斗争。[①] 为了有效地遏制刑事犯罪,邓小平同志指出:"刑事案件、恶性案件大幅度增加,这种情况很不得人心。几年了,这股风不但没有压下去,反而发展了。原因在哪里? 主要是下不了手,对犯罪分子打击不严、不快,判得很轻。对经济犯罪活动是这样,对抢劫、杀人等犯罪活动也是这样。"[②]从这段话中,我们可以看到,中央对于"严打"主要基于以下几个方面的考虑:(1)社会治安恶化是严厉打击刑事犯罪的现实需要和主要社会背景;(2)老百姓对于社会治安情况不满意,严厉打击犯罪是民意所向;(3)对于犯罪分子的实体处罚过轻、力度不够,被认为是犯罪猖獗的主要原因之一;(4)刑事追诉程序的效率不高,被认为是犯罪猖獗的主要原因之二;(5)严厉打击的对象广泛,既应包括经济犯罪,也应包括抢劫、杀人等传统型犯罪。

在这一刑事政策的指导之下,刑事实体法和刑事程序法在"严打"斗争中作出了调整。在实体上,"从重"便要求对特定的严重危害社会治安的犯罪分子予以相对严厉的制裁,如 1983 年 9 月 2 日颁布实施了《关于严惩严重危害社会治安的犯罪分子的决定》,加重了流氓罪,故意伤害罪,拐卖人口罪,非法制造、买卖、运输枪支、弹药、爆炸物罪,组织利用反动会道门、封建迷信反革命活动罪,引诱、容留、强迫妇女卖淫罪等危害社会治安犯罪的法

---

① 当时的中国,"文革"刚刚结束,社会处于剧烈的转型期,"文革"期间积压的大量的社会矛盾和社会问题集中暴露出来,而 1979 年通过的刑法和刑事诉讼法对于犯罪分子的处理相对宽松,各种原因的综合反应之下,刑事犯罪持续上升,恶性案件和重大案件显著增加。在如此背景下,以邓小平同志为代表的老一辈革命家吹响了"严打"的号角。从 1983 年开始,展开了"严打"斗争,其中全国范围的"严打"有三次,分别是 1983 年、1996 年和 2001 年开始的"严打"斗争,每次历时大约三年。此外,还包括针对特定事件或者地区内的突出严重的犯罪活动所采取的专项斗争,如"打拐"(打击拐卖妇女儿童犯罪)专项斗争。

② 《邓小平文选》(第 3 卷),人民出版社 1993 年版,第 33 页。

定刑，对于这些犯罪"可以在刑法规定的最高刑以上处刑，直至处以死刑"，还增加了传授犯罪方法罪并规定可以判处死刑，并且该规定具有溯及既往的效力。在程序上，"从快"要求刑事程序要简化，办案速度要加快，如 1983 年 9 月 2 日同期颁布的《关于迅速审判严重危害社会治安的犯罪分子的程序的决定》，对于杀人、强奸、抢劫、爆炸和其他严重危害公共安全应当判处死刑的犯罪分子，主要犯罪事实清楚，证据确凿，民愤极大的，应当迅速及时审判，法庭可以事先不向被告人提供起诉书副本，不预先通知审判时间，不预先发送传票、通知书等而直接加以审讯，上诉期限也由刑事诉讼法规定的 10 日改为 3 日。我国刑事诉讼法和刑法分别在 1996 年和 1997 年修订后，这两个决定虽然被废止了，但是从重从快仍然是"严打"的核心内容。

虽然，我们在"严打"中提出要以"依法"为前提，要将范围限定于"严重"刑事犯罪，也即只有这两大限制加上"从重从快"才是这一刑事政策的完整表述。但是，在司法实践中，往往只看到"从重从快"的重要性，以各种数据和指标作为考核的硬杠子，而对于各种法律限制却常常被看作"严打"的绊脚石，躲之唯恐不及。在这样的状况之下，在公安司法机关同仇敌忾地为严惩犯罪而奋战的大气候下，刑讯逼供便有了现实合理性。对于需要严惩的"犯罪分子"，公安干警拿出了对付阶级敌人的勇气，为了尽快结束战斗，获得口供显然是捷径，而一切程序性限制显然也成了战斗中应当被尽量规避的桎梏。于是，不惜一切代价攻下"敌人"的堡垒，口供成了关键，刑讯逼供则是可以被原谅的小瑕疵，并不会引起多大的注意，而破案后的立功受奖、公开逮捕大会、公审大会甚至是游街示众，成为人们关注的焦点。

我们很难从实证的角度来证明"严打"过程中，刑讯现象有所增加，但是，却可以看到在"严打"中，案件错误率及错案的数量都呈现上升态势。如 2001 年 1 月至 11 月期间，福建省公安刑事办案退查率达 26.9%，有的设区市更达到 54%。[①] 这种错误率的提高，与"严打"过程中过分倚重口供并存在刑讯现象显然是脱不开干系的。

其二，坦白从宽，抗拒从严。

"坦白从宽，抗拒从严"是我国另一项非常有影响力的刑事政策。"坦白从宽"是指对主动坦白交代自己罪行的犯罪分子给予宽大处理；"抗拒从严"则是指对坚持犯罪立场、顽固抵赖、拒不认罪交代的犯罪分子给予严厉的惩

---

① 李双其：《福建省"严打"工作调研报告》，《中国刑事法杂志》2002 年第 2 期，第 90 页。

罚。从20世纪50年代初该刑事政策被提出以来[①]，一直在我国刑事政策体系中处于显赫的要位，以至于在公安司法机关的关押场所随处可看到这八个醒目的大字，其成为向犯罪分子展开心理战的重要武器。

但是，随着我国民主法治的日益健全、公民权利意识的不断勃兴，人们开始重新审视"坦白从宽，抗拒从严"这一传统的刑事政策。有学者已经提出，这一刑事政策是有罪推定的产物，侵犯了公民的言论自由权，违背了反对强迫自证其罪这一通行的国际刑事司法准则。[②] 司法实践部门也开始反思，特别是近年来，武汉市公安局、辽宁省抚顺市检察院、北京市海淀区检察院相继将"坦白从宽，抗拒从严"这八个大字从看押室的墙上撤下，代之以"犯罪嫌疑人权利义务告知书"，引起了社会的广泛关注。

我们知道，有罪推定是与刑讯紧密联系在一起的，在"刑事被告多有罪"的先入为主意识之下，警察面对"拒不交代"的"犯罪分子"，大打出手以迫使其"坦白"便很容易被原谅。犯罪嫌疑人辩解自己无罪、罪轻或者不按照警察的预期作出供述，便被认为是拒不认罪之"抗拒"。在"抗拒从严"的指导思想之下，要求犯罪嫌疑人"如实供述"是理所当然之事，而犯罪嫌疑人保持沉默，显然难以被警察所接受，反对强迫自证其罪原则自然难有基本的生存空间，于是，"逼供"再次获得了合法、合理的依据。

其三，命案必破。

2004年，公安部提出了"命案必破"，并得到了中央的首肯，随即全国开展了"侦破命案专项行动"，针对爆炸、投毒、纵火、绑架、强奸、抢劫等严重暴力犯罪案件，重拳出击。此后，"命案必破"成为一项新的政策性目标，成为全国公安工作的一大重心。在近期召开的公安部新闻发布会上，公安部刑侦局局长何挺通报了"命案必破"的开展情况。据介绍，2005年我国8类命案破案率已达89.6%，为历史最高水平，接近日、德、韩等国，超过英、法、美等国。在"命案必破"带动下，2005年全国严重暴力犯罪案件下降2.16%，"两抢一盗"等多发性侵财案件下降了2.3%。[③]

对于破案率的关注无可置疑，这是公安工作的职业道德所要求，也是社会及民众对警察的要求。就如日本学者大谷实所言："说'破案率是刑事司

① 在解放初期的"三反"、"五反"斗争中，中央确立了惩办与宽大相结合的原则，规定了五个从严五个从宽，其中"坦白从宽，抗拒从严"不仅成为此后运动中的一个基本政策，而且也引入了司法审判。

② 参见殷啸虎：《"坦白从宽，抗拒从严"的质疑》，《法学》2000年第1期，第8页。

③ 具体数据参见《法制日报》2006年5月17日。

法的致命关键'并非夸张。"[①]对于命案,提高破案率更是维护社会秩序、保障公民安全、震慑犯罪分子的必然要求。但是,提出"命案必破"这一目标,却渗透出一定的乌托邦色彩。按照公安部的解释,这只是一个理想的目标而非硬性的指标,但是,有了这样一个永远不可能达到的参照目标,无形中给基层公安机关设置了无限的压力,因为再努力仍然是向这个目标靠近而无法达到。迫于升职、考核等压力,特别是对于上进心强的基层公安机关领导,必然会对下属施加更大的压力。在这里,命案的侦破被看作一场战役,层层签署军令状,层层督办,[②]而办案的客观规律和现实困难使得总会有一些疑难案件是难以被攻破的,在这种无限的压力之下,急于破案的公安干警采用刑讯逼供的可能性无疑会大大攀升。

我们必须承认,我国公安机关的破案手段仍比较落后,主要还依靠"摸排"、"蹲点守候"等原始方法。虽然,DNA 等先进技术已经有所采用,但是,对于广大中西部落后地区,还只是停留在概念层面,即使是发达地区,真正普及先进的刑事侦查技术、普遍提高侦查人员的素质也绝非一蹴而就之事。在此种现况下,我们的侦查活动对于口供必然还具有很强的依赖性,而"命案必破"的目标和现实的距离太大,在急于破案却能力、手段有限的情况下,刑讯更加难以遏制。

二、以功利主义为基础的刑事政策:刑讯的深层诱因

上述刑事政策,不管是旧的还是新的,都可以说是国人耳熟能详的公共政策,也是对我国司法实践产生深刻影响的公共政策。我们不得不承认这些刑事政策在司法实践中发挥了也正发挥着重要的作用,但是,如上文所述,这些刑事政策的导向却又对被民主法治社会所鄙视的刑讯之滋长起了推波助澜的作用。我们痛恨刑讯,但是这些刑事政策又似乎有着顽强的生命力,对此,这一悖论无疑需要我们深思。

---

① [日]大谷实:《刑事政策学》,黎宏译,法律出版社 2000 年版,第 168 页。

② 为实现这一目标,公安部要求落实局长领导下的命案侦破专案组长负责制和刑技部门负责人负责制,简称"一长双责制"。"一长"就是公安局长,职责任务有两条:市、县两级公安局长、分管刑侦工作的副局长,要对本地侦破命案工作负领导责任;接报杀死 1 人的命案,县级公安局长、分管刑侦工作的副局长要到现场,接报杀死 2 人以上的命案,地市公安机关分管刑侦工作的副局长要到现场,负责案件侦破的指挥、协调工作,把握全局,调动相关警种,提供装备、警力、经费等保障,任命专案组长,督促侦查破案工作。"双责"是指,专案组长要对案件整个侦查办案工作负责任;地市级公安机关刑事科学技术研究所所长、县市区级公安机关刑事科学技术室主任要对现场勘验、检验鉴定和刑事技术工作负责任。

揭开表象，隐约可见上述刑事政策背后有着巨大的利益支持。不仅对国家，而且对社会、个人，上述刑事政策都有着直接的利益，而正是这种利益驱动使得上述刑事政策有了现实基础，并使得刑讯有了所谓的现实合理性。那么这种利益到底是什么呢？我们可以从以下三个层面来看：

第一个层面是国家的利益。严厉打击刑事犯罪直接关涉社会治安，这被看作是一项重大的政治问题，不少刑事政策正是被看作政治问题而不可动摇，并被提高到了关涉党的执政地位的稳固与否的高度。有学者就指出，"'严打'的最根本的效用在于巩固人民民主专政和维护党的政治权威"，而打击犯罪则只是其"直接的、有限的效用"。[①] 也正是在这一意义上，"严打"被看作是"对敌人的专政"，哪怕出现一些刑讯，哪怕办错几个案子，在维护政治体制和政治权威面前，利弊权衡仍然是一目了然的。

第二个层面是社会的利益。社会秩序无疑是一个社会正常运转必须要考量的首要问题。"严打"、"抗拒从严"、"命案必破"这一类刑事政策对犯罪分子存在着一定的威慑作用，而这种威慑力被认为是维护社会秩序所必需的力量。在这种"重拳出击"的态势之下，甚至是刑讯也被看作是具有强大的威慑力，在维护社会整体利益的需求之下，让个别人的权利作出牺牲，有了很好的理由。"重拳出击"的实际效果比起"费力费时"的社会综合治理也往往比较容易看到，如上文所述，公安部近期公布的多项数据显示，"命案必破"产生了直接的社会效果。

第三个层面是个人的利益。对于普通老百姓来说，严厉打击犯罪的刑事政策是普遍的要求，并且直接关涉其切身利益。让我们来看一个简单的逻辑，某人在被小偷盗窃之后，下意识中便会有"小偷太可恨，必须严惩"的想法，某人的姐妹或妻女被罪犯强奸，更是会有"杀之而后快"的冲动，这都是常人的本能反应，这种报仇心理与报复倾向，正因应了刑法上的"报应"目的。对于公安司法机关工作人员来说，上述刑事政策亦有着直接的现实利益。每一次"严打"，都会有大量的公安司法工作人员立功受奖。特别是对于警察，能否侦破一个重大案件，可能直接关涉其业绩考核，甚至是能否晋级提升。一般情况下，除非是冤错案件被揭露，刑讯暴露的可能性较小，只要不办错案，即使在"方法"上有所失当，往往也能够得到原谅。因此，因刑讯被揭露而受到处罚的危险要远小于通过刑讯侦破案件而获得的现实利益。

---

① 钟云华：《对"严打"政策的理性再认识》，《甘肃政法学院学报》2003年第8期，第69页。

在国家、社会、个人多重利益驱动之下，上述刑事政策显然得到了巨大的支持，这种支持使得其诱发刑讯、侵犯人权等问题很容易被我们所忽视。再进一步来看，实质上，此种利益驱动下的选择是功利主义的表现，背后是功利主义的价值观。

从基本精神来看，功利主义（Utilitarianism）是这样一种价值观：人的本性是避苦求乐，人的行为受功利原则支配，追求功利就是追求幸福，个人就是要追求其自身的最大幸福；对于政府和整个社会来说也应该追求最大多数人的最大幸福。这就是所谓的“最大幸福原则”。用功利主义的鼻祖——边沁的话来说：“功利原则指的是无论我们对任何一种行为予以赞成或不赞成的时候，我们是看该行为是增多还是减少当事者的幸福；换句话说，是看该行为增进或者违反当事者的幸福为准。这里我说的是对任何一种行为予以赞成或不赞成，因此，这些行为不仅要包括个人的每一个行为，而且也要包括政府的每一种设施。”[①]在边沁看来，国家的法律和制度好坏的标准只有一个，那就是看是否能增进最大多数人的最大程度的快乐。而我国的上述刑事政策正好符合此种最大利益和最大幸福的需要，采取一切措施来严惩严重犯罪分子成为许多善良的人们所相信并宽宥的逻辑，其核心在于维护社会整体利益，维护多数人的福祉。显然，这样的功利绝非我们日常所不齿的完全贬义的“功利”。

也就是说，一方面是体现重刑主义与必罚主义的刑事政策，关涉国家统治秩序、社会安宁和公民安全，另一方面是对被追诉人权利保障的削弱，甚至是引发刑讯，在两者的抉择中，我们的刑事政策将天平倾向了前者。这种选择错了吗？虽然，对重刑主义的批评之声一直不断，对于酷刑更是让许多人反感，但是，对于这种充满功利的选择，我们是否能截然地否定呢？毕竟，严惩罪犯作为维护整个社会的安全和福祉之举措，对涉嫌犯罪者使用酷刑并非简单的利己主义或利他主义，而被认为是为绝大多数人谋福利的行为。这种目的本身似乎有着一定的正当性，符合“保证最大多数人的最大幸福”，这样的理想不可谓不高尚，也绝非庸俗功利主义那种为一己之蝇头小利而不择手段所能比拟。一个典型的例子是，如果恐怖分子在闹市区或者地铁放置了炸弹，现在抓获了嫌疑犯，但是其就是不肯坦白，此种危急之下，采用

① ［英］边沁：《道德与立法原理导论》，时殷弘译，商务印书馆2002年版，第58页。

刑讯以获得口供，难道就是不能理解和不能原谅的吗？[①]

三、价值博弈与刑事政策的调整：以遏制刑讯为中心

“严打”、“抗拒从严”、“命案必破”等刑事政策对于有效打击犯罪、维护社会秩序有着重要的作用，关乎国家、社会、公民的切身利益，从而得到功利主义价值观的强力支撑；同时，此种刑事政策却可能带来侵犯人权之弊病，影响到基本的社会正义，从而成为刑讯的深层诱因。这背后有着深刻的价值博弈和抉择，孰是孰非，很难截然评断。

人类社会的法律价值可以分为正义与功利两大基本层面。正义虽然被形容为“普罗透斯之面”[②]般的难以准确界定，但却一直被人类社会视为法律制度内在的首要价值理性。而功利作为人性中一种潜移默化的东西，人们在价值判断时有意无意间都会涉及。功利从本质上来看是一种结果价值，是从最终结果的可接受性上评价行为或法律制度的正当性的一种价值。对于强调打击犯罪的刑事政策与刑讯的关系而言，我们不应当也无法回避正义与功利两大价值间的抉择：如果我们偏重于刑事政策的功利性，则更多地强调国家、社会等利益重于个人人权，有效打击恶性犯罪的最终目的重于控制犯罪的过程理性，主张从刑事政策所产生的直接结果来衡量相关措施的合理性；如果我们偏重于刑事政策的正当性，则更多地强调刑事政策对个人权利的保障价值和刑事政策的内在道德性，主张用正当法律程序来规制打击犯罪的各项措施，用理性的刑罚而不是重刑主义来控制犯罪。

当然，在这里需要强调，正义和功利并非完全相排斥的价值，功利并非就是非正义，相反，功利主义有着自身对正义的理解。功利主义之下的正义观追求的是一种能为普通人接受的结果正义，这种正义之实现是每个人潜意识中的要求。正如有学者所归纳的，功利是一种旨在增进公共福利的学

---

① 针对恐怖主义这种最极端的犯罪，采用“非常”手段更被认为具有合理性。在“9·11”事件发生之后的初期，《华盛顿邮报》的民意调查显示，三分之二的美国人愿意放弃自由权利来中止恐怖主义。愤怒的美国人只用了短短的七周，同仇敌忾地飞速通过了长达三百多页的美国反恐怖法案，这也就是著名的美国《爱国者法》(the USA PATRIOT Act)。该法的主要特点是放宽对恐怖主义犯罪的侦查、审判活动的限制，以求最高效地打击恐怖犯罪。紧接着，美国总统布什签署了关于审判恐怖分子的执行命令——《军事命令》(the Military Order)，使得军事法庭的审判方式被直接适用到了若干刑事犯罪中，并排除了主要相关程序原则和证据规则之适用，从而使得涉及公正审判的正当程序受到了打击恐怖犯罪之功利价值的空前挑战。这些措施导致的最引人注目的后果之一便是“关塔那摩虐囚事件”，酷刑的采用让人瞠目结舌，引起了全世界的关注。

② [美]E·博登海默：《法理学——法律哲学与法律方法》，邓正来译，中国政法大学出版社1999年版，第251页。

说；功利追求利益的最大化、追求事务的可意状态，是一种改革的学说；功利是一种理性主义学说；功利要求社会政策和制度安排要最大限度地满足每个人的选择和欲望。[①] 因此，笔者在此并非用功利价值来否定上述刑事政策的正当性，而是提出功利价值在我国刑事政策领域的导向作用及其对刑讯造成的影响，以此为我们理解上述刑事政策与刑讯的关系作理论铺垫。

我们很难从根本上否定以功利价值为基础的上述刑事政策，但这并不意味着为了国家、社会和个人的利益可以牺牲被追诉人所应当享有的公正待遇和权利保障。这种公正和保障的背后是对被追诉人人格尊严的尊重，毕竟，任何一个社会成员都可能成为被调查、被追诉的对象，只要这种调查和追诉是建立在基本的公正价值之上的，便是可以接受的。否则，将人人自危，通过严厉的刑事政策维护社会和个人的安宁也将沦为“水中花，镜中月”。这种以人的尊严为基础的正义价值对社会正义的主要标准是它使人的尊严获得维护的程度，是以人类普遍的人性为基础而提出的，其要求社会尊重每个人作为目的的个体之存在，不能对他任意贬低或奴役，不能把他视为实现社会目的或他人目的之手段。这种正义价值能否在法律制定与实施中得到实现，刑讯能否得到有效的遏制，很大程度上要取决于刑事政策的合理性和正当性。也就是说，刑事政策不能拘泥于裁决结果的严厉性、惩罚犯罪一时的高效率，而是应当在维护法律的公正性、人道性以及合理性的基础上，将最终目的定位于对犯罪作出理性的反应，使那些受追诉活动与裁决结果直接影响的人的尊严得到尊重。

对社会而言，单纯依靠武力确立行为模式，并不能够真正使人们遵守法制，诸如通过刑讯来实现打击犯罪的高效率这样的行为，非但不能真正使得人们信服，使得犯罪分子真正接受相应的处罚，反而由于压迫的存在，使人们普遍处于“敢怒不敢言”的状态，甚至使得犯罪分子更加肆无忌惮地报复，“严打”过后的新犯罪高峰便是实证。显然，以“恐怖的刑事政策”对待“恐怖的犯罪”，难以真正恢复正义的价值。离开以正义价值为基础的刑事政策并不能真正解决犯罪问题，更是无法有效遏制刑讯，而只能在表面上暂时压制犯罪分子的反抗，使得矛盾更加激化而非缓解。

概而言之，为了提升刑事政策的合理性，有效遏制刑讯，功利价值必须受到公正价值的限制与约束。毕竟，“功利主义是无孔不入的价值观，只要你没有、也不准备接受其他为人们所公认的价值标准，如公平、正义、自由、

① 参见王敏远编：《公法》(第 4 卷)，法律出版社 2003 年版，第 162 页。

人权等，你就会有意无意地成为功利主义的俘虏”。[①] 同时，为了有效控制犯罪，刑事政策中的功利价值又是不可能被完全否定的，受到理性的公正价值限制的功利主义是现实的需要。毕竟，公正的代价有时候是非常昂贵的，特别是对于程序正义的诉求。就如贝勒斯所说的：“尽管法律和伦理中的一般性的程序原则是相同的，但是实施成本（enforcement costs）和其他因素限制了法律强制实施这些程序原则的程度。”[②]

具体到我国刑事政策之调整，我们需要在功利和正义两大价值层面的博弈和协调中，改革上述刑事政策，以便有效地遏制刑讯和更加理性地打击犯罪。

一方面，确立正确的指导思想。刑事政策应当向着有利于控制犯罪的方向发展，但绝不是一味地通过严惩犯罪来实现暂时的利益。只有“合理地组织对犯罪的反应”才能使得惩罚犯罪的活动更具有理性，刑讯等不择手段、只讲暂时结果的纯功利主义反应，显然不属于对犯罪的合理反应。“合理地组织对犯罪的反应”作为新社会防卫运动提出的一个刑事政策口号，其要旨在于通过多学科的研究提出符合我们这个时代要求的、对打击犯罪更有效的反应方式和战略，而法治、人道和科学则被视为合理地组织对犯罪的反应的三大评价指标。[③] 确立这样的指导思想，无疑便是对刑讯的当头棒喝。

另一方面，改革具体的刑事政策。在“合理地组织对犯罪的反应”这样的指导思想之下，我们应当对我国上述刑事政策作出改革，以便更加理性地控制犯罪、遏制刑讯。（1）关于“严打”。“严打”与“轻轻重重”两极化发展的世界刑事政策发展趋势有一定的相契之处，但是只强调严厉难免忽视轻处。既要对轻微犯罪予以轻处，将严厉打击的范围限于最严重的犯罪，实现轻重分流，又要增强法网的严密性和刑罚的确定性，从而使得运动式、革命式的“严打”成为日常性的、持续性的打击，使得刑讯、不惜一切代价侦破案件变成理性的、正当程序控制下的刑事追诉活动。（2）关于“坦白从宽，抗拒从严”。“坦白从宽”体现了对犯罪分子改过自新的鼓励，坦白应当成为一项法

---

① 陈瑞华：《刑事诉讼的前沿问题》（第2版），中国人民大学出版社2005年版，第401页。

② ［美］迈克尔·D·贝勒斯：《程序正义——向个人的分配》，邓海平译，高等教育出版社2005年版，第13页。

③ 新社会防卫运动是以意大利刑法学家菲利普·格拉马蒂卡和法国刑法学家马克·安塞尔为代表的思想家在二次大战以后，在反思传统的建立在严厉打击犯罪的惩罚性、报复性的刑法思想，扬弃和发展实证学派的社会防卫思想的基础上发展起来的一场刑事政策的思想运动、立法运动和改革运动。参见梁根林：《刑事政策：立场与范畴》，法律出版社2005年版，第155页以下。

定的从轻情节，纳入刑法典，并采用绝对的从宽，以有利于实际操作[①]，而“抗拒从严”应当废除，并在刑事诉讼法中取消犯罪嫌疑人、被告人“如实供述”的义务，确立反对强迫自证其罪的特权规则。(3)关于“命案必破”。“命案必破”中的“必”字，应该体现的是公安机关面对命案时的勇气与决心，而不能是“100％”的意思，否则在竞相勇夺“100％”的压力之下，刑讯难以避免。从长远来看，不宜提“命案必破”这样的高目标，不能靠“高压”逼出战果，而应当是通过鼓励侦查技术革新、鼓励提高破案率、建立合理的奖惩与激励机制来调动干警的积极性。

综上所述，刑讯有着众多的原因，一国的刑事政策如果存在失当并成为诱发刑讯的内在诱因，则可能比其他诸如某个法条设计不当等问题有着更深更广的危害。李斯特的名言“最好的社会政策是最好的刑事政策”，依然在我们耳边回荡。社会政策的定位如果能够以法治、人道、科学等为基础，弘扬社会正义，刑讯也就自然失去了滋生的温床，刑事领域的诸多设计也许都会成为幼稚的设想。在社会日益急功近利的今天，合理地组织对犯罪的反应，理性地应对社会的变迁与革新，在功利主义的行为方式和价值判断中加入更多的正义理念，在国家、社会、个人的利益与被追诉人、潜在的被追诉人的基本尊严、人权之间，更多地考量弱者的权益，更多地彰显人权的价值，也许才是关键之所在。

---

① 参见杨文革、邓子滨：《关于坦白从宽、抗拒从严的思考》，《中国人民公安大学学报》2000 年第 1 期，第 45 页。

结语:司法精英化与司法大众化的碰撞与契合

“所有的研究都是从一个研究问题开始的”[①],但是,问题是哪儿来得呢?是拍脑袋拍出来的吗?[②] 笔者带着对于刑事司法的许多困惑,只身来到郑州、昆明、杭州等地开展调研。虽然历经艰辛,虽然与既定目标还有很大差距,但是,毕竟有了点滴的收获。于是,笔者对于我国的刑事司法实践有了更真切的了解;对于普通民众的司法腐败观、司法公正观、人权保障观、司法参与观等有了感性的认识;于是,有了本文对我国刑事司法的国民基础问题的些许思考。就如波普尔所说,“应当把科学设想为从问题到问题的不断进步——从问题到愈来愈深刻的问题”[③],笔者在此不敢妄想对所提出的问题给出一个答案,而只是期盼让更多的人关注和思考刑事司法的国民基础问题,从而使得研究走向深入。

本文思考的主要是这样一个问题:当下,面对民众对于司法信任度的显著滑坡,面对司法腐败的日益滋长,面对司法权威越来越变得像一个强权式的概念,我们的刑事司法到底需要什么?本文的初步结论是:我们需要司法的精英化,同时我们也需要以司法民主理念为导向的司法的大众化,在司法的精英化与大众化的冲突和契合中,我们应当认真对待刑事司法的国民基础问题。

---

① [英]安东尼·吉登斯:《社会学》(第4版),赵旭东等译,北京大学出版社2003年版,第607页。

② 有学者将坐在书斋中闷头做学问,形象地称为“拍脑袋”式的学问。这种拍脑袋做学问的方法实际上是包括笔者在内的许多法律学人习惯了的方法。但是,书斋之中能否发现真问题呢?书海之中能否找到解决问题的方法呢?拍脑袋拍出来的学问是否具有科学性呢?也许,法学研究真的到了应当更多地开展实证研究的时候了,这也许也是法学真正向科学迈进的必由之路。这一转变绝非坦途。

③ [英]卡尔·波普尔:《猜想与反驳》,傅季重等译,上海译文出版社1986年版,第317页。

首先我们需要的便是受过良好法律职业教育的专业人士，需要具有专业化的法律思维的法律人。这样的法律人（或者称为法律家）显然是社会的精英。“法律家是经过专门训练的职业化的专门人士，他们的语言、知识、思维、技能以及伦理都与普通人不同，总之，他们是具备了一定职业资质的人。”[①]但是，要培养和选拔这样的精英谈何容易。在一部电影中，法学教授金斯菲尔德对第一天上课的法学院一年级新生，用近乎于恫吓的话说：“你们带着满脑子糨糊来到这里，而我们的任务就是让你们像个法律人一样地思考。”[②]然而，我们必须承认的是，即使是那些从法学院顺利毕业，通过司法考试并最终成为司法人员的人，也未必能做到“法律人式的思考”。更何况，在我国，有那么多的司法人员根本没有受过正规法学教育的训练。司法的精英化需要有高水准的法学职业教育，需要有良好氛围和底蕴的法学院，更需要有称职和具有高尚情操的法学教授。同时，司法的精英化需要科学而严格的司法职业准入资格考试，需要合理的司法官选任制度，更需要妥适的法官晋升、考核制度。

但是，如果还没有选拔和培养出一批职业化、精英化的法官，并且在一种强调法官独立审判的机制下，产生的后果也许是灾难性的。我们所强调的司法独立是以司法精英化为前提的，如果法官没有实现职业化和精英化，如果法官没有形成并能够运用法律人的思维模式，那么，我们有理由怀疑，这些可以说是不合格的法官，能担当起国家和民众所赋予的重任吗？换言之，“解决法律的实效性不足问题，光有司法独立是不行的。如果司法人员不具备相关的执业能力，或者不恪守职业道德，那么，司法真正独立以后，司法行为反而可能更为恣意化，对国民未必是一件好事。”[③]选拔和培养职业化和精英化的法官需要发达的法学教育、合理的司法职业准入机制、科学的法官培训与晋升制度等，而这些都不是能一蹴而就的，如果法官的职业水平、操守和理性未能达到一定的标准，同时没有一定的约束机制，没有民众的参与和监督，那么司法公正如何能够实现？！

司法的职业化和精英化还可能造成一个问题，即会使得精英化的法官站在金字塔的顶端并自然而然地脱离社会，形成职业思维定势；而以司法民主为导向的司法大众化为打破这种固有模式提供了契机。司法知识和技能

---

① 孙笑侠：《法律家的技能与伦理》，《法学研究》2001 年第 4 期，第 4 页。

② [美]鲁格罗·亚狄瑟：《法律的逻辑——法官写给法律人的逻辑指引》，唐欣伟译，法律出版社 2007 年版，第 1 页。

③ 周长军：《中国刑事诉讼改革亟待理清的几个问题》，《法学论坛》2004 年第 2 期，第 112 页。

的专门化发展，使得推动法律发展的专业团体拒绝任何不具有法律专业技术者的介入。“法律本来是与人们的社会生活紧密相联系的，但随着法律的职业化、专业化以及大量复杂的法律术语和耗时费力的程序，随着法律逻辑与社会生活逻辑的相脱离，法律活动变成一个普通人除了依赖于法律专门人员之外无法也没有时间涉足的领域。”①但是，刑事审判显然不仅仅是职业法官的世界，如果审判不能反映普通民众的意见和感受，职业法官与普通民众之间便会出现较大的脱节，如果只有少量的作为封闭的精英社会阶层的职业法官，而他们又不了解现实社会，那么案件的裁判过程和裁判结果很难不会引起社会各界的不满。毕竟，“司法权并不是要造就一批脱离社会的精英法官，而是要将人民的需要与社会的期望体现在司法活动之中，从而使法院在某种意义上成为‘社会的代表’”。②

我们强调的司法精英化绝不是法官的恣意裁判。波斯纳提出的问题值得我们深思：“有没有一套客观的规范（无论是‘实在法’还是‘自然法’），或者，有没有一套可以保证司法决定客观、确定和非个人化的分析方法（法律推理）呢？如果没有，法官是否就只剩下发令治事（ruling by fiat），其令人难忘就在于审判的那些僧侣式的舞台技艺：高高的审判席、法官袍、法庭誓言以及法律术语和辞章？”③波斯纳进而对“客观”的含义作了解释，他认为，司法决定不仅仅是发令，它必须符合实实在在地“就在那里”的什么东西，那么我们就不得不作出选择，或者是一种强烈意义上自然法，或者是法律虚无主义（即认为法律不过是法官的意志）。波斯纳指出，仅仅将“客观”界定为合乎情理（reasonableness），我们才有可能在自然法与法律虚无主义之间，就法律疑难问题，找到一个中立的立场。而所谓合乎情理，就是不任性、不个人化和不（狭义的）政治化，就是既非完全的不确定，也不要求本体论意义上的或科学意义上的确定，而是只要有有说服力的、尽管不必然是令人信服的解释，并总是伴随有这种解释，就可以修改答案。④ 这种法官裁判应“合乎情理”的要求，在一定程度上为司法的大众化提供了契机。因为这种合乎情理与民众中所蕴藏的社会一般正义观是相通的，如果法官的裁判背离了社会的一般正义观，便很难说是合乎情理的，普通民众也便很难发自内心地

---

① 苏力：《法律活动专门化的法律社会学思考》，《中国社会科学》1994 年第 6 期，第 125 页。

② 庞凌：《司法如何介入政治》，《法学》2002 年第 11 期，第 7 页。

③ [美]理查德·A·波斯纳：《法理学问题》，苏力译，中国政法大学出版社 2002 年版，第 8 页。

④ 参见[美]理查德·A·波斯纳：《法理学问题》，苏力译，中国政法大学出版社 2002 年版，第 8—9页。

接受。

司法精英化和司法大众化的契合还是建立在共同利益的基础之上的。民众将审判的权力交给法官是以利益的统一为前提的，这种授权和利益统一性使得民众有权监督司法裁判，有权要求法官在违背这种利益时承担责任。罗尔斯曾对治国和行舟作过一个比拟，他认为在某些方面国家之舟和海上之舟是有相似之处的：一条船上的乘客愿意让船长掌舵，因为他们相信船长比他们更有知识，和他们一样希望安全地到达目的地。在此既存在一种利益的统一，又存在着实现这种统一的一种显然更优越的技能和判断力。[①] 法官具有优越于一般社会民众的法律知识和裁断能力，所以我们把审判权交给他们这些司法精英，但是，前提是利益的统一。如果民众认为法官是为了谋私利而枉法裁判，那么就不会再信任他们。虽然民众已经把权力授予法官行使，但是为了防止法官谋私利、腐化堕落，必然会要求并有权要求监督司法权力的行使。现代法治社会强调赋予精英化法官独立审判地位，又必然对如何防止法官权力的滥用绞尽脑汁。西方国家惯行的法官专业化和精英化，以及为法官设置相应的职业伦理约束，多数都是从内在约束的角度来防止法官滥用权力。然而很明显的是，仅有内在约束是不够的，特别是在法官自身理性不足的情况下，在没有外在压力又充满诱惑的情况下，很难确保法官都能洁身自好。这就必然要求我们把视野转向对法官的外在约束，以司法民主为导向的司法大众化正是这样一种最有效的外在约束机制，通过民众的参与、监督和程序公开等机制，实际上构成了对司法权力的监督和制衡，以最少的投入构筑了对法官合理的外在约束。

问题还很多：如何构建精英化的现代法律职业教育体系？如何培育具有社会公益和法律职业思维并受到法律伦理约束的法律人？如何完善司法职业资格考试和司法官遴选、晋升、考核机制？如何通过陪审制等方式合理吸收民众参与司法？如何在司法独立和民众监督中寻找平衡点？如何使得司法精英化和司法大众化更好地契合？……诸如此类的问题，尚待见仁见智的观点论争和深入研究。但是，认真对待刑事司法的国民基础却犹如港湾中的灯塔为我们指明了一个方向。

---

① [美]罗尔斯：《正义论》，何怀宏等译，中国社会科学出版社1988年版，第231页。

参考文献

一、中文文献

1. [古希腊]亚里士多德.雅典政制.日知等译.北京:商务印书馆,1978.
2. [古希腊]亚里士多德.政治学.吴寿彭译.北京:商务印书馆,1965.
3. [古希腊]普鲁塔克.希腊罗马名人传(上册).陆永庭等译.北京:商务印书馆 1995.
4. [德]康德.道德形而上学原理.苗力田译.上海:上海人民出版社,1986.
5. 陈光中.21世纪域外刑事诉讼立法最新发展.北京:中国政法大学出版社,2004.
6. 陈光中,陈泽宪.比较与借鉴:从各国经验看中国刑事诉讼法改革路径.北京:中国政法大学出版社,2007.
7. [日]田口守一.刑事诉讼法.刘笛等译.北京:法律出版社,2000.
8. [美]汉密尔顿,杰伊,麦迪逊.联邦党人文集.程逢如等译.北京:商务印书馆,1980.
9. 樊崇义.诉讼原理.北京:法律出版社,2003.
10. 卞建林.刑事诉讼的现代化.北京:中国法制出版社,2003.
11. [美]约翰·莫纳什,劳伦斯·沃克.法律中的社会科学.第6版.何美欢等译.北京:法律出版社,2007.
12. [英]詹宁斯.法与宪政.龚祥瑞等译.北京:生活·读书·新知三联书店,1997.
13. 陈光中.《公民权利和政治权利国际公约》与我国刑事诉讼.北京:商务印书馆,2005.

14. 陈光中.中国司法制度的基础理论专题研究,北京:北京大学出版社,2005.
15. [美]罗尔斯. 正义论. 何怀宏等译. 北京:中国社会科学出版社,1988.
16. [美]约翰·哈特·伊利.民主与不信任——关于司法审查的理论.朱中一等译.北京:法律出版社,2003.
17. 孙笑侠.程序的法理.北京:商务印书馆,2005.
18. 陈长文,罗智强.法律人,你为什么不争气?北京:法律出版社,2007.
19. [日]川岛武夫.现代化与法.申政武等译.北京:中国政法大学出版社,2004.
20. [日]棚濑孝雄.纠纷的解决与审判制度.王亚新译.北京:中国政法大学出版社,2004.
21. [日]松尾浩也.日本刑事诉讼法.丁相顺译.北京:中国人民大学出版社,2005.
22. [美]达尔.民主理论的前言.顾昕译.上海:上海三联书店,1999.
23. 陈卫东.模范刑事诉讼法典.北京:中国人民大学出版社,2005.
24. 陈瑞华.刑事诉讼前沿问题.第2版.北京:中国人民大学出版社,2005.
25. 陈瑞华.刑事审判原理论.北京:北京大学出版社,1997.
26. [日]谷口安平.程序的正义与诉讼(增补本).王新亚、刘荣军译.北京:中国政法大学出版社,2002.
27. 崔敏.刑事诉讼法学的学科前沿问题.北京:中国人民公安大学出版社,2002.
28. 宋英辉.刑事诉讼目的论.北京:中国人民公安大学出版社,1995.
29. [美]鲁格罗·亚狄瑟.法律的逻辑——法官写给法律人的逻辑指引.唐欣伟译.北京:法律出版社,2007.
30. 杨宇冠.联合国人权公约机构与经典要义.北京:中国人民公安大学出版社,2005.
31. 陈卫东.程序正义之路(第1、2卷).北京:法律出版社,2005.
32. [美]约翰·亨利·梅利曼.大陆法系.第2版.顾培东等译.北京:法律出版社,2004.
33. [美]米尔伊安·R·达玛什卡.司法和国家权力的多种面孔——比较视野中的法律程序.郑戈译.北京:中国政法大学出版社,2004.

34. 陈瑞华.问题与主义之间.北京:中国人民大学出版社,2003.
35. 陈瑞华.程序性制裁理论.北京:中国法制出版社,2005.
36. 张建伟.刑事司法体制原理.北京:中国人民公安大学出版社,2002.
37. 陈永生.侦查程序原理论.北京:中国人民公安大学出版社,2003.
38. 易延友.陪审团审判与对抗式诉讼.台北:三民书局,2004.
39. 樊崇义,夏红.正当程序文献资料选编.北京:中国人民公安大学出版社,2004.
40. [法]卡斯特·斯特法尼,等.法国刑事诉讼法精义(上、下).罗结珍译.北京:中国政法大学出版社,1999.
41. 刘星.语境中的法学与法律——民主的一个叙事立场.北京:法律出版社,2001.
42. 顾培东.社会冲突与诉讼机制.北京:法律出版社,2004.
43. 季卫东.法治秩序的建构.北京:中国政法大学出版社,1999.
44. 左卫民,等.中国刑事诉讼运行机制实证研究.北京:法律出版社,2007.
45. [法]古斯塔夫·勒庞.乌合之众——大众心理研究.冯克利译.北京:中央编译出版社,2005.
46. [美]彼得·G·伦斯特洛姆.美国法律辞典.贺卫方等译.北京:中国政法大学出版社,1998.
47. [美]爱伦·豪切斯泰勒·斯黛丽,南希·弗兰克.美国刑事法院诉讼程序.陈卫东、徐美君译.北京:中国人民大学出版社,2002.
48. 林端.儒家伦理与法律文化——社会学观点的探索.北京:中国政法大学出版社,2002.
49. 林钰雄.刑事诉讼法.台北:学林文化事业有限公司,2003.
50. 黄朝义.无罪推定——论刑事诉讼程序之运作.台北:五南图书出版公司,2001.
51. 陈瑞华.法律人的思维方式.北京:法律出版社,2007.
52. [美]庞德.通过法律的社会控制——法律的任务.沈宗灵等译.北京:商务印书馆,1984.
53. [美]科塞.社会冲突的功能.孙立平等译.北京:华夏出版社,1989.
54. 王兆鹏.搜索扣押与刑事被告的宪法权利.台北:台湾大学法学院业书编辑委员会编辑,2000.
55. 韩强.程序民主论.北京:群众出版社,2002.
56. 王兆鹏.美国刑事诉讼法.北京:北京大学出版社,2005.

57. [英]科特威尔. 法律社会学导论. 潘大松等译. 北京:华夏出版社,1989.
58. [英]梅因. 古代法. 沈景一译. 北京:商务印书馆 1984.
59. 应克复,等. 西方民主史(修订本). 北京:中国社会科学出版社,1997.
60. [美]本杰明·卡多佐. 司法过程的性质. 苏力译. 北京:商务印书馆,2000.
61. 夏勤. 刑事诉讼法释疑. 第 6 版. 民国法律名著丛书. 任超、黄敏勘校. 北京:中国方正出版社,2005.
62. 李春雷. 中国近代刑事诉讼制度变革研究(1895—1928). 北京:北京大学出版社,2004.
63. 刘军宁,等. 直接民主与间接民主. 上海:上海三联书店,1998.
64. [美]波斯纳. 法理学问题. 苏力译. 北京:中国政法大学出版社,1994.
65. [美]伯尔曼. 法律与宗教. 梁治平译. 北京:中国政法大学出版社,2003.
66. [英]劳伦斯·M·弗里德曼. 法律制度——从社会科学角度观察. 李琼英等译. 北京:中国政法大学出版社,2004.
67. 苏力. 也许正在发生:转型中国的法学. 北京:法律出版社,2004.
68. [英]麦高伟,杰弗里·威尔逊. 英国刑事司法程序. 姚永吉等译. 北京:法律出版社,2003.
69. [美]贝勒斯. 法律的原则. 张文显等译. 北京:中国大百科全书出版社,1996.
70. [美]E·博登海默. 法理学——法律哲学与法律方法. 邓正来译. 北京:中国政法大学出版社,1999.
71. [美]罗斯科·庞德. 法理学(第 1 卷). 邓正来译. 北京:中国政法大学出版社,2004.
72. [美]哈泽德,等. 美国民事诉讼法导论. 张茂译. 北京:中国政法大学出版社,1998.
73. [德]克劳思·罗科信. 刑事诉讼法. 第 24 版. 吴丽琪译. 北京:法律出版社,2003.
74. [德]卡尔·拉伦茨. 法学方法论. 陈爱娥译. 北京:商务印书馆,2003.
75. [德]考夫曼. 法律哲学. 刘幸义等译. 北京:法律出版社,2004.

76. [德]迪克尔·克斯勒. 马克斯·韦伯的生平、著述及影响. 郭锋译. 北京:法律出版社,2000.

77. [美]理查德·A·波斯纳. 法律、实用主义与民主. 凌斌等译. 北京:中国政法大学出版社,2005.

78. [德]鲁道夫·冯·耶林. 为权利而斗争. 胡宝海译. 北京:中国法制出版社,2004.

79. [美]伟恩·R·拉费弗,杰罗德·H·伊斯雷尔,南西·J·金. 刑事诉讼法(上册、下册). 卞建林等译. 北京:中国政法大学出版社,2003.

80. [美]哈贝马斯. 事实与规范之间. 童世骏译. 上海:上海三联书店,2003.

81. [英]安东尼·吉登斯. 社会学. 第4版. 赵旭东等译. 北京:北京大学出版社,2003.

82. 李心鉴. 刑事诉讼构造论. 北京:中国政法大学出版社,1992.

83. 龚祥瑞. 比较宪法与行政法. 北京:法律出版社,2003.

84. [美]克里斯托弗·沃尔夫. 司法能动主义——自由的保障还是安全的威胁? 黄金荣译. 北京:中国政法大学出版社,2004.

85. [美]乔·萨托利. 民主新论. 冯克利等译. 上海:东方出版社,1998.

86. 苏力. 送法下乡. 北京:中国政法大学出版社,2000.

87. 龙宗智. 刑事庭审制度研究. 北京:中国政法大学出版社,2001.

88. [美]巴顿·卡特,等. 大众传播法概要. 黄列译. 北京:中国社会科学出版社,1997.

89. [英]戴维·赫尔德. 民主的模式. 燕继荣等译. 北京:中央编译出版社,2004.

90. 苏力. 法治及其本土资源. 北京:中国政法大学出版社,1996.

91. 张文显. 法哲学范畴研究. 修订版. 北京:中国政法大学出版社,2001.

92. 俞可平. 增量民主与善治. 北京:社会科学文献出版社,2003.

93. [美]罗纳德·德沃金. 认真对待权利. 信春鹰、吴玉章译. 北京:中国大百科全书出版社,1998.

94. [美]科恩. 论民主. 聂崇信等译. 北京:商务印书馆,2005.

95. [德]拉德布鲁赫. 法学导论. 米健等译. 北京:中国大百科全书出版社,1997.

96. [美]哈罗德·J·伯尔曼. 法律与革命. 贺卫方等译. 北京:中国大百

科全书出版社,1993.

97.[英]S·F·C·密尔松.普通法的历史基础.李显冬等译.北京:中国大百科全书出版社,1999.

98.最高人民检察院法律政策研究室编译.所有人的正义——英国司法改革报告.北京:中国检察出版社,2003.

99.最高人民检察院法律政策研究室编译.支撑21世纪日本的司法制度——日本司法制度改革审议会意见书.北京:中国检察出版社,2004.

100.[法]托克维尔.论美国的民主(上、下卷).董果良译.北京:商务印书馆,1997.

101.[美]P·诺内特,P·塞尔兹尼克.转变中的法律与社会:迈向回应型的法.张志铭译.北京:中国政法大学出版社,2004.

102.[美]德沃金.法律帝国.李常青译.北京:中国大百科全书出版社,1998.

103.联合国人权事务高级专员.人权事务中心编.国际人权文书——各人权条约机构通过的一般性意见和一般性建议汇编.

104.[美]莫顿·J·霍维茨.沃伦法院对正义的追求.信春鹰、张志铭译.北京:中国政法大学出版社,2003.

105.[美]罗尔斯.政治自由主义.万俊人译.南京:译林出版社,2000.

106.[英]戴维·米勒.社会正义原则.应奇译.南京:江苏人民出版社,2005.

107.[英]梅因.古代法.沈景一译.北京:商务印书馆,1984.

108.[加]A·布来顿,等.解读民主——经济的与政治的视角.毛丹等译.上海:学林出版社,2000.

109.强世功.法制与治理.北京:中国政法大学出版社,2003.

110.王梅芳.舆论监督与社会正义.武汉:武汉大学出版社,2005.

111.[美]罗尔斯.作为公平的正义——正义新论.姚大志译.上海:上海三联书店,2002.

112.[法]爱弥尔·涂尔干.社会学与哲学.梁栋译.上海:上海世纪出版集团,上海人民出版社,2002.

113.[美]丹尼斯·朗.权力论.陆震纶等译.北京:中国社会科学出版社,2001.

114.[英]以塞亚·柏林.自由论(《自由四论》扩充版).胡传胜译.南京:译林出版社,2003.

115. 王敏远编. 公法(第 4 卷). 北京:法律出版社,2003.
116. [英]卡尔・波普尔. 猜想与反驳. 傅季重等译. 上海:上海译文出版社,1986.
117. [美]保罗・S・芮恩施. 平民政治的基本原理. 罗家伦译. 北京:中国政法大学出版社,2003.
118. 刘瑛. 律师的思维与技能. 北京:法律出版社,2007.
119. 樊崇义. 人文精神与刑事诉讼法的修改. 政法论坛,2004(3).
120. [美]博西格诺,等. 法律之门. 邓子滨译. 北京:华夏出版社,2002.
121. [英]约翰・基恩. 媒体与民主. 郤继红、刘士军译. 北京:社会科学文献出版社,2003.
122. [美]詹姆斯・M・伯恩斯,等. 民治政府. 陆震纶等译. 北京:中国社会科学出版社,1996.
123. 陈端洪. 司法与民主:中国司法民主化及其批判. 中外法学,1998(4).
124. 李强. 论两种类型的民主. 载:刘军宁等编. 直接民主间接民主. 上海:上海三联书店,1998.
125. [美]路易斯・亨金,阿尔伯特・J・罗森塔尔. 宪政与权利. 郑戈等译. 上海:上海三联书店,1997.
126. [美]马克・E・沃伦. 民主与信任. 吴辉译. 北京:华夏出版社,2004.
127. [英]威廉・韦德. 行政法. 徐炳等译. 北京:中国大百科全书出版社,1997.
128. [美]埃尔曼. 比较法律文化. 贺卫方等译. 北京:清华大学出版社,2002.
129. 吴卫军. 法理与建构:中国司法改革的宏观思考. 中国政法大学图书馆馆藏博士论文.
130. 魏晓娜. 正当程序论. 中国政法大学图书馆馆藏博士论文.
131. [德]托马斯・魏根特. 德国刑事诉讼程序. 岳礼玲等译. 北京:中国政法大学出版社,2004.
132. [德]马克斯・韦伯. 儒教与道教. 王容芬译. 北京:商务印书馆,1995.
133. [德]卡尔・恩吉斯. 法律思维导论. 郑永流译. 北京:法律出版社,2004.
134. 胡铭. 刑事司法民主论. 北京:中国人民公安大学出版社,2007.

135. 熊秋红.司法公正与公民的参与.法学研究,1999(4).
136. 易延友.证据法学的理论基础——以裁判事实的可接受性为中心.法学研究,2004(1).
137.[德]哈贝马斯.交往行动理论(第1卷).洪佩郁等译.重庆:重庆出版社,1994.
138.[荷]伊芙林·T·菲特丽丝.法律论证原理——司法裁决之证立理论概览.张其山等译.北京:商务印书馆,2005.
139.[英]米尔恩.人的权利与人的多样性——人权哲学.夏勇等译.北京:中国大百科全书出版社,1995.
140. 李昌道,董茂云.陪审制度比较研究.比较法研究,2003(1).
141. 张泽涛.美国"法院之友"制度研究.中国法学,2004(1).
142.[法]米歇尔·福柯.规训与惩罚.刘北成等译.上海:上海三联书店,1999.
143.[美]贝勒斯.程序正义——向个人的分配.邓海平译.北京:高等教育出版社,2005.
144. 何兵.司法职业化与民主化.法学研究,2005(4).
145. 何家弘.陪审制度纵横论.法学家,1999(3).
146. 王利明.我国陪审制度研究.浙江社会科学,2000(1).
147. 王敏远.中国陪审制度及其完善.法学研究,1999(4).
148.[意]皮罗·克拉玛德雷.程序与民主.翟小波、刘刚译.北京:高等教育出版社,2005.
149.[美]阿希尔·里德·阿马.宪法与刑事诉讼基本原理.房保国译.北京:中国政法大学出版社,2006.
150. 刘军宁.直接民主与间接民主:近义,还是反义?载:刘军宁等编.直接民主间接民主.上海:上海三联书店,1998.
151. 季卫东.秩序的正统性问题——再论法治与民主的关系.浙江学刊,2002(5).
152.[美]菲利普·施米特,特丽·林恩·卡尔.民主是什么,不是什么?载:刘军宁编.民主与民主化.北京:商务印书馆,1999.
153.[意]帕特里齐亚·佩代尔佐利,卡洛·瓜尔涅里:"意大利:这就是司法民主之一例".国际社会科学杂志(中文版),1998(2).
154.[意]皮兰杰罗·卡塔兰诺.分权与人民的权利.方新军译.河南政法管理干部学院学报,2005(1).
155. 汪太贤.人文精神与西方法治传统.政法论坛,2001(3).

156. 陈瑞华.司法权的性质.法学研究,2000(5).
157. 张建伟.现代刑事司法体制的观念基础.中国法学,2000(4).
158. [英]迈克·麦康维尔.英国刑事诉讼法导言.载:中国政法大学刑事法律研究中心组织编译.英国刑事诉讼法(选编).北京:中国政法大学出版社,2001.
159. 陈瑞华.俄罗斯司法改革的核心——重建陪审团制度.人民检察,1999(6).
160. 程味秋,周士敏.论审判公开.中国法学,1998(3).
161. 刘旺洪.论人大对司法的个案监督.南京师范大学学报(社会科学版),2002(4).
162. [美]葛维宝.法院的独立与责任.环球法律评论,2002(春季号).
163. 苏力.面对中国的法学.法制与社会发展,2004(3).
164. 苏力.法律活动专门化的法律社会学思考.中国社会科学.1994(6).
165. 周长军.中国刑事诉讼改革亟待理清的几个问题.法学论坛,2004(2).
166. [日]西原春夫.日本刑事法的形成与特色.李海东等译.东京:成文堂,北京:法律出版社,1997.
167. 封丽霞.政党与司法:关联与距离.中外法学,2005(4).
168. 龙宗智,李常青.论司法独立与司法受制.法学,1998(12).
169. 景汉朝.传媒监督与司法独立的冲突与契合.现代法学,2002(1).
170. 强世功.司法审查的迷雾.环球法律评论,2004(冬季号).
171. 赵海峰.法国刑事诉讼法典的重大改革评介(上、下).载:欧洲法通讯(第1、2期).北京:法律出版社,2001.
172. 陈卫东,程雷.刑事程序合法性原则论纲.法律科学,2004(1).
173. 陈永生.刑事诉讼的程序性制裁.现代法学,2004(1).
174. 陈光中.刑事诉讼法再修改之基本理念——兼及若干基本原则之修改.政法论坛,2004(3).
175. [俄]古岑科.《俄罗斯联邦刑事诉讼法典》中文版序言.载:俄罗斯联邦刑事诉讼法典.黄道秀译.北京:中国政法大学出版社,2003.
176. 杨一平,俞静尧.司法概念的现代诠释.中国社会科学院研究生院学报,1997(2).
177. 任暟.哈贝马斯交往行动理论及其哲学基础.马克思主义研究,1999(4).

178. 冷静.从法院状告新闻媒体谈起——一起名誉侵权官司所引起的思考.北大法律评论,第 2 卷第 1 辑。
179. 徐迅.中国媒体与司法关系现况评析.法学研究,2001(6).
180. 周长军.刑事侦查阶段的犯罪新闻报道及其限制.中外法学,2005(6).
181. 苏力.民主与法治的张力(代译序).载:[美]理查德·A·波斯纳.法律、实用主义与民主.北京:中国政法大学出版社,2005.

二、外文文献

1. Jerold H. Israfl, Wayne R. Lafave. Criminal Procedure. West Group,1999.
2. Wayne R. LaFave, Jerold H. Israel, Nancy J. King. Criminal Procedure (Fourth Edition). West Group,2004.
3. William L. Reynolds. Judicial Process(Third Edition). West Group,2003.
4. L. W. Levy. The Palladium of Justice: Origins of Trial. by Jury,Ivan R. Dee,1999.
5. Ellen E. Sward. The Decline of the Civil Jury. Carolina Academic Press, North Carolina,2001.
6. Mirjan R. Damaska. The Faces of Justice and State Authority: A Comparative Approach to the Legal Process. Yale Press,1986.
7. A . Esmein. A History of Continental Criminal Procedure: With Special Reference to France. translated by John Simpson. The Lawbook Exchange Ltd. ,2000.
8. Barton L. Ingraham. The Structure of Criminal Procedure. Greenwood Press, 1987.
9. James Gobert. Justice, Democracy and the Jury. Ashgate Publishing Limited,1997.
10. Paul D. Carrington. Stewards of Democracy: Law as a Public Profession. Westview Press,1999.
11. Franklin I. Gamwell. Democracy on Purpose. Georgetown University Press, 2000.
12. Marvin Zaman. Criminal Procedure: Constitution and Society (Third Edition). Prentice Hall,2002.
13. Christophj M. Safferling. Towards an International Criminal Procedure.

Oxford University Press,2001.

14. Hon Russell Fox Ac Qc. Justice in the Twenty-first Century. Cavendish Publishing Limited,2000.

15. Black′ Law Dictionary (seventh edition), West Group, ST. PAUL, MINN. 1999.

16. Benjamin R. Barber. Strong Democracy: Participatory Politics for a New Age. University of California Press, 1984.

17. Tom Campbell. Adrienne Stone, Law and Democracy. Dartmouth Publishing Company,2003.

18. W. R. Cornish. The Jury. Allen Lane the Penguin Press, 1968.

19. R. Douglas Elliott. Judicial Activism and the Threat to Democracy. 53 U. N. B. L. J. 2004.

20. Cynthia Chase. Deconstruction as the Possibility of Justice: The Critical Function of the Concept of Democracy. 11 Cardozo L. Rev, 1990.

21. Diane F. Orentlicher. Whose Justice-Reconciling Universal Juristidiction with Democratic Principles. 92 Geo. L. J. ,2004.

22. Beverley Mclachlin. Judicial Power and Democracy. Singapore Academy of Law Review,2000(12).

23. Jill Norgern, Serena Nanda, American Cultural Pluralism and Law (secondedition), Praeger Publishers,1996.

24. Morgan Cloud. Judicial Review and the Exclusionary Rule. Pepperdine Law Review,1999(26).

25. Ian Shapiro. Democratic Justice. Yale University Press, 1999.

26. Akhil Reed Armar. The Constitution and Criminal Procedure: First Principles. Yale University Press, 1997.

27. John H. Langbeinh. The Origins of Adversary Criminal Trial. Oxford University Press, 2003.

28. Jerome H. Skolnick, Malcolm M. Feeley, Candace MacCoy. Criminal Justice: Introductory Cases and Materials. Foundation Press, 2005.

图书在版编目(CIP)数据

刑事司法的国民基础研究 / 胡铭著. —杭州：浙江大学出版社，2008.3
（光华法学·法学博士文丛 / 孙笑侠主编）
ISBN 978-7-308-05710-3

Ⅰ.刑… Ⅱ.胡… Ⅲ.刑法—研究—中国 Ⅳ.D924.04

中国版本图书馆 CIP 数据核字(2007)第 196875 号

刑事司法的国民基础研究
胡 铭 著

出 品 人 傅 强
策 划 人 曾建林 夏立安
责任编辑 田 华
出版发行 浙江大学出版社
（杭州天目山路 148 号 邮政编码 310028）
（E-mail：zupress@mail. hz. zj. cn）
（网址：http://www. zjupress. com
http：www. press. zju. edu. cn）
电话：0571—88925595，88273066（传真）
排 版 浙江大学出版社电脑排版中心
印 刷 杭州长命印刷有限公司
开 本 787mm×1092mm 1/16
印 张 16.25
字 数 283 千字
版 印 次 2008 年 3 月第 1 版 2008 年 3 月第 1 次印刷
书 号 ISBN 978-7-308-05710-3
定 价 36.00 元

浙江大学出版社发行部邮购电话 (0571)88072522